商业秘密法

宋世勇 主编

知识产权出版社
全国百佳图书出版单位
—北京—

图书在版编目（CIP）数据

商业秘密法 / 宋世勇主编 . —北京：知识产权出版社，2022.12
ISBN 978-7-5130-8630-1

Ⅰ.①商… Ⅱ.①宋… Ⅲ.①商业—保密法—中国　Ⅳ.① D922.294

中国版本图书馆 CIP 数据核字（2022）第 252975 号

责任编辑：罗　慧　　　　　　　　　　　　　责任校对：潘凤越
封面设计：北京麦莫瑞文化传播有限公司　　　责任印制：刘译文

商业秘密法

宋世勇　主编

出版发行：知识产权出版社有限责任公司	网　　址：http://www.ipph.cn
社　　址：北京市海淀区气象路 50 号院	邮　　编：100081
责编电话：010-82000860 转 8343	责编邮箱：luohui@cnipr.com
发行电话：010-82000860 转 8101/8102	发行传真：010-82000893/82005070/82000270
印　　刷：天津嘉恒印务有限公司	经　　销：新华书店、各大网上书店及相关专业书店
开　　本：720mm×1000mm　1/16	印　　张：19
版　　次：2022 年 12 月第 1 版	印　　次：2022 年 12 月第 1 次印刷
字　　数：298 千字	定　　价：78.00 元
ISBN　978-7-5130-8630-1	

出版权专有　侵权必究
如有印装质量问题，本社负责调换。

编委会

主　编：宋世勇　齐鲁工业大学（山东省科学院）

副主编：王　栋　山东省公安厅

　　　　孙　硕　山东省人民检察院

　　　　颜　峰　济南市中级人民法院

　　　　陈洪娟　齐鲁工业大学（山东省科学院）

　　　　刘海燕　齐鲁工业大学（山东省科学院）

　　　　付　萌　山东中医药大学

序

商业秘密法治化正处在我国知识产权强国建设的最好时期。放眼国际，世界贸易组织（World Trade Organization，以下简称 WTO）、《与贸易有关的知识产权协定》（以下简称《TRIPS 协定》）、美国《商业秘密保护法》（DTSA）、欧盟《商业秘密保护指令》（TSD）与《通用数据保护条例》（GDPR）均对商业秘密有专门的规定；作为上海合作组织成员国的俄罗斯也早在 2004 年专门制定了《联邦商业秘密法》。中国是《TRIPS 协定》成员国、"一带一路"合作倡议国，也是上海合作组织发起与创始成员国，通过借鉴国际先进的商业秘密法治经验，同时结合自身国情，对商业秘密的法律保护日趋完善。2021 年 11 月 30 日中共中央政治局就加强我国知识产权保护工作进行了第二十五次集体学习，习近平总书记指出要在严格执行民法典相关规定的同时，加快完善相关法律法规，加强商业秘密等领域立法。这一指示精神在《知识产权强国建设纲要（2021—2035 年）》及《"十四五"国家知识产权保护和运用规划》中得以贯彻落实，商业秘密保护工程成为"十四五"国家知识产权保护 1 号工程。

商业秘密保护的现实形势不容乐观。商业秘密在我国的法律保护目前处于分散立法保护的阶段。关于商业秘密的法律主体、内容、客体等基本原理性问题，商业秘密法律保护的司法依据、侵犯商业秘密的法律认定标准以及相关法律责任等法律界定仍然存在较大争议，很多问题没有得到理论和实践的一致解决。

商业秘密法作为知识产权法体系的法定内容之一，在习近平新时代中国特色社会主义法治体系中占有重要的战略地位。在《中华人民共和国专利法》《中华人民共和国商标法》《中华人民共和国著作权法》（以下分别简称《专利法》《商标法》《著作权法》）等独立立法已经逐步完善的背景下，加快商业秘密法的独立与统一立法工作，不仅是司法实践的迫切需求，同时也是践行习近平法治思想的重要体现。本书在融合《最高人民法院关于审理侵犯商业秘密民事案件适用法律若干问题的规定》《基层人民法院管辖第一审知识产权民事、行政案件标准》等我国最新的商业秘密法律规定的基础上，主要突出以下特色。

1. 强化理论知识的实践验证

本书以当前我国商业秘密关键主体——市场主体商业秘密保护为视角，在教师凝练讲解理论知识点的基础上，由一线从事商业秘密案件侦查、审查起诉、司法审判的实务专家提供全景式典型性案例并全程参与教学设计，不仅深入课堂进行理论讲解，而且带领学生深入办案一线观摩及案件参与，最后在每一章根据本章理论知识点及一线实务办案疑难点，设定灵活多样的随堂练习，强化学生对理论知识的实践认知能力与实践应用能力。

2. 国家安全与课程思政内容贯穿始终

商业秘密保护涉及个体诚信与信托义务遵守、践行保守国家秘密与国家安全义务等典型问题。大学阶段是新时代大学生踏入社会之前个人品格与综合素养形成的关键期，大学生群体也是国际间谍机构重点攻击对象。因此本书以课程思政案例拓展的形式将个体诚信义务的遵行，践行依法保守国家秘密与国家安全义务等内容系统性地体现在每一个章节，由一线专业教师针对学生实际需求及课程特色进行实务案例整理及教学方法设计，确保大学生深层次专业能力与高水平个人素质得以很好地融合养成，圆满实现教书育人效果。

3. 强化线上资源与线下资源有机融合

基于课堂教学时间与教学方法的局限，本书将教材面授内容与超星学习通等在线拓展资源有机结合。教材中涉及的拓展性案例、章节练习题与前沿理论知识点，相关具体资源会上传至超星学习通等在线学习网站，由学生课前预习及巩固复习，强化大学生课外自学能力，保障过程性教学效果。

是为序。

本书编写组

2022 年 12 月 30 日

目 录

绪　　论 ··· 1

第一章　商业秘密概述

第一节　商业秘密及其构成要件 ·· 7
一、商业秘密基本概念 ··· 7
二、商业秘密构成要件 ··· 9
三、商业秘密保护对象 ·· 16
四、商业秘密"合法性"问题 ·· 27
五、纵深思考1：合作方长期习惯性使用己方商业秘密的法律后果 ··· 33
六、纵深思考2：约定的商业秘密必须首先符合法定商业秘密要件 ··· 40
七、纵深思考3：虚拟信息为何无法证明商业秘密 ················ 43

第二节　商业秘密与国家秘密 ·· 49
一、国家秘密概念 ·· 49
二、商业秘密与国家秘密联系 ·· 50
三、商业秘密与国家秘密区别 ·· 50
四、课程思政拓展：商业秘密与国家秘密同系国家安全 ······ 51

第三节　章节知识点回顾及模拟练习 ···································· 60
一、章节应知应会知识点 ·· 60
二、本章节模拟练习 ·· 60

第二章 商业秘密法概述

第一节 商业秘密的历史演变
一、法文化背景下的商业秘密 ·············· 63
二、实质意义商业秘密的法律规制 ·············· 64

第二节 商业秘密国际立法概述 ·············· 67
一、商业秘密国际立法保护主要形式 ·············· 67
二、世界各国商业秘密立法保护典型形式 ·············· 69

第三节 我国商业秘密保护立法的演变 ·············· 70
一、中国商业秘密立法演变过程 ·············· 70
二、中美经贸协议中所涉的商业秘密条款 ·············· 71
三、课程思政拓展：人－主体与人脑－客体 ·············· 73

第四节 章节知识点回顾及模拟练习 ·············· 79
一、章节应知应会知识点 ·············· 79
二、本章节模拟练习 ·············· 79

第三章 商业秘密权

第一节 商业秘密权属界定 ·············· 81
一、商业秘密权属界定 ·············· 81
二、商业秘密权性质 ·············· 85
三、纵深思考1：以客户信息为核心的商业秘密权基本要素的认定标准 ·············· 88
四、纵深思考2：侵犯商业秘密诉讼案件需要首先对商业秘密确权 ·············· 94

第二节 商业秘密相关合同 ·············· 98
一、劳动合同性质商业秘密保护合同 ·············· 98
二、一般民商事合同性质商业秘密保护合同 ·············· 106
三、课程思政拓展：诚信义务及其相关责任 ·············· 107

第三节　章节知识点回顾及模拟练习　129
　　一、章节应知应会知识点　129
　　二、本章节模拟练习　130

第四章　侵犯商业秘密行为的形式与审查标准

第一节　商事主体商业秘密法律风险防控概述　135
　　一、商事主体商业秘密风险防控的重要性　135
　　二、商事主体商业秘密风险防控的现状、误区及泄密方式　136
　　三、商事主体商业秘密风险防控的措施　142
　　四、纵深思考：如何举证在职员工以他人名义设立商事主体侵犯商业秘密　155

第二节　侵犯商业秘密行为的类型及其标准认定　161
　　一、侵犯商业秘密行为的类型　162
　　二、侵犯商业秘密的标准认定　167
　　三、商业秘密权的限制——合法来源抗辩　169
　　四、课程思政拓展：诉讼举证中的合法要素分析　172

第三节　侵犯商业秘密案件审理中的程序问题　177
　　一、商业秘密案件之不侵权之诉　178
　　二、诉讼程序中可直接认可的商业秘密　181
　　三、其他程序性问题　183

第四节　侵犯商业秘密案件审理中的实体问题　190
　　一、拓展案例　190
　　二、对客观秘密性的审查　191
　　三、对主观秘密性的审查　194

第五节　章节知识点回顾及模拟练习　196
　　一、章节应知应会知识点　196
　　二、本章节模拟练习　197

第五章 侵犯他人商业秘密行为的法律责任

第一节 认定侵犯商业秘密行为的审理思路 …… 206
　一、明确原告起诉被告侵权的具体类型 …… 206
　二、审查双方提供的证据及被告提出的不侵权抗辩事由是否成立 …… 207

第二节 侵犯商业秘密的民事责任 …… 208
　一、拓展案例【1.59亿案件】 …… 208
　二、侵犯商业秘密的民事责任种类与依据规定 …… 209
　三、确定侵犯商业秘密民事责任的基本思路 …… 210
　四、侵犯商业秘密的惩罚性赔偿规定 …… 221
　五、商业秘密检察诉讼典型案例 …… 223
　六、侵犯商业秘密案件的证据审查与民刑交叉问题 …… 225
　七、商业秘密民事诉讼案件的举证原则 …… 226
　八、纵深思考1：侵犯商业秘密刑事与民事案件交叉 …… 227
　九、纵深思考2：违约与侵权案由的选择直接影响案件结果 …… 230
　十、纵深思考3：涉商业秘密刑民交叉案件的处理 …… 233

第三节 侵犯商业秘密的行政责任 …… 235
　一、行政监管部门实践中不断强化行政服务能力保护商业秘密 …… 235
　二、行政责任及其类别 …… 236
　三、行政责任的司法救济 …… 237
　四、纵深思考：行政机关对商业秘密负有审查义务 …… 237

第四节 侵犯商业秘密的刑事责任 …… 240
　一、确定侵犯商业秘密刑事责任的基本思路 …… 240
　二、课程思政拓展：违反诚信与信托义务严重者需承担刑事责任 …… 246

第五节　章节知识点回顾及模拟练习 …………………………………… 261
　　一、章节应知应会知识点 ……………………………………………… 261
　　二、本章节模拟练习 …………………………………………………… 261

参考文献 …………………………………………………………………… 269

附　录

附录1　商业秘密法教学大纲 …………………………………………… 272
　　一、课程性质 …………………………………………………………… 272
　　二、课程目标（知识、能力、素质、价值）………………………… 273
　　三、课程思政目标 ……………………………………………………… 275
　　四、课程教学内容 ……………………………………………………… 275
　　五、习题课、课堂讨论内容 …………………………………………… 277

附录2　商业秘密法教学大纲说明书 …………………………………… 278
　　一、课程的性质与任务 ………………………………………………… 278
　　二、课程与其他课程的联系与分工 …………………………………… 278
　　三、各章内容的基本要求及重点 ……………………………………… 278
　　四、习题课、课堂讨论要求 …………………………………………… 282
　　五、学时分配建议 ……………………………………………………… 282
　　六、考核方式 …………………………………………………………… 283
　　七、线上教学资源 ……………………………………………………… 283

附录3　课程教学设计：商业秘密法 …………………………………… 283
　　一、课程基本情况 ……………………………………………………… 283
　　二、课程思政教学设计及内容 ………………………………………… 284
　　三、课程思政教学方法及手段 ………………………………………… 286
　　四、教学效果 …………………………………………………………… 288

后　记 ……………………………………………………………………… 289

绪　　论

《中华人民共和国民法典》(以下简称《民法典》)第一百二十三条除兜底条款外规定了七大类知识产权，商业秘密属于比较特殊的一类。相比其他知识产权，其特殊性在于商业秘密是所有商事主体都有的、最重要的核心资产。对商事主体而言，商业秘密很重要，没有商业秘密，商事主体无法正常存续。商事主体可能没有注册商标，可能没有专利，也可能没有著作权，但是一定会有自己的商业秘密，无论商事主体是否能够自觉认识及主动保护这些秘密。商业秘密是商事主体的存续资本，也是商事主体的无形财富，因此，有人将商业秘密比作商事主体的"血液"。

与商业秘密的理论重要性形成鲜明对比的是，法律层面的商业秘密专门规定分散且抽象，实践中的商事主体对商业秘密的自觉保护意识严重缺失，侵犯商业秘密现象泛滥，同时商业秘密诉讼案件胜诉很难。

造成上述矛盾的原因很多。立法技巧、执法与司法层面的权属界定、构成要件认定、法律责任区分等标准的不统一固然是一个主要原因，商事主体对自己的商业秘密认识不到位、缺乏完善的保护措施才是重要内因，同时社会全体公众和社会组织的法治意识、诚信意识的培养、健全和提升不能与社会发展同步，造成侵犯商业秘密的现象屡禁不止，这同样是非常重要的外在社会因素。

在日常教学以及办理案件过程中，作者能够明显感觉到上述矛盾点在不断地发生碰撞。从学者到司法行政人员，再到涉事商事主体，以及社会公众，都对商业秘密讳莫如深，主要体现为：学者对商业秘密系统深入学术研究得少、商业秘密行政执法案件成案率低、商事主体被侵犯商业秘密的多但真正形成诉讼的少、社会公众对商业秘密关注得少，甚至很多人分不清商业秘密和国家秘密。

商业秘密的核心是"商业信息"——没有第三方权威界定的信息。这类信息权的日常创造者、拥有者和界定者都是权利人自己，一旦发生信息泄露和被非权利人非正常使用，则信息的专有权属就可能因行政执法或诉讼程序的进行而产生第三方确认的过程，一旦被确认商业秘密存在并确实被侵犯，则商业秘密可能消失或被进一步通过程序推进而获得加强保护，只是这种第三方的确权过程并不是一定会发生，只要商业秘密没有被侵犯，权利人就可以无限期享有相关权利。

因此，商业秘密权不具有专利、商标的公示性和法定期限性，从根本而言，时刻处于动态变化之中。正是这种权属的事实动态性，对那些觊觎此类信息的人或组织而言就产生了确定性的诱因，因此会发生各类否定商业秘密、侵犯商业秘密的现象。由于商业秘密权属的非公示性决定了权利人在面临类似困境的情况下往往无法采取有效手段去维护自身权益。

商事主体作为商业秘密权利人，在目前商业秘密立法现状下只能尽自己最大努力去做好自身的保密工作，对于泄露的商业秘密，他们要衡量维权的付出和收益之间的利弊关系再决定如何行动，甚至很多商事主体因为商业秘密泄露导致破产但不知道如何去维护自己的权益。

要解决这个难题，必须将商业秘密这类"秘而不宣"的"隐形信息"以明示的法律手段予以合理健全的保护。我国在此之前的《中华人民共和国民事诉讼法》《中华人民共和国反不正当竞争法》《中华人民共和国刑法》（以下分别简称《民事诉讼法》《反不正当竞争法》《刑法》）及其司法解释等法律已经对此有了初步的规范，并作为行政执法、司法实践的重要法定依据。但是作者通过调研和资料搜集发现，不同地区的执法、司法机关及相关人员对于商业秘密的认知有很大的差异，因此造成了不同地区、不同领域的案情相近的商业秘密案件出现差异性很大的裁决，近几年全国推行的"三合一"制度在一定程度上可视为解决这个难题的实验性措施之一，但实际成效尚有待于进一步检验，因为民事诉讼、刑事诉讼和行政诉讼等不同领域的司法人员的法理认知、办案思路等的整合统一都需要时间，不可能一蹴而就。

有学者就我国商业秘密的法律现实提出了在全国进行商业秘密统一立法的学术建议，甚至有的学者拟定了商业秘密法建议稿。但有学者主张商业秘密不是一项独立的权利，不需要统一立法，已有的法律规范已经足够。

作者认为，关于商业秘密的保护和立法问题，应该从两个层面来看待：第一，从商业秘密的自然属性来看，无论人们怎么去思考和对待，甚至忽视、蔑视等，商业秘密都自然存在并切实发挥着其应有的功能，这是所有商事组织都无法回避的事实，因此从这个层面说，商业秘密保护具有天然的必要性。第二，从商业秘密的法定属性来看，目前无论是从国际条约、国外立法，还是我国立法和司法实践，都将商业秘密列为一项重要的知识产权，其他的知识产权，例如专利权、商标权、著作权等，都有专门的立法，这也是国内外通行的立法模式，而对于商业秘密法，世界各国尚未形成一致的立法模式。以上海合作组织的俄罗斯和印度为例，它们都是中国的邻国，同时也是上海合作组织的合作伙伴。俄罗斯有专门的商业秘密保护法，印度虽然作为TRIPS成员国负有保护商业秘密的法定义务，但印度没有将商业秘密纳入知识产权保护体系，对商业秘密主要通过其刑法典、合同法及信息技术法等提供综合保护。中国以反不正当竞争法为主要模式规制商业秘密，由于其产生和使用过程中的非公示性、非独占性、权利主体和应用主体的分离性、商业秘密相关主体利益的冲突性、社会与立法部门的忽视性等各种综合性的复杂因素，导致了我国商业秘密保护的学术研究、立法与司法保护工作尚处于起步摸索阶段。很多学者、实务部门人员对于商业秘密的基本属性、特征、认定标准和法律责任等缺乏正确的认知和深入的研究，面对实践出现的问题也缺乏统一的考量，即使《反不正当竞争法》经过修改及最高人民法院更新司法解释，已经不足以很好地规范商业秘密的保护问题了。作为知识产权保护制度最完整的国家之一的美国，2016年通过了《商业秘密保护法》，作为其全国适用的法律依据，打破了各州商业秘密定裁不一的现状，同时对域外商业秘密保护也做了相对完善的规定，将商业秘密的保护以立法的形式进行了全面强化和规范，这在一定程度上可以成为我国加快商业秘密统一立法的一个催化剂，毕竟中美两国关于商业秘密的法律规定除了法律责任侵权赔偿数额与美国差距巨大之外，大多数基本原理是相通的。

建设更高水平的平安中国是实现2035年中国建设目标的必然要求。加强知识产权保护工作，尤其是商业秘密保护，是平安中国建设的重要内容。

2020年10月26—29日，中国共产党第十九届中央委员会第五次全体会议在北京召开，平安中国建设达到更高水平成为本次会议提出的2035年远期目标之一。

2020年11月10日，以认真学习贯彻习近平总书记关于平安中国建设的重要指示精神、深入学习贯彻党的十九届五中全会精神及总结交流平安中国建设工作经验为引领，平安中国建设工作会议在京召开，研究部署建设更高水平的平安中国重要工作。

建设更高水平的平安中国要求我们始终坚持党的绝对领导、坚持以人民为中心、坚持总体国家安全观，这也是实现"两个一百年"奋斗目标的坚强保障。

2020年11月30日，中央政治局举行第25次集体学习，会议主题是加强我国知识产权保护工作。习近平总书记在主持学习时强调，知识产权保护工作关系国家治理体系和治理能力现代化，关系高质量发展，关系人民生活幸福，关系国家对外开放大局，关系国家安全。全面建设社会主义现代化国家，必须从国家战略高度和进入新发展阶段要求出发，全面加强知识产权保护工作。中国当前正从知识产权引进大国向知识产权创造大国迈进，要建立健全知识产权评估体系，加强商业秘密等立法。

2020年12月7日，中共中央印发《法治社会建设实施纲要（2020—2025年）》，提出健全互联网技术、商业模式、大数据等创新成果的知识产权保护方面的法律法规。确保商业秘密得到有效保护，是不断优化中国营商环境、推动我国经济高质量发展的重要保障。

在此之前3年间，我国商业秘密立法工作取得了举世瞩目的立法成就：《中华人民共和国民法总则》于2017年10月1日实施，该法第一百二十三条将商业秘密列入知识产权八大客体之一，这是中国在基本法律层面首次确认商业秘密属于知识产权领域范畴，2021年1月1日实施的《中华人民共和国民法典》（以下简称《民法典》）第一百二十三条延续了相同的规定；2019年4月23日通过的《反不正当竞争法》修正案对商业秘密定义、构成要件、侵犯相关内容、举证责任等进行了全面修正；2020年1月15日，中美双方在美国华盛顿签署《中华人民共和国政府和美利坚合众国政府经济贸易协议》，将商业秘密保护作为知识产权首要内容予以确认，对商业秘密在民事程序中的举证责任转移、降低刑事执法门槛、加大刑事处罚力度、确保商业秘密被不法披露等内容进行了详细约定。在这之后，《最高人民法院关于全面加强知识产权司法保护的意见》、国家市场监督管理总局《商业秘密保护规定（征求意见稿）》、最高人民法院印发《关于审理涉电子商务平台知识产权民事案件的指导意见》的通知、《最高人民法院关于审理侵犯商业秘密民事案件适用法律若干问题的规定》、《最高人民法院、最高人民检察院关于办理侵犯知识产权刑事案件具体应用法律若干问题的解释（三）》、《最高人民法院关于依法加大知识产权侵权行为惩治力度的意见》、最高人民检察院、公安部关于印发《关于修改侵犯商业秘密刑事案件立案追诉标准的决定》的通知（2020）、《最高人民法院关于知识产权民事诉讼证据的若干规定》、《最高人民法院关于适用〈中华人民共和国反不正当竞争法〉若干问题的解释》（自2022年3月20日起施行）等先后落地实施，都为我国今后知识产权保护尤其是商业秘密立法与执法提供了很好的建设思路及法律依据。

建设更高水平的平安中国应全面深入推进网络社会综合治理，加大对涉及国家秘密、商业秘密、个人隐私等重要数据的保护力度，依法严厉打击相关违法犯罪活动，完善对新技术新应用的安全监管与保护体系。

根据作者对国内部分市场监管局商业秘密行政执法、公安机关侦查、检察机关审查起诉、人民法院司法审判、司法鉴定单位鉴定实践等不同环节的调研显示：在当前网络与数据化社会背景下，商业秘密作为典型的知识产权并没有在商事主体这一商业秘密权利人范围内被充分认知并有效保护，市场监管领域商业秘密行政执法部门更多地承担了行政服务的职能，公安侦查与检察起诉及法院审判均呈现出商业秘密案件立案难、取证难、鉴定难、胜诉难、赔偿难等共性难题。

商业秘密保护一直是知识产权诉讼领域最突出的持续难题，如何规范并科学做好泄密后商业秘密的保护工作成为精准打击泄密违法犯罪行为、确保商事主体等商业秘密权利人实现合法权益最大化以及推进我国知识产权战略顺利实施亟待解决的现实问题。

第一章　商业秘密概述

所有商事主体都有商业秘密，无论商事主体是否对此有客观正确认知。有关商业秘密法律保护问题，我们虽然可以从《反不正当竞争法》《民法典》等现行法律规定去寻找答案，但是作为一类重要的知识产权，因为其普遍存在性、当事人客观认知的匮乏性、法律保护的原则性，导致目前我国商业秘密法律规定零散而抽象，需要我们在借鉴发达国家先进立法经验的基础上，做好商业秘密基本理论问题的梳理工作。

在当今世界经济一体化的大形势下，商业竞争由一国一地的局部转向了全球，无论你是个体工商户、一般商事主体、公司、集团，还是跨国巨头，都已不自觉地身处全球经济商海之中，尤其现在的物联网及互联网的发达程度日益提高，地球两端的联系也不再遥远。

这样的环境、这样的平台，各类商事主体面临更多的机遇和商机，同时竞争的残酷性也使他们要时刻面对机密泄露、破产倒闭的巨大风险。如果我们用一个传统的名词概括这种情况，那就是"危机"——危险之中必有商机，商业危险之中孕育着更多的商业机会，能否成功就要看商事主体如何准确把握，是否有足够的能力转"危"为"机"。商事主体能在全球商海中顺利"航行"的关键所在，就是拥有并能很好管理自己的商业秘密，这是商事主体拒"危"掌"机"、转"危"为"机"、去"危"存"机"的基础法宝，商业秘密保护不当，"机"也终将成"危"。

正是因为商业秘密对于商事主体的重要性如此之典型，世界各国政府、学术界对其重视有加，各国对商业秘密的相关法律规定多样，学术研究颇多。

与商业秘密的重要地位和世界各国对商业秘密的高度重视相一致，我国学术界和立法机关也对商业秘密问题倍加重视，但是由于商业秘密问题的复杂性和社会司法实践的多变性，我国关于商业秘密的立法、司法以及学术研究都有些力不从心。目前我国在《反不正当竞争法》、《刑法》、《中华人民共和国价格法》(以下简称《价格法》)、《最高人民法院、最高人民检察院关于办理侵犯知识产权刑事案件具体应用法律若干问题的解释》、原国家工商行政管理局《关于禁止侵犯商业秘密行为的若干规定（1998年修订）》等法律文件中对商业秘密及其保护问题进行了分散立法，学者也从不同角度进行研究，并形成了大量的研究成果。但截至目前，我国只有《反不正当竞争法》从基本法角度对商业秘密基本概念作了较为完善的法律界定，这与学术上如火如荼的探讨以及现实中无处不在的商业秘密侵权行为颇不相称。

第一节　商业秘密及其构成要件

现今公众对于商业秘密已不陌生，但是对于商业秘密的正确认识经历了一个曲折过程，甚至一度和国家秘密混淆不清。

一、商业秘密基本概念

2014年3月1日，《中华人民共和国保守国家秘密法实施条例》正式实施，这是对《中华人民共和国保守国家秘密法》的贯彻落实，也是我国规范政府行为的一个有力举措。

相比国家秘密保护，我国对商业秘密的保护可以说是起步晚、法律规范较少，有很大完善的空间。

在现实中商业秘密甚至曾经被湮没在国家秘密的大框架之下。如2009年澳大利亚力拓公司上海办事处胡某泰等人的工作电脑之中暗藏数十家与力拓公司有长期合作的中国钢企资料，包括原材料采购、生产以及销售等的详细数据，胡某泰等人因此被警方带走调查。从上海国家安全局最早宣布的胡某泰等人"刺探、窃取国家机密"，到上海市检察机关最终以"涉嫌侵犯商业秘密罪"等批捕相关犯罪嫌疑人，反映了国家秘密与商业秘密问题在我国当下法律体系中时有错位的现实。然而，中国很多社会公众关注商业秘密可

以说就是从上述"力拓案"开始的。❶

其实早在20世纪90年代初,商业秘密就已经进入了我国的立法视野中,最早是由1991年版《民事诉讼法》❷第六十六条和第一百二十条对商业秘密案件证据及不公开审理问题进行了规定,该法并没有对商业秘密的内涵解读给出标准。对商业秘密做出定义的法律文件最早有1991年4月12日中美两国之间签订的《关于延长和修改两国政府科学技术合作协定的协议》的附件、1992年7月14日最高人民法院《关于适用〈中华人民共和国民事诉讼法〉若干问题的意见》第一百五十四条(2015年已全文废止,我国《民事诉讼法》司法解释已改为第二百二十条)、1993年《反不正当竞争法》第十条,其中《反不正当竞争法》第十条第三款的规定被认为是较为完善并被法学界普遍引用:"本条所称的商业秘密,是指不为公众所知悉、能为权利人带来经济利益、具有实用性并经权利人采取保密措施的技术信息和经营信息。"《最高人民法院关于适用〈中华人民共和国民事诉讼法〉的解释》第二百二十条规定:"商业秘密,是指生产工艺、配方、贸易联系、购销渠道等当事人不愿公开的技术秘密、商业情报及信息。"《反不正当竞争法》(2019年修正)第九条规定:"本法所称的商业秘密,是指不为公众所知悉、具有商业价值并经权利人采取相应保密措施的技术信息、经营信息等商业信息。"❸

相比英美等国,我国对商业秘密的法律规制晚了大约一个世纪。英国1851年发生的Morison v. Moat案件、美国1868年发生的Peabody v. Norfolk案件分别标志着商业秘密保护在两国正式确立。

《TRIPS协定》第三十九条第一款使用了"未披露信息",没有使用商业秘密的用语,但是从其第2款对此信息进行的内涵界定,我们可以发现,国内外对商业秘密内涵界定的标准是一致的。基于此,目前通说认为,《TRIPS

---

❶ 唐青林,黄民欣.商业秘密保护实务精解与百案评析[M].北京:中国法制出版社,2011:2.
❷ 我国第一部为商业秘密提供法律保护的法律要比《民事诉讼法》更早,是1987年11月1日实施的《技术合同法》,此法被后来的《合同法》吸收而失效,它保护的是商业秘密中的"技术秘密",但此法没有出现商业秘密的称谓,因此,《民事诉讼法》是我国最早使用"商业秘密"这一法律用语的法律文件。
❸ 此条规定在《反不正当竞争法》2019年修正之前为第十条中内容,文字有所修订。后文论述所引2019年前的判决文书中所言第十条即是依据1993年所确定的《反不正当竞争法》。

协定》中的"未披露信息"就是商业秘密。❶

二、商业秘密构成要件

其实,"未披露信息"与我国目前法律规定及通说中的"商业秘密"还是有区别的,这种区别是本质性的,应该加以法律规制的完善,才能强化目前我国市场经济大环境下的商业秘密保护力度。

《TRIPS协定》第三十九条第二款规定:"自然人和法人应有可能防止其合法控制的信息在未经其同意的情况下以违反诚实商业行为的方式向他人披露,或被他人取得或使用,只要此类信息:(a)属秘密,即作为一个整体或就其各部分的精确排列和组合而言,该信息尚不为通常处理所涉信息范围内的人所普遍知道,或不易被他们获得;(b)因属秘密而具有商业价值;并且(c)由该信息的合法控制人,在此种情况下采取合理的步骤以保持其保密性。"

从上述规定可知,"未披露信息"受到法律保护需要具备四个要件:一是具有秘密性;二是具有商业价值性;三是主体对信息掌控的合法性;四是具有合理的保密性。同时具备上述四个条件的信息才被称为《TRIPS协定》规定的"未披露信息"。

《反不正当竞争法》第九条规定的商业秘密,在内涵层面需要同时具备四个条件:一是具有秘密性;二是具有商业价值性;三是具有保密性;四是属于"技术信息、经营信息等商业信息"。

从中可以发现,《反不正当竞争法》和《TRIPS协定》对商业秘密和"未披露信息"的构成都对其构成要件进行了界定,但是其实质内容却差异较大,前者没有界定主体对信息掌控的合法性❷,后者没有将信息局限于"技

---

❶ 张耕,等.商业秘密法(第二版)[M].厦门:厦门大学出版社,2012:5.

❷ 主体对信息掌控的合法性包括依据有权拥有此类商业秘密的主体对其商业秘密的来源、取得方式、处分、收益等具有合法性来认定其掌控合法,不包括无权拥有此类商业秘密的主体实际拥有的商业秘密等情形。但从我国法律规定的精神看,要求主体的合法性、来源的合法性、处分及收益的合法性要件。如上海市第一中级人民法院(2006)沪一中民五(知)初字第95号、上海市高级人民法院(2006)沪高民三(知)终字第92号判决书载明的案例,原告主张其对虚拟数据的商业秘密权被二审法院否定,主要原因就是原告对包含虚拟数据在内的15000条数据因为来源不合法而不构成商业秘密,案件结果是原告诉讼请求被驳回。

术信息、经营信息等商业信息"。

中国于2001年底成为世界贸易组织成员，从本质而言，我国对商业秘密的规定应该与《TRIPS协定》规定保持一致。从目前学者讨论的方向和内容上看，这种一致在学术界和实务界也是得到认可并执行的，关于商业秘密一般构成要件的讨论和研究在学术界已经很广泛且本质差异不大，但是在实质要件上，我国对商业秘密的规定与世界贸易组织的协议规定确实存在上述的本质差异，我们不能忽视，尤其是对于以保护对象为中心的"秘密"合法性问题等的界定，决定了商业秘密的本质内涵不同。

我国对于商业秘密的法定构成要件主要包括如下三点。

（一）秘密性——"不为公众所知悉"

1. 内涵阐释

"不为公众所知悉"是指：有关信息不为其所属领域的相关人员普遍知悉和容易获得，并且符合在被诉侵权行为发生时这一特定的时间段。

秘密性有两种体现：一为主观秘密性，是指信息的拥有者具有对该信息予以保密的主观愿望；二为客观秘密性，是指信息在客观上不为本行业、本领域的人普遍知悉。"不为公众所知悉"指的是客观秘密性。

《最高人民法院关于审理侵犯商业秘密民事案件适用法律若干问题的规定》第三条规定："权利人请求保护的信息在被诉侵权行为发生时不为所属领域的相关人员普遍知悉和容易获得的，人民法院应当认定为反不正当竞争法第九条第四款所称的不为公众所知悉。"同时第四条对于人民法院可以认定有关信息为公众所知悉的各类法定情形做了列举式规定：该信息在所属领域属于一般常识或者行业惯例的；该信息仅涉及产品的尺寸、结构、材料、部件的简单组合等内容，所属领域的相关人员通过观察上市产品即可直接获得的；该信息已经在公开出版物或者其他媒体上公开披露的；该信息已通过公开的报告会、展览等方式公开的；所属领域的相关人员从其他公开渠道可以获得该信息的。

2. 典型案例分析——"模块设计"技术秘密案❶

（1）法律问题。

"不为公众所知悉"（秘密性）法律要件的判断。

（2）案情介绍。

2012年开始，刘某在松一公司任职钢结构设计工程师，曾经负责联合利华项目，双方签订的劳动合同约定了保密条款。2016年3月，刘某由松一公司辞职并进行了工作移交。后刘某入职具有竞争关系的灿实公司工作。2017年6月，灿实公司向国家知识产权局提出发明专利申请，发明人为刘某，该发明专利摘要载明：本发明提供的模块化尺寸方案能有效地规整模块尺寸，最大限度地减少模块数量，降低运输成本，同时能在项目设计初期就能确定全厂布局，涉及技术领域为医药、精细化工、矿产、电子信息行业的工艺设备装置的模块化设计和安装。2019年5月，国家知识产权局对该专利申请以不具备创造性为由，作出驳回决定。灿实公司不服，申请复审后再次被驳回。松一公司认为，灿实公司、刘某申请专利的模块化尺寸设计形式与刘某在松一公司处参与的模块化项目设计形式实质相同，这些模块化设计尺寸并非本领域相关人员普遍知悉和容易获得的，且应用于松一公司的多个项目中，实用性和价值不言而喻。松一公司认为刘某、灿实公司的行为构成了侵犯松一公司商业秘密的不正当竞争行为。松一公司主张的商业秘密载体为相关项目的竣工图纸，具体密点为：厂房模块和工艺模块设计及参数值、模块的组合方式。

---

❶ 案件来源：（2021）最高法知民终35号。作者在此对于本书所引典型案例做一个统一说明：由于商业秘密案件的特殊性，实际调研的难度较大。作为主要面向法学本科生教学使用的参考书，本书编者所用典型案例及相关观点除作者办理的实务案件之外，均来自"北大法宝案例检索"资源并借鉴了本书参考文献资料中的代表性案件，在此一并致谢，下文不再一一说明。由于专业问题阐述准确性的需要，本书引用的案例均使用的是公开判决的案件，包括民事、刑事与行政诉讼案件，其中大部分是经过二审终审的生效案件。对于经过调解的或一般的一审案件，由于具有很大的不确定性和当事人的自主性因素，因此不作为论述的重点，同时引用的典型案例只是作为说明问题的需要和依据，因此作者并未完全按照判决书的原文书写，而是在语言组织方面做了一定的整合，以便更清楚地表达出作者的写作初衷。为了更好保护当事人隐私，本书典型案例中的当事人在真实判决书来源基础上基本采取虚拟形式。为真实还原案件，所引用的法律规定均以案件审理当时的法律依据为准，但在作者行文论述中，采用了当下现行法律条文，后文不再一一出注。

（3）法院生效判决。

《最高人民法院关于审理侵犯商业秘密民事案件适用法律若干问题的规定》第四条第一款第二项规定，有关信息仅涉及产品的尺寸、结构、材料、部件的简单组合等内容，所属领域的相关人员通过观察上市产品即可直接获得的，人民法院可以认定该信息为公众所知悉。涉案技术信息并不具备《反不正当竞争法》第九条第四款项下"不为公众所知悉"的法律要件。

（4）裁判理由。

首先，涉案技术信息仅为厂房或工艺模块的具体外形尺寸、长与宽或高之间的比例关系以及各模块单元如何摆放，均缺乏任何隐秘性。换言之，根据涉案技术信息建造装配的成品一旦进入市场或交付客户，该等信息即已从图纸毫无减损地转移到工程实体的表面。

其次，对于所属领域相关人员而言，涉案技术信息均属于工程设计与建造过程中的核心数据与必要数据。换言之，在面对已竣工的工程实体时，涉案技术信息均是所属领域相关人员需重点观察与测量并精确掌握的信息。

再次，涉案技术信息均不复杂隐晦，所属领域相关人员通过简单观察与快速测量即可径直、毫无遗漏地获取，故具有明显的信息获取便捷性。

最后，国家知识产权局复审请求审查决定明确指出，涉案技术信息所对应的技术方案是本领域技术人员的常规选择，技术效果也是本领域技术人员所熟知并可预期的。该认定结论进一步印证了涉案技术信息缺乏隐秘性以及所属领域相关人员获取该等信息的便捷性。

综上所论，松一公司主张的涉案技术信息"仅涉及产品的尺寸、结构的简单组合，且所属领域的相关人员通过观察上市产品即可直接获得"，应属《最高人民法院关于审理侵犯商业秘密民事案件适用法律若干问题的规定》第四条第一款第二项规定的情形，可据此认定涉案技术信息"为公众所知悉"。换言之，涉案技术信息不符合《反不正当竞争法》第九条第四款项下"不为公众所知悉"的法律要件。

（二）商业价值性——"能为权利人带来经济利益、具有实用性"

《最高人民法院关于审理侵犯商业秘密民事案件适用法律若干问题的规定》第七条规定：

权利人请求保护的信息因不为公众所知悉而具有现实的或者潜在的商业价值的，人民法院经审查可以认定为反不正当竞争法第九条第四款所称的具有商业价值。

生产经营活动中形成的阶段性成果符合前款规定的，人民法院经审查可以认定该成果具有商业价值。

本条款从信息的现实价值——实用性和潜在价值、竞争优势两个方面对商业秘密的经济实用性进行了法律界定。商业秘密的认定标准不仅限于能产生实际的现实价值，为商业秘密权利人带来现实的经济利益，同时对于虽然暂时无法界定其现实价值但从其发展趋势来看有潜在的竞争优势存在，一样可以将其界定为商业秘密。

商业价值性包含两方面的内涵：一是商业秘密在马克思主义劳动价值论上的价值性（只有经人类特别劳动产生的信息才是商业秘密——生产商业秘密本身的劳动）；二是商业秘密实用性基础上的价值性——给权利人带来现实的或潜在的经济利益或竞争优势。

判断一项信息是否具有商业价值性，主要应从以下三个方面来考量：

首先，具有确定的可应用性，无论积极或消极信息，均有可能因其对不同的商事主体具有不同程度的可应用性而具备商业价值性。

其次，能为权利人带来经济利益或竞争优势，这是客观意义上的标准，无论是现实还是潜在利益或优势都可认定为商业价值性。

最后，商业价值性没有量的规定性和时间的规定性。特别注意：判断一项信息是否具有价值性，不应单纯从信息持有人角度出发，而应以其在社会上有无经济价值为标准。生产经营活动中形成的阶段性成果符合不为公众所知悉而具有现实的或者潜在的商业价值的规定的，人民法院经审查可以认定该成果具有商业价值。在商业价值性方面，客户信息具有特殊的重要位置，司法实务中侵犯客户信息类商业秘密案件占据了大部分。

（三）保密性——"经权利人采取相应保密措施"

1. 内涵阐释

保密性，指的是权利人为防止商业秘密泄露，在被诉侵权行为发生以前所采取的合理保密措施，是认定主观秘密性的依据。

商业秘密要保持其秘密性，权利人必须采取一定的措施。合理、具体、有效是基本标准。"合理"是指法律并不要求保密措施是万无一失的，只要达到了通常理解的合理保护即可；"具体"是指采取的保密措施针对的保密客体是具体、明确的，仅有一般的保密合同而无明确的保密客体不能认为该措施"具体"；"有效"是指切实地执行保密措施。

《最高人民法院关于审理侵犯商业秘密民事案件适用法律若干问题的规定》第五条和第六条对保密措施的认定标准进行了规定：

第五条　权利人为防止商业秘密泄露，在被诉侵权行为发生以前所采取的合理保密措施，人民法院应当认定为反不正当竞争法第九条第四款所称的相应保密措施。人民法院应当根据商业秘密及其载体的性质、商业秘密的商业价值、保密措施的可识别程度、保密措施与商业秘密的对应程度以及权利人的保密意愿等因素，认定权利人是否采取了相应保密措施。

第六条　具有下列情形之一，在正常情况下足以防止商业秘密泄露的，人民法院应当认定权利人采取了相应保密措施：（一）签订保密协议或者在合同中约定保密义务的；（二）通过章程、培训、规章制度、书面告知等方式，对能够接触、获取商业秘密的员工、前员工、供应商、客户、来访者等提出保密要求的；（三）对涉密的厂房、车间等生产经营场所限制来访者或者进行区分管理的；（四）以标记、分类、隔离、加密、封存、限制能够接触或者获取的人员范围等方式，对商业秘密及其载体进行区分和管理的；（五）对能够接触、获取商业秘密的计算机设备、电子设备、网络设备、存储设备、软件等，采取禁止或者限制使用、访问、存储、复制等措施的；（六）要求离职员工登记、返还、清除、销毁其接触或者获取的商业秘密及其载体，继续承担保密义务的；（七）采取其他合理保密措施的。

商业秘密的认定需要信息自身具有秘密性和商业价值性，这是从商业秘密的客观方面而言的，我们可以将其概括成商业秘密的客观要件；商业秘密的认定还需要权利人对这些信息具有保密的主观意愿和采取实际的保密措施，我们将其概括为商业秘密的主观要件。《最高人民法院关于审理侵犯商业秘密民事案件适用法律若干问题的规定》一方面将商业秘密权利人的保密意愿作为商业秘密的主观要件之一界定，同时对于保密措施的认定实行了相对较为宽泛的标准，只要求保密措施"正常情况下足以防止商业秘密泄露"即可，不要求保密措施万无一失，实际上这样的保密措施也是不存在的。同时《最高人民法院关于审理侵犯商业秘密民事案件适用法律若干问题的规定》第六条对于措施"相应"列举了七条具体标准，这成为司法实践中法官审理的主要依据，也应成为商业秘密权利人保护商业秘密的重点依据。

权利人采取保密措施，包括口头或书面的保密协议、对商业秘密权利人的职工或与商业秘密权利人有业务关系的他人提出保密要求等合理措施。只要权利人提出了保密要求，商业秘密权利人的职工或与商业秘密权利人有业务关系的他人知道或应该知道存在商业秘密，即可认定为权利人采取了合理的保密措施，职工或他人就对权利人承担保密义务。❶

2. 典型案例分析："气体透过率测试仪"技术秘密案❷

（1）法律问题。

在产品上贴附标签禁止他人拆解的行为是否具有保密性？

（2）裁判要旨。

权利人在产品上贴附标签对技术秘密作出单方面声明并禁止他人拆解的，不能对抗他人对该产品的所有权，不构成《反不正当竞争法》规定的"相应保密措施"。

（3）案情简介。

兰光公司是名称为"一种气体阻隔性检测设备实验腔的夹紧结构"实用新型专利的专利权人，曾申请法院对思克公司涉嫌侵犯其实用新型专利权的行为采取证据保全措施。法院根据其申请，对案外人向思克公司购买的GTR-7001气体透过率测试仪采取了拆解、拍照的证据保全措施。思克公司提起反诉，反主张该测试仪具有技术秘密，包含6项秘密点，通过拆解该设备即可获得，兰光公司利用证据保全程序，获取了该技术秘密，并运用在相

---

❶ 拓展案例：美国最大香辛料生产厂家"味好美"，同时是肯德基和麦当劳的生产商，三家以及供应商签订了严格保密协议，一旦泄密，处罚足以使其倾家荡产；2002年风靡全国的"馋嘴鸭"由重庆风光集团推出，其起源是北京烤鸭，该集团注册了商标"风光"，随着加盟商的增多，调料包未采取正确的保密措施，导致商业秘密外泄。

❷ 案件来源：（2020）最高法知民终538号。

同的智能模式检测仪器上,构成侵权。思克公司为证明其为涉案技术秘密采取了合理的保密措施,提交了《公司保密管理制度》《企业与员工保密协议》等,以及案外人与思克公司签订的《设备购销合同书》及产品上"私拆担保无效""品质保证撕毁无效"的防拆标签。其中,《设备购销合同书》涉及技术秘密的条款内容为"需方有义务确保供方货物的技术机密信息安全"。

(4)法院裁判。

涉案技术秘密的载体为GTR-7001气体透过率测试仪,因该产品一旦售出进入市场流通,就在物理上脱离思克公司的控制,思克公司为实现保密目的所采取的保密措施,需要达到能够对抗不特定第三人通过反向工程获取其技术秘密的强度。而思克公司所主张的"对内保密措施",因脱离涉案技术秘密的载体,与其主张的技术秘密不具有对应性;所主张的"对外保密措施",或仅具有约束合同相对人的效力,不具有约束不特定第三人的效力,或未体现出思克公司的保密意愿,故均不属于《反不正当竞争法》规定的"相应保密措施"。判决驳回原告思克公司的诉讼请求。

(5)法理分析。

本案涉及技术秘密保密措施要件的认定问题,入选最高人民法院知识产权法庭2020年典型案例裁判要旨,对于技术秘密保密措施的认定具有一定指导意义。技术秘密权利人所采取的保密措施,不应是抽象、宽泛的,不能脱离技术秘密及其载体而存在,而应当是具体的、特定的、与技术秘密及其载体存在对应性的保密措施。技术秘密以市场流通产品为载体的,权利人在产品上贴附标签,对技术秘密作出单方宣示并禁止不负有约定保密义务的第三人拆解产品的行为,不构成《反不正当竞争法》规定的保密措施。

三、商业秘密保护对象

《TRIPS协定》中秘密信息的保护对象被称为"未披露信息"。我国现行《反不正当竞争法》关于商业秘密的保护对象被称为"技术信息、经营信息等商业信息"。前者涵盖了权利主体所拥有的、未对外透露的一切信息,而后者从字义来看,只包含一定条件下的技术信息、经营信息等商业信息。

我国学者在对应保护的秘密"信息"方面,有过激烈的争论,如中国社会科学院张玉瑞研究员认为技术信息与经营信息是商业秘密的主要部分，但不是全部，商业秘密还包括体育、文化、旅游、医疗等方面。❶西南政法大学张耕教授和上海交通大学孔祥俊等均认为商业秘密的范围就是《反不正当竞争法》（1993）第十条规定的"技术信息和经营信息"，并认为张玉瑞研究员提出的保护范围过窄问题可以以"经营信息界定为商业活动中除技术信息以外的其他信息"来概括就足够了。❷

其实对商业秘密保护的对象问题有很大的探讨空间。《反不正当竞争法》第一条对该法制定的宗旨界定为"保护经营者和消费者的合法权益"，第二条将经营者界定为："本法所称的经营者，是指从事商品生产、经营或者提供服务（以下所称商品包括服务）的自然人、法人和非法人组织。"从上述规定可以看出，《反不正当竞争法》第二条规定的主体就是该法第九条规定的拥有商业秘密权利的"权利"人，前提是"从事商品生产、经营或者提供服务"，即已经成立的公司、其他组织等经济主体。第九条规定的"技术信息、经营信息等商业信息"，应该是此类主体在此期间拥有的秘密信息，即商业秘密保护对象。

（一）技术信息

根据《最高人民法院关于审理侵犯商业秘密民事案件适用法律若干问题的规定》第一条的规定："与技术有关的结构、原料、组分、配方、材料、样品、样式、植物新品种繁殖材料、工艺、方法或其步骤、算法、数据、计算机程序及其有关文档等信息，人民法院可以认定构成反不正当竞争法第九条第四款所称的技术信息。"

（二）经营信息

与经营活动有关的创意、管理、销售、财务、计划、样本、招投标材料、客户信息、数据等信息，人民法院可以认定构成《反不正当竞争法》第九条第四款所称的经营信息。

其中所称的客户信息，包括客户的名称、地址、联系方式以及交易习惯、意向、内容等信息。

---

❶ 张玉瑞.商业秘密法学［M］.北京：中国法制出版社，1999：49.
❷ 张耕,等.商业秘密法（第二版）［M］.厦门：厦门大学出版社，2012：24.

其法律依据为《最高人民法院关于审理侵犯商业秘密民事案件适用法律若干问题的规定》第二条规定：

当事人仅以与特定客户保持长期稳定交易关系为由，主张该特定客户属于商业秘密的，人民法院不予支持。

客户基于对员工个人的信赖而与该员工所在单位进行交易，该员工离职后，能够证明客户自愿选择与该员工或者该员工所在的新单位进行交易的，人民法院应当认定该员工没有采用不正当手段获取权利人的商业秘密。

（三）其他商业信息

司法实践中有这样特殊的主体，例如设立过程中及被吊销营业执照之后注销之前的经济主体，依法不能开展商品经营或者营利性服务，只能为经济主体成立或清算做准备工作。在此期间，设立主体和为清算而成立的主体同样可能拥有商业秘密，这些秘密有商业价值但因为主体不具有经营能力而并不是经营信息或技术信息，这类信息应该还是很大一部分。它与张玉瑞研究员所说的艺术、医疗、体育等方面信息不同，确实可能为后续或前存的经济主体的顺利发展提供一定的商业价值，但这种价值是潜在价值，并非一定是现实价值。

如图 1.1 山东省内一家生产食品添加剂的商事主体在设立一家新的商事主体过程中，以设立期间的过程行为说明商业秘密的非经营性属性可能性的存在。

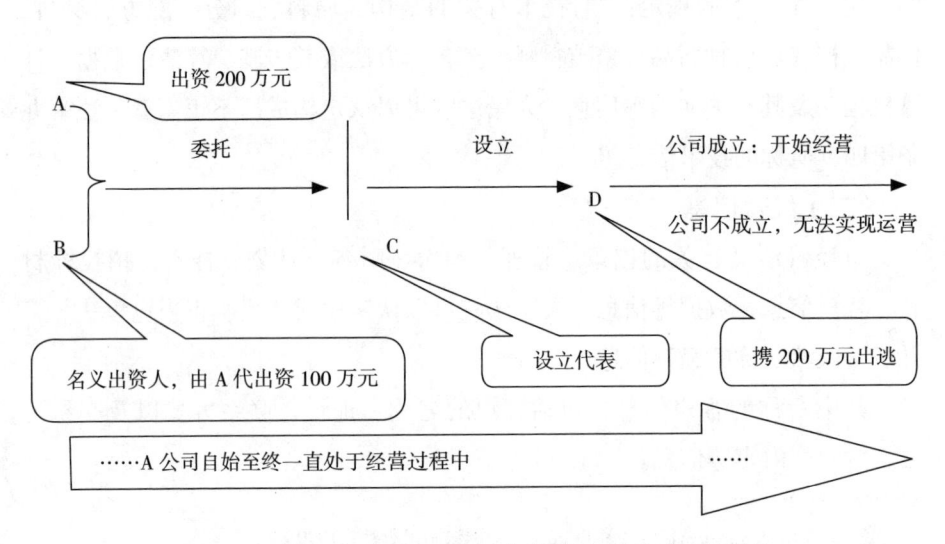

图 1.1　商事主体设立过程中的商业秘密存续说明

图 1.1 显示：

A 公司出资 100 万元与 B 共同设立 D 公司，约定由 A 公司代 B 出资 100 万元注册，即 A 公司实际出资 200 万元，并由 A 公司出具书面授权给 B、C 作为设立代表负责 D 公司设立的具体行为，并委任 C 担任未来 D 公司总经理。在 D 公司的设立期间，B、C 成功获得了 D 公司的名称预先核准通知书，但是之后 B 将 A 公司的出资 100 万元和借款 100 万元据为己有并潜逃。A 公司本来计划将这 200 万元用于 D 公司注册成立后再将资金抽回，用于公司的流动资金（本书对此处 A 公司可能的违法犯罪行为不做讨论），现在由于 B 的违法行为，公司流动资金链断裂。此时面临年底，A 公司的众多债权人向 A 公司索债，A 公司向众多债主出示其与 B 共同设立 D 公司的相关法律文件，但隐瞒了 B 公司携款潜逃的事实，以此证明 A 公司因为年后将上马 D 公司，以此资金用作了注册资金用，并保证一旦公司注册完毕，立即取回资金还债。C 在此期间以尚未成立的 D 公司作为载体，已经印发了大量名片，向其客户进行业务推销并进行预约合同签订及收取定金，C 同样在事后隐瞒了 B 携款出逃的违法事实以防客户索赔。

在此案例中，B 携款 200 万元出逃，无论对于 A 还是 C 而言，都是秘密。其秘密性在于：第一方面，A 公司出资 200 万元，一直到 D 公司成立之前，或到 D 公司最终未成立，D 公司主体资格不存在，更没有经营行为，此时 B 的携款出逃行为不是 D 公司的商业秘密。第二方面，在图 1.1 所示的整个过程中，A 公司一直在正常的经营过程之中，所以 B 的携款出逃行为属于 A 公司的商业秘密，为了不在年底遭到债主的追索，只好自己守住"B 已携款潜逃"这个秘密，暗中寻找解决对策。如果 B 及时回来，A 可能有缓冲余地，不过这种可能性极小；如果 B 不再回来或即使被公安机关逮捕但是资金已被其挥霍，则 A 将面临破产的可能。第三方面，对于 C 而言，是受委托进行设立 D 公司，作为未来 D 公司的总经理，在此期间没有以 D 公司名义经营的权利，但此期间进行的此类行为若为以后成立的 D 公司追认，则有效，若最终 D 公司没有追认或 D 公司最终没有成立，则此类行为无效，应由 C 本身承担相应法律责任。

我们不可否认的是，B 携款潜逃的行为也是 C 的商业秘密。因为此时

C已经以D公司名义对外签署了很多预售合同并收取了定金,不管B携款潜逃发生在C签订合同之前、期间,还是之后,客户因为相信A、C,进而对将要成立的D有期望值,所以以自认为较低的合约价格与C签署合同。如同我们购买商品房,在开发商实际开盘之前,我们总认为内部认筹的价格会低于开盘价格一样,如果一旦最终开不了盘或开发商跑路,认筹的客户就要遭殃。如果C将B携款潜逃的事实与行为告知客户,可能面临客户的索赔,所以此时C需要一方面守住这个秘密不让客户知晓,同时报案或暗中查找B,并与A协商解决对策,与上述A的处境一样,最终B主动回来并带回资金的可能性基本不存在,如果如此,则C面临被对方当事人追索欠款和追究违约责任的可能。所以,从上述第二种情况和第三种情况分析,B潜逃的事实与行为对A、C而言,具有很强的商业价值,具有秘密性,也对此秘密采取了保密措施,本书认为应该属于商业秘密的范畴,尽管可能不符合《TRIPS协定》称为"未披露信息"的其中一个要件"掌控者对秘密信息具有合法掌控权",因为C对B"携款潜逃"的秘密控制合法性在其以未来D公司名义对外签署合同并收取定金时已然不存在了;也不符合《反不正当竞争法》第九条规定的商业秘密中属于"技术信息和经营信息"的要件,因为此时的B"携款潜逃"的秘密肯定不是技术信息,其掌控者C不具有经营资格,当然也不是经营信息。

再进一步,如果此时A公司因为没有参加年检,被吊销营业执照。A公司的主体资格依然存在,但是此时的A公司已然没有了经营资格,不能从事经营行为,只能从事与公司清算相适应的活动,因此,在此期间,A公司掌控的商业秘密即使依然存在,这些秘密信息也不再是"经营信息"。

关于吊销,根据《中华人民共和国公司法》规定,公司解散原因中有"(四)依法被吊销营业执照、责令关闭或者被撤销。""公司因本法第一百八十条第(一)项、第(二)项、第(四)项、第(五)项规定而解散的,应当在解散事由出现之日起十五日内成立清算组,开始清算。"清算组"代表公司参与民事诉讼活动","清算期间,公司存续,但不得开展与清算无关的

经营活动"。❶

关于注销,根据《中华人民共和国市场主体登记管理条例》第三十一条和《中华人民共和国市场主体登记管理条例实施细则》第四十四条规定,经公司登记机关注销登记,自登记机关予以注销登记之日起,市场主体终止。

综上,商业秘密不一定局限于"技术信息和经营信息",类似吊销之后注销之前这一过程中,以及公司成立之前这一过程的秘密信息,可以作为其他商业信息的范畴。

(四)典型案例分析

1. 基本案情

王某等人涉嫌侵犯商业秘密案由济南市公安局经济犯罪侦查支队于2018年5月21日转递线索至济南市公安局高新技术产业开发区分局侦查大队。5月30日,民警接待山东大力能源股份有限公司(以下简称大力)董事长、法定代表人刘某报案。5月31日,侦查大队对该案受理初查。10月24日,经初查,济南市公安局高新技术产业开发区分局决定对王某等人涉嫌侵犯商业秘密案立案侦查。10月25日,济南市公安局高新技术产业开发区分局侦查大队民警在济南中川环保设备有限公司(以下简称中川)实际经营地——济南市历下区山大路22号创展中心221室,经出示警察证和《传唤证》,传唤并讯问了涉嫌侵犯商业秘密的犯罪嫌疑人王某。侦查大队民警依法搜查中川,扣押犯罪嫌疑人王某及其员工使用的电脑和存储介质、纸质技术资料及会计账目等。

大力成立于1994年10月,是山东省科学院控股的新三版挂牌公司。经山东科技事务司法鉴定所鉴定,大力拥有的高黏性闪蒸干燥机技术信息是商业秘密。

2008年8月,大力原精细化工部经理王某,并未从大力离职,为牟取暴利,借用亓某、潘某等人身份顶名成立中川,并实际控制经营中川。2008年8月至2018年10月,王某利用在大力的职务之便,窃取大力的商业秘密,并利诱其在大力的下属员工吉某、潘某、郭某、宋某等人先后离职,为

---

❶ 详见《中华人民共和国公司法》第一百八十条、第一百八十三条、第一百八十四条、第一百八十六条规定。

中川提供技术服务，违反大力有关保守商业秘密的约定和要求，披露、使用大力的商业秘密，经营与大力同类的干燥设备。山东省科技事务司法鉴定所对中川电脑硬盘存有的6种不同型号的成套电子图纸（涉及859张具体图纸）、中川销售给中铝山东工程技术有限公司的闪蒸干燥机作为抽样产品进行了技术比对，出具鉴定意见：中川的闪蒸干燥机技术信息与大力的闪蒸干燥机技术信息相同。

2. 案件难点

（1）损失的确定。

《刑法》第二百一十九条将是否"给商业秘密的权利人造成重大损失"作为区分侵犯商业秘密罪与一般侵权行为的界限，但《刑法》并未对"重大损失"的含义及计算方法作出明确界定。这就给办理侵犯商业秘密案件带来了极大的困难。根据最高人民检察院、公安部于2010年发布的《最高人民检察院、公安部关于公安机关管辖的刑事案件立案追诉标准的规定（二）》（以下简称《追诉标准》）第七十三条的规定，侵犯商业秘密给权利人造成"重大损失"的认定标准是：①给商业秘密权利人造成损失数额或因侵犯商业秘密违法所得数额在50万元以上的；②致使权利人破产的或其他给商业秘密权利人造成重大损失的情形。2020年9月12日最高人民法院、最高人民检察院联合发布的《关于办理侵犯知识产权刑事案件具体应用法律若干问题的解释（三）》第四条规定，给商业秘密的权利人造成损失数额或者因侵犯商业秘密违法所得数额在30万元以上的，属于"给商业秘密的权利人造成重大损失"。虽然上述《追诉标准》和《关于办理侵犯知识产权刑事案件具体应用法律若干问题的解释（三）》都明确了"重大损失"的数额标准和大致范围，《关于办理侵犯知识产权刑事案件具体应用法律若干问题的解释（三）》第五条也规定了损失数额或者违法所得数额计算标准，但这个司法解释是2020年出台实施的，当时还是适用的2004年版《关于办理侵犯知识产权刑事案件具体应用法律若干问题的解释》第七条规定，并没有对重大损失办案认定标准进行有效规定，因此办案实践中的具体损失如何根据办案实际进行法定计算成为办理侵犯商业秘密案件的难点。

王某侵犯商业秘密案中，办案人员从具体案情出发，以事实为依据，以法律为准绳。一方面，在办案过程中引入司法审计，将王某等人实际控制经营公司的账目等会计凭证交由专业审计人员进行审计，摸清涉案公司情况，全面掌握涉案公司经营情况及效益情况；对涉案公司业务往来情况进行细致梳理，甄别与受害公司客户存在重叠的情况，梳理案情涉及的业务往来。另一方面，办案人员发挥主观能动性，根据法律常规积极查阅相关法律法规，与法院、检察院积极沟通，调取大量侵犯商业秘密案判决书等相关材料，发现最高人民法院公布的《江西亿铂公司、余某志等侵犯商业秘密案判决书》中受害公司经济损失由嫌疑公司生产侵权产品总金额乘以受害公司同种产品利润率来计算。最终经审计，王某等人违法所得 11484701.28 元，造成大力经济损失 8149030.3 元，办案人员将违法所得、造成损失等通过审计予以披露，并使用最高人民法院的指导性判例的做法，建立造成损失与违法所得的因果关系，得到了检察院、法院的认可。

（2）电子证据提取固定。

侵犯商业秘密客观载体多种多样，收集、保全、固定都很难。王某侵犯商业秘密案的证据主要以电子数据为主，在办案过程中办案人员在掌握案件相关信息后立即对嫌疑公司、嫌疑人、涉案公司相关员工的生产和生活场所进行搜查，搜查前制订详细搜查计划，专人专责，细化分工，搜查后对相关电子设备第一时间进行扣押，有效防止了关键证据被删除、毁坏和修改的可能性。将扣押后的相关电子设备储存在远离高磁场、高温、灰尘、积压、潮湿、腐蚀性物品的环境下，确保证据有效保全。相关电子数据被扣押后，立即交付网警部门，对相关电子数据进行提取、恢复和固定，出具相关勘验报告，不但保证了电子数据提取的合法化，而且对案件进展起到推动作用。在网警提取的王某与他人聊天记录中直接存在受害公司命名的图纸文件，提取固定了嫌疑人电脑中大量直接盗用未经修改的受害公司设计图纸。

（3）程序性问题。

接到报案后办案人员立即进行初查，询问被害人，收集被害人对涉密信息采取合理保密措施的证据，接受相关证据材料，开具《接受证据材料清单》。发现王某等人确实存在侵犯商业秘密的行为后，立案侦查。依法对王某等嫌疑人进行传唤，制作讯问笔录，固定相关言辞证据。在出具《搜查令》后，对相关嫌疑人住处及办公地点进行搜查，制作搜查笔录，同时对现场的相关图纸、电脑、合同、公章、手机等相关书证、物证进行扣押，制作扣押清单。对于电子证据的扣押，全程在有关鉴定、审查部门监督下由专业技术人员进行操作，必要时可以由公证部门参与，并积极与网警技侦沟通，严格按照相关法律程序执行，全程录音录像，以保证电子证据的合法性。电子证据的处理由网警部门负责，提取相关证据，并制作《电子证据勘验报告》。

（4）知识产权鉴定。

商业秘密是不为公众所知悉，具有商业价值，并经权利人采取相应保密措施的技术信息和经营信息等商业信息。密点的选取也非常重要，除满足商业秘密一般性构成要件外，还要考虑该密点最好是侵权产品所必需的技术点，没有申请过专利或实用新型等为外界所公开、是报案公司独有的技术等方面，这些方面考虑周全，有利于选取精准的商业秘密点，推动诉讼进程。办案人员联系山东科技事务司法鉴定所进行鉴定，结果为大力拥有的高黏性闪蒸干燥机技术信息是商业秘密。"非公知性"检测通过山东化工信息中心进行查新并出具了《科技查新报告》，显示在现有检索范围内与查新项目研究内容相同的文献报道。办案人员对王某等人经营公司已完成业务进行抽样鉴定，经司法鉴定王某等人实际控制公司的图纸中的技术信息与受害公司的技术信息相同。保密措施方面，办案人员调取王某等人劳动合同，在王某等人劳动合同中明确约定双方签署保密协议，且保密协议中第四条和第五条明确规定不得在任职期间或离职五年内在经营同类产品的商事主体任职，在工作中持有或保管的任何公司商业秘密归公司所有。通过向受害公司人员取证和查阅受害公司制度，证明受害公司有一套完善可行的保密制度对公司商业秘密进行保护。经司法鉴定，受害公司的图纸技术是具有非公知性的商业秘密，且对自身公司所持有商业秘密采取了保护措施，有力证明了王某等人使用的图纸技术侵犯了受害公司的商业秘密。

3. **案件侦查启示**

侦结侵犯商业秘密案是一项系统性、程序性、技术性很强的工作，需要通盘考虑，细密深入侦查，才能固定证据，推动诉讼进程顺利进行。证据收集方面要综合运用查封、扣押、冻结、传唤等多种刑事调查措施，及时固定证据，处理电子数据要有网警等专业人员进行，按程序办理，保证程序合法。商业秘密鉴定要找准密点，由专业的司法鉴定机构进行鉴定并出具权威性鉴定意见，收集证据时要注意收集证明其非公知性和采取保密措施的证据。损失的鉴定方面，要引入专业审计人员对侵权公司进行审计，摸清侵权公司经营状况、销售情况，结合有关法律和相关判例确定受害公司损失。

4.检察办案

（1）办案过程。

济南市公安局高新技术产业开发区分局于2018年10月24日立案，次日对犯罪嫌疑人王某刑事拘留。同年12月1日，济南市高新技术产业开发区人民检察院以涉嫌侵犯商业秘密罪批准逮捕王某，并列出继续侦查提纲。2019年1月30日，济南市高新区公安分局将该案移送起诉。

审查起诉阶段，检察机关重点围绕该案的焦点即非标设备的技术是否构成商业秘密完善证据体系。因涉及专业知识较多，检察机关多次前往被害单位查看涉案被侵权设备，详细了解干燥专业技术和涉案各种型号设备的构成及工作原理，落实从研发、设计到制造、使用各环节的技术密点。针对鉴定意见中选取的四个密点，重点审查了电子证据的提取过程和检验结果，要求侦查机关和鉴定部门补充关于密点的详细化描述，并结合该项技术的图纸进行标注解释；复核了查新部门对于涉案技术密点的检索策略和查新过程；听取了行业专家对于鉴定意见的审查建议。

2019年8月12日，济南市高新区检察院以王某涉嫌侵犯商业秘密罪向法院提起公诉。同年12月1日，济南市高新区检察院检察长列席法院审委会，对本案被侵权技术的非公知性、如何认定给权利人造成的损失等关键问题，从事实认定、法律适用、证据采信、罚金刑适用等方面提出明确意见。2020年5月15日济南市高新区法院以被告人王某犯侵犯商业秘密罪，判处其有期徒刑三年九个月，并处罚金20万元。同年11月26日济南市中级人民法院改判有期徒刑三年六个月，并处罚金20万元。

（2）检察感悟。

1）充分发挥审前主导作用，夯实指控犯罪根基。侵犯商业秘密案件的关键点在于涉案商业秘密的认定，尤其是非标设备中非公知技术的界定，这也是办理此类案件的难点。关于商业秘密的鉴定意见，在此类犯罪中作为核心证据材料，是犯罪事实与法律认定之间的连接点。检察机关要充分发挥审前主导作用，将亲历性办案和全面引导侦查相结合，注重围绕鉴定意见强化指控和证明体系，重点审查电子证据的提取过程、检验结果，以及涉案密点在图纸和设备上的有效体现，并借助外脑补强专业知识，为精准指控犯罪夯实证据基础。

2）注重强化审判监督，推动法律统一正确实施。检察长列席审委会制度，是检察机关履行法律监督职能的重要方式，有助于提高重大疑难复杂案件审理的透明度，增强裁判结果的权威性和公信力。检察机关应注重运用对罚金刑的量刑建议，切实发挥检察长列席审委会制度审判法律监督作用，推动与审判机关在事实认定和法律适用等方面形成共识，统一司法标准尺度，形成打击犯罪合力，提升知识产权保护效能。

3）积极延伸检察职能，推动知识产权社会治理水平提升。习近平总书记强调，保护知识产权是推进创新型国家建设的需要。商事主体的创新和发展，尤其是科技商事主体对于知识产权的保护，离不开良好的法治环境。检察机关在提前介入阶段，就对涉案商事主体提出多项有针对性、可行性的建议，均被采纳并及时整改，一方面挽回流失客户，减少损失，另一方面帮助商事主体建章立制，完善内部防控监管机制，避免同类案件再次发生；借助科技手段创新法律咨询服务方式，及时跟进提升知识产权权利人的维权意识和维权能力；积极开展以案释法警示教育，促进提高商事主体和员工的法治意识，积极预防和减少犯罪发生，起到"办理一案，教育一片"的效果，为商事主体合规经营提供精准、优质、高效的司法保障。

5. 案件裁判分析

（1）案情摘要。

被告人王某系大力原职工，离职后成立公司，于2008年8月至2018年10月，违反大力有关保守商业秘密约定和要求，使用了相关闪蒸干燥机的商业秘密，经计算，给大力造成经济损失共计人民币8149030.3元。2018年10月25日，被告人王某被公安机关传唤讯问。

（2）裁判内容。

法院经审理认为，王某历任大力精细化学品事业部部长、精细化工部经理、设计院副院长，在大力工作期间有条件接触到大力采取保密措施的闪蒸干燥机图纸，王某在明知该闪蒸干燥机图纸系大力采取保密措施而不予对外公开的情况下，仍然违反保密要求，使用了其所掌握的大力的商业秘密，证据确实充分，其行为属于侵犯商业秘密的行为。王某给大力造成损失的数额属于《刑法》第二百一十九条规定的"造成特别严重后果"。判决王某犯侵犯商业秘密罪，判处有期徒刑三年六个月，并处罚金人民币20万元。

（3）典型意义。

本案涉及侵犯商业秘密犯罪中复杂技术信息的商业秘密认定问题，案件的处理及时有效打击了侵犯商业秘密犯罪，维护了济南市高新技术企业自主创新的积极性。侵犯商业秘密犯罪中，权利人所主张的技术信息是否属于《刑法》第二百一十九条所规定的商业秘密是案件定性的首要前提。如果权利人所主张的技术信息的载体为设计图纸，技术信息则与设计图纸具有统一性，承载了技术信息的设计图纸不为公众所知悉，进入市场后不能通过公开使用或简单观察测绘得到，能为权利人带来经济利益，权利人为其采取了保密措施，该技术信息则应依法被认定为商业秘密。

四、商业秘密"合法性"问题

（一）合法性问题的理解

就其性质而言，商业秘密应该和个人隐私一样，分两种状态：

一种状态是其自然的事实状态，可能在持有主体、秘密内容等方面有不合法的一面，但对商事主体的商事行为至为关键，如商事主体财务部门，其中有应付税务检查的表面账本，也有商事主体自己掌握的真实账本，这两类账本在其他主体看来，都是商事主体的商业秘密，而这些秘密在未经商事主体同意的前提下，任何人不得擅自侵犯，即商事主体均享有相应的商业秘密权不被非法侵犯；但是如果被税务局依法审查时，税务人员发现了商事主体真实的账本，并且发现其与表面账本不一致，且存在偷逃税款的非法行为，则此时商事主体对上述两类账本面临失去自然的事实秘密状态的可能，但商业秘密权未被侵犯，因为税务人员的审查是合法行为。

由此看来，自然事实状态是商业秘密的应有之义，商业秘密权对应的商业秘密不一定是合法的商业秘密，也包括合法状态待定的商业秘密，需要法定的鉴定或执法部门认定后再确定其商业秘密权是否存在。同样以上述商事主体账本为例，如果认为商事主体因为其真实账本有偷逃税款的非法行为和事实存在，所以商事主体对这部分内容不享有商业秘密权，那么如何认定这些偷逃税款的事实存在呢？在认定之前，商事主体对真实账本的全部内容都是享有商业秘密权的，税务人员搜查时，也只能对其违法犯罪部分的秘密内容予以曝光或处理，但应对其他账本的内容予以保密。

同样，上述案例中D公司成立之前C掌握的"B携款潜逃"的秘密信息，或A公司被吊销营业执照之后A公司掌握的此类信息，因其持有主体不具经营性而不属于经营信息，但是它属于商业秘密的自然事实状态。

第二种状态指商业秘密是一种法律认可状态下的事实存在，是指法定商业秘密，包括持有主体合法、秘密内容合法、针对的客体合法等。

也有观点认为：商业秘密根据其内容状态不同，可以分为广义的商业秘密（包括合法商业秘密以及其他商业秘密）和狭义的商业秘密（仅指合法的商业秘密）。这种分类中的广义商业秘密依然是对商业秘密法律权利状态的界定，而自然事实状态的商业秘密与法律权利无关，仅表明了商业秘密的自然存续事实。

我们应该尊重自然事实状态的商业秘密，这是尊重商事主体基础合法权益的重要保障，否则任何人都可以以"某商事主体明明一直发展很好却年年亏损，一定存在两本账"为由，要求税务部门对其查账而侵犯商事主体的商业秘密，导致商事主体无法正常运营。

因此，商业秘密保护对象不但包括法定状态下的技术信息、经营信息等商业信息，同时也包括一定自然状态下的当事人所需保密的其他信息，即隐含除技术信息、经营信息之外，甚至合法掌控者主体身份之外掌握的其他信息也在其中，这一点在认定商业秘密基本内涵方面必须理性认知，这也是法文化层面的商业秘密内涵所在。关于商业秘密的构成要件，国内实务中也出现四分法，上海浦东新区人民法院在相关案件中采用了商业秘密的四性：非公知性、经济性、实用性和保密性。❶ 但是，除上述显性要件之外，商业秘密的隐形要件——合法性，值得进一步讨论。

（二）拓展案例

公民个人信息成为客户信息的前提条件争议案件。❷

1. 案情介绍

2003年2月，A公司与B公司签订一份《相互保密协议书》，约定了保密方与被保密方的定义、生效日期、保密信息的定义与内容、免责条款、违约责任等内容。

其中，第7条约定了保密信息的内容为：A公司所提供的各类打印输出服务所需要的数据、报告及各类文件，A公司客户的名称及其客户各个活动的内容。

第8条约定了保密信息的使用为收到保密信息的一方只能将保密信息用于以下用途：A公司以价目表的协定价格为其客户提供报价，B公司为A公司的数据、报告及各类文件提供各类打印输出服务。

2003年2月至2005年5月，被告B公司为原告A公司提供打印服务。

2004年9月、11月，A公司分别与上海汇奥文化传播有限公司（以下简称汇奥公司）、北京凯柔中国有限公司（以下简称凯柔公司）签订《服务合同》，为两公司的顾客招募活动分别提供5000条与10000条数据，数据的选择范围为上海地区的时尚富有人群、社会精英。服务条款中约定数据只供一次性使用，A公司在所提供数据中插入少量种子数据。

之后，A公司为履行与汇奥公司、凯柔公司的合同，分别委托B公司打印5000条及10000条信封标签，每条数据包含姓名、性别、城市、地址、邮政编码等内容，上述数据包括上海市斜土路85弄8号2402室的茹汇而先生等四个虚拟的信息（A公司以其浦西办事处住所地、员工居住地等四个地

---

❶ 如上海某某电子科技有限公司、张某某侵犯商业秘密案［EB/OL］.［2022-05-30］.www.110.com/panli/panli_11516360.html.

❷ 鑫诚信息服务（上海）有限公司与上海方通科技发展有限公司等侵害商业秘密纠纷上诉案。案件来源：（2006）沪高民三（知）终字第92号。此案例细节有改变。详见：宋世勇.中国商业秘密法基本原理与实务［M］.北京：中国社会出版社，2017：249-256；唐青林，黄民欣.商业秘密保护实务精解与百案评析［M］.北京：中国法制出版社，2011.

址，将公司数据库中随机抽取的文字重新组合成姓名作为收件人名的数项数据）。

2005年3月至2006年1月，上海市斜土路85弄8号2402室的茹汇而等四个不同地址的四个"虚拟人"收到以被告香罗奈公司、希望城公司、健康协会名义发出的广告函。被告B公司称，上述广告函是B公司接受案外人委托以香罗奈公司、希望城公司及健康协会名义发出的信函。

A公司认为：四名被告自2005年6月起先后使用了其保密信息，向原告公司数据组中的对象邮寄产品广告和服务宣传资料等信函，四被告的行为严重侵犯了原告的商业秘密，故诉请判令四名被告向原告公开赔礼道歉，停止侵犯原告的商业秘密，并不得继续使用原告的数据信息。

2. 案件讨论

（1）A公司主张的数据是否属于商业秘密，是否享有商业秘密权？

（2）B公司、香罗奈公司、希望城公司及健康协会是否侵犯了A公司的商业秘密？

3. 法院审理

（1）一审法院判决。

1）符合商业秘密构成要件。

①秘密性：原告A公司主张的两组共15000条数据是由其依据汇奥公司、凯柔公司顾客招募活动的要求选择的，广告寄送对象是上海地区时尚富有人群。该两组数据是A公司按照特定的分类方式从其数据库中数据重新组合形成的一个新的集合，具备独有性特点，公众不可能轻易地获取上述信息，因此具备秘密性。

②实用性：要获得该15000条数据，客户需支付一定的对价，能为原告带来经济利益，因此具备实用性。

③采取了合理的保密措施：原告与被告B公司之间签订的保密协议中就保密信息的内容与范围作了明确及可执行的约定，因此，原告对该两组共15000条数据已经采取了合理的保密措施。

2）原告证据不足。

①被告使用了原告的数据予以认定。A公司提供的证据可以证明其提供

给汇奥公司、凯柔公司的虚拟信息被四被告不正当使用，因为被告不可能从公开渠道获取上述虚拟信息。

②使用全部数据证据不足。A公司主张四被告使用了其两组共15000条数据，但其仅提供了上述两个地址收到了以四被告名义寄送的广告函的证据，并未提供证据证明其他数据所指向的寄送广告函对象也收到了以四被告名义寄送的广告函。因此，A公司缺乏确凿证据证明B公司擅自使用了其两组共15000条数据。

此外，A公司为检测目的而提供的虚拟数项数据，如不能与其他真实数据共同使用，其本身并无商业价值，也不能独立地构成商业秘密。因此，在A公司只能证明B公司使用了上述部分虚拟数据的情况下，无法认定被告B公司侵犯了原告A公司的商业秘密。另外，由于另三名被告未直接寄送广告函，故该三被告亦未侵犯原告A公司的商业秘密。

综上所述，一审法院判决A公司诉称四被告侵犯商业秘密证据不足，应予驳回。

（2）当事人对待一审判决的态度。

1）A公司：不服，向上海市高级人民法院提出上诉。其认为：涉案两个地址所对应的数条虚拟信息具有侵权的检测功能，原审判决认定B公司使用了被插入虚拟信息的事实，却又同时认为不能由此推定B公司使用了系争的数据的判决不当。

B公司使用了这几条虚拟信息与待证事实的概率是非常高的，完全达到了证明标准，且上诉人根本不可能对真实数据寄送对象收到的信函实现证据收集，因而原审判决对此节的举证责任分配不当。

香罗奈公司亦认可其使用了被插入的几条虚拟信息，应当推定其使用了涉案的全部数据，原审判决不认定香罗奈公司的行为侵犯了上诉人的商业秘密是错误的。

2）被上诉人B公司、香罗奈公司、希望城公司、健康协会：均认为原审判决正确，应驳回上诉，维持原判。

（3）二审法院判决。

1）当事人对自己提出的主张，有责任提供证据。没有证据或者证据不足以证明当事人的事实主张的,由负有举证责任的当事人承担不利后果。

2)对于侵犯商业秘密案件来讲,权利人的商业秘密要获得法律的保护,前提条件之一就是其诉称的商业秘密具有合法性(获得、使用)。

3)从本案相关证据来看,上诉人无法证明其通过合法性手段取得该有关数据信息,也无法反映其对该信息的使用是经过有关公民许可的。因此,上诉人关于要求保护其有关数据信息商业秘密的诉请,缺乏足够的证据支持。

综上,二审法院判决驳回上诉,维持原判。

4. 案件点评

(1)在一审法院已认定原告A公司所拥有的数据信息构成商业秘密,仅对证据的不足性提出疑问后,二审法院却直接将原告所拥有的"商业秘密"进行了否定。

(2)该判决表明,商业秘密的构成要件除了秘密性、实用性,以及权利人采取了保密措施外,还必须满足一个最基本的前提要件——合法性。也就是说,对于相关技术信息、经营信息是否构成商业秘密的判定,首先要确定的是信息本身是否合法的问题。

(3)在举证证明所争议的商业秘密具有合法性时,案件当事人都须注意的是,该举证不需要将商业秘密中所有信息都予以曝光,只需阐明相关争议事实中的秘密点即可,避免过多暴露的商业秘密信息被居心不良的人士利用诉讼取得。❶

当前,《民法典》第六章对自然人的隐私权和个人信息保护进行了基本法层面的规制,2021年9月与11月分别开始实施的《中华人民共和国数据安全法》《中华人民共和国个人信息保护法》对数据安全及个人信息保护也都进行了详细规定,以提供信息服务为业务的商事主体以自然人的个人信息作为其商业秘密或经营业务内容,需要严格遵守法律的相关规定,避免侵犯

---

❶ 相关内容引自唐青林,黄民欣.商业秘密保护实务精解与百案评析[M].北京:中国法制出版社,2011:2.拓展案例【美国案件启示:来源合法性问题】美国第一针对是否为商业秘密案件——1854年大理石花纹铸铁工艺案件,原告诉求被驳回,主要原因是原告从第三人获得技术,第三人也是泄密者,根据衡平法"手脚不干净者不得诉诸衡平"原则驳回其诉求。注:《TRIPS协定》称为"未披露信息"的其中一个要件"掌控者对秘密信息具有合法掌控权"。

个人信息。❶

五、纵深思考1：合作方长期习惯性使用己方商业秘密的法律后果

商业秘密的上述四大法定构成要件中，某一个要件的缺失瑕疵是否会影响商业秘密的本质属性呢？这样的商业秘密还是商业秘密吗？相信这个问题放在一般法律要件理论中很好解决，那就是缺失一项必备要件将直接改变其本质属性。就商业秘密而言，可能原先的商业秘密就会因此消失殆尽，但是作者通过以下典型案例来阐述因为某一项必备要件的缺失瑕疵不一定影响到商业秘密的本质属性，但会因此造成商业秘密的法益的损害。

（一）问题导入

合作公司明知另一个公司在经营过程中使用其商业秘密却没有采取保护措施，包括禁止使用措施或告知采取有偿使用措施，在这种情况下，是否影响商业秘密的构成？商业秘密权利人如何认定？各自的权利与义务是什么？是否构成侵权？如何解决？

（二）乐喜配方及生产工艺信息合作使用问题引发的侵犯商业秘密案

1. 案件名称与案由

中国某府乐喜集团公司（重庆）诉重庆万叶某府饮料有限公司等侵犯商业秘密纠纷案。❷

2. 基本案情

原告：中国某府乐喜集团公司（重庆）（以下简称某府乐喜集团）。

被告：重庆万叶某府饮料有限公司（以下简称万叶某府公司）。

被告：万叶（中国）投资有限公司［以下简称万叶（中国）公司］。

原告某府乐喜集团的诉讼请求、事实和理由：

某府乐喜集团对某府乐喜的配方以及相关的生产工艺享有当然的商业秘密权，两被告侵犯了原告的商业秘密。理由如下：

---

❶ 本案相关学理阐述，详见邢玉霞，宋世勇.区块链技术在商业秘密保护中的运用及法律规制［J］.政法论丛，2022（1）：152.

❷ 案件来源：本部分所用案情介绍与理论分析中涉及的具体案件相关事实、证据及判决结果，引自（2009）渝五中法民初字第299号民事判决书。

1994年，某府乐喜集团与肯德基国际控股公司（万叶乐喜国际公司的子公司）签订合资经营合同，成立万叶某府公司。依据双方的合同约定，万叶某府公司生产某府乐喜的饮料、浓缩液以及万叶系列产品等不同类型的产品。但此合同在出资范围方面约定得非常清楚和明确，那就是某府乐喜配方及其生产工艺属于商业秘密，并不包含在某府乐喜集团对合资公司的出资范围之内。

某府乐喜配方和生产工艺方面的商业秘密是生产某府乐喜的关键性步骤和成品依据。但是某府乐喜集团的主要生产骨干都被万叶某府公司聘用，同时某府乐喜集团未做好交接过程中的商业秘密保护工作，导致万叶某府公司一直长期非法占有和使用某府乐喜集团的上述商业秘密。

2006年，万叶（中国）公司受让了某府乐喜集团在万叶某府公司持有的全部股份，但某府乐喜集团上述商业秘密却未能随之收回，依然被万叶某府公司继续非法占有和使用，某府乐喜集团的合法权益受到严重侵犯。万叶（中国）公司作为万叶某府公司的实际控制方，应当为此向某府乐喜集团承担连带责任。

据此，原告请求法院依法判决：

确认某府乐喜配方及其生产工艺商业秘密属于某府乐喜集团所有；

万叶某府公司立即停止使用某府乐喜配方及其生产工艺商业秘密；

万叶某府公司立即归还某府乐喜配方及其生产工艺商业秘密的技术档案；

万叶某府公司和万叶（中国）公司共同赔偿某府乐喜集团损失100万元，承担诉讼费。

被告万叶某府公司的答辩理由：

第一，认可原告提出的上述商业秘密范围，但是原告缺乏有效证据对此范围内的商业秘密依法采取了保密措施，不符合商业秘密构成要件，因此主张上述信息对被告而言，不再是原告的商业秘密，原告对此类信息因为缺乏保密措施而丧失商业秘密权。

第二，原告的上述商业秘密权已随着万叶某府公司的成立而丧失，并已按照约定转移至万叶某府公司所有。双方合作之初，外资股东就将"包括诉争商业秘密在内的所有有关某府乐喜浓缩液的制造技术以及原告的其他所有生产和经营要素都通过整体合资、原厂改造的方式全部转移给合资公司"作为合资的必备要件。而且双方在合同签订后已经据此实际履行。

被告万叶（中国）公司的答辩理由：

基本等同于被告万叶某府公司。

3. 判决结果

依照《反不正当竞争法》（1993）第十条第三款，《最高人民法院关于审理不正当竞争民事案件应用法律若干问题的解释》第九第一款、第十条、第十一条，《民事诉讼法》第一百二十八条之规定，法院判决：

一、原告某府乐喜集团是某府乐喜浓缩液饮料的成分、配方及其生产工艺商业秘密权利人；

二、被告万叶某府公司于本判决生效之日停止使用某府乐喜浓缩液饮料的成分、配方及其生产工艺商业秘密；

三、被告万叶某府公司于判决生效之日起10日内返还其从原告某府乐喜集团取得的与某府乐喜浓缩液饮料的成分、配方及其生产工艺有关的资料；

四、驳回原告某府乐喜集团的其他诉讼请求；

五、案件受理费13800元，由被告万叶某府公司承担。

一审宣判后，双方当事人均未提起上诉，一审判决已发生法律效力。

（三）法理思考

从该案原被告双方的诉求和答辩内容以及法院最终判决结果的比较来看，问题的焦点包括：某府乐喜浓缩液饮料的成分、配方及其生产工艺是否构成某府乐喜集团的商业秘密？万叶某府公司是否有权使用某府乐喜浓缩液饮料的成分、配方及其生产工艺？某府乐喜集团是否有权要求万叶某府公司赔偿其经济损失？

1. 关于商业秘密的构成问题

我们从上述基本原理可以发现：商业秘密的法定构成要件需要具备秘密性、商业价值性、保密性以及合法性四大要件，缺少任何一个要件，都将影响到商业秘密的成立。

从该案人民法院查明的事实来看，首先，某府乐喜浓缩液饮料的成分、配方及其生产工艺具有秘密性。某府乐喜集团和万叶某府公司均是饮料生产型商事主体，饮料的配方对饮料品质、市场等都具有决定性的影响。某府乐喜浓缩液饮料成分、配方及其生产工艺作为某府乐喜配方的核心部分，也是某府乐喜集团和万叶某府公司合作的重要基础，是某府乐喜集团的关键筹码，如果此配方和工艺在饮料行业中普遍公知，万叶某府公司就失去了和某府乐喜集团合作的动机，因此可以认为此配方和工艺具有秘密性，这一点从万叶某府公司的第一项答辩内容"肯定了某府乐喜集团提出的商业秘密范围"也可以得到印证。当然万叶某府公司的答辩并不是某府乐喜集团商业秘密构成的法定依据，只是参考，从一个侧面说明这一技术信息"不为公众所知悉"。按照最高人民法院的司法解释规定，只要"有关信息不为其所属领域的相关人员普遍知悉和容易获得"，就可以认定为"不为公众所知悉"。我国法律将"公众"限定为"所属领域的相关人员"，实际是对"秘密性"的从严把握，不要求一般的社会公众普遍知悉，只要所属领域人员普遍知悉，秘密性就丧失，而万叶某府公司的答辩恰恰证明了饮料生产商事主体"所属领域人员"的"未普遍知悉性"。

其次，某府乐喜浓缩液饮料的成分、配方及其生产工艺具有经济实用性。根据法院查明的事实显示，某府乐喜集团的某府乐喜配方及生产工艺已经通过相关主管部门的审验并已经投产，配方的核心关键内容及工艺对产品的成品品质、市场接受度与拓展度，以及长远来说对商事主体的商誉培育都有着至关重要的影响。如果核心配方及工艺的市场认可度高，而且其他商事主体无法立即模仿、超越，那么这将为商事主体带来一定时期的竞争优势，或者不同程度的经济利益。因此，某府乐喜浓缩液饮料成分、配方及生产工艺具有现实的或者潜在的商业价值，能为权利人带来竞争优势和经济效益，具有经济实用性。

再次，某府乐喜浓缩液饮料的成分、配方及其生产工艺符合"保密性"特征。依据法院查明的事实，早在1981年，重庆饮料厂就与四川省中药研究所签订了《关于研制保健饮料的技术协定书》，并约定各方的保密义务及相应的保密责任，某府乐喜集团甚至为此成立保密小组，在记载此类商业秘密内容纸质文件的显著位置均标注了"绝密"字样，相关材料被保管于某府乐喜集团档案室，仿效可口乐喜的商业秘诀，将某府乐喜配方分成不同的模块，由不同的专门人员分别负责，并且严格禁止非相关人员查阅，这都可以很好地说明某府乐喜集团对某府乐喜浓缩液饮料的成分、配方及其生产工艺采取了适当的保密措施。

最后，某府乐喜浓缩液饮料的成分、配方及其生产工艺符合"合法性"特征。根据人民法院的判决内容显示，上述配方及工艺从研发到商用经历了从重庆饮料厂到重庆某府乐喜饮料工业公司再到某府乐喜集团的依法变更。研发阶段，体现在1981年，重庆饮料厂与四川省中药研究所签订的《关于研制保健饮料的技术协定书》，约定重庆饮料厂和饮料研究所负责香精配制和饮料配制。同年，双方另行签订补充协议，约定重庆饮料厂为四川省中药研究所提供部分研制经费并拥有佛光牌某府乐喜的生产专利权（包括商标权），四川省中药研究所拥有药物浓浆的生产专利权，药物浓浆只能供应重庆饮料厂，不得供应其他单位。1986年5月23日，重庆饮料厂和四川省中药研究所签订《第二代"某府乐喜"合作研究生产协议修改条文》，约定某府乐喜原浆工艺的权益由双方共有。为保守秘密，药料由指定人员配制。商用阶段，主要体现在1985年，重庆市第一轻工业局批准以重庆饮料厂为主体成立重庆某府乐喜饮料工业公司。同年，重庆某府乐喜饮料工业公司在工商行政管理机关注册登记成立。1988年，经中华人民共和国轻工业部和重庆市人民政府批准，在重庆某府乐喜饮料工业公司联合体基础上成立某府乐喜集团。卫生部于1988年4月4日发出（88）卫防字第28号《关于正式批准某府乐喜生产销售的通知》，批准生产某府乐喜。

尽管人民法院在判决书中一直强调了《反不正当竞争法》和《最高人民法院关于审理不正当竞争民事案件应用法律若干问题的解释》规定的商业秘密三性构成要件，但是判决书中对于某府乐喜浓缩液饮料的成分、配方及其生产工艺的研发及商用历史的描述，实际就是在阐述它的合法性，从这一点来看，合法性是商业秘密的必备隐形构成要件。从人民法院的判决描述顺序来看，将上述配方与工艺的产生与发展历史写在其他三性之前，并贯穿始终，说明合法性特征对于商业秘密构成的重要性和关键性。

2. 关于万叶某府公司是否有权使用某府乐喜浓缩液饮料的成分、配方及其生产工艺以及某府乐喜集团的损失赔偿问题

某府乐喜浓缩液饮料配方及生产工艺作为某府乐喜集团的商业秘密，是一项重要的无形资产，对于某府乐喜集团的发展具有举足轻重的作用，如果某府乐喜集团将其做好价值评估和战略规划工作，将会为其带来不可估量的战略利益和经济利益。该案很好地说明了作为商业秘密的权利人，某府乐喜集团对于其商业秘密未做好保密措施所带来的商事主体困境。

按照人民法院的判决内容显示，1994年1月，某府乐喜集团与肯德基国际控股公司合资设立万叶某府公司。合同内容包括"某府乐喜集团的投资为全部土地、厂房、生产设备、附属设备作价相当于7138000美元"以及合资双方对"专有资料"和"一方认为是机密或秘密的资料"负保密义务。1994年8月9日，重庆会计师事务所出具验资报告书，验证某府乐喜集团投入万叶某府公司的上述各类资本总价值计价7138000美元。2006年3月27日，某府乐喜集团将其全部股权（34%）以人民币1.3亿元转让给万叶（中国）公司，并在2008年10月15日要求万叶（中国）公司将"某府"商标及某府系列产品归还某府乐喜集团。在万叶某府公司成立后一直到某府乐喜集团转让全部股权之后，因为某府乐喜集团管理层人员在合资公司的任职导致合资公司一直在某府乐喜集团知晓的情况下无偿使用某府乐喜集团的某府乐喜配方及生产工艺生产某府乐喜饮料及浓缩液。

此处关键是某府乐喜集团的出资方式是实物，不包括作为商业秘密的技术信息，从这一点来看，万叶某府公司无权使用这一商业秘密。但是最终导致该案案发之前万叶某府公司一直无偿使用上述商业秘密的原因是某府乐喜集团管理层人员在合资公司的任职间接带动了商业秘密跨公司使用的现实，当时某府乐喜集团很多员工只知道公司合资，对于配方等商业秘密的实际使用应该没有得到保密的特别指示。根据法院调查的事实显示某府乐喜集团一直对合资公司无偿使用其商业秘密是知悉的、未提出任何异议的，如果没有该案的发生，一般会认为这是某府乐喜集团的默许。对于这一现象，我们应该分不同性质进行剖析：

首先，上述商业秘密未经某府乐喜集团许可，万叶某府公司无权使用。

因为商业秘密作为某府乐喜集团一项重要知识产权，具有重要的战略价值和经济价值，某府乐喜集团有权禁止任何形式的非经许可的使用。

其次，对于万叶某府公司在案前长达 14 年的无偿使用行为，某府乐喜集团是明知的，因为某府乐喜集团的管理人员就在万叶某府公司任职，而且一直没有要求万叶某府公司停止使用或支付许可费后使用。我们可以认为这时某府乐喜集团对自身商业秘密的处理行为，即允许万叶某府公司免费使用。

再次，2008 年 10 月 15 日某府乐喜集团要求万叶（中国）公司将"某府"商标及某府系列产品归还某府乐喜集团的函，以及该案的案发，说明某府乐喜集团对万叶某府公司免费使用商业秘密的行为提出了停止使用的指令，某府乐喜集团作为商业秘密权利人，提出这一要求合法合理，应该得到法律支持。万叶某府公司也应根据权利方的要求停止继续使用行为。

最后，万叶某府公司停止使用商业秘密之后，由于商业秘密的非独占性特性，万叶某府公司按照约定应该为此商业秘密负有保密义务，因此虽然此商业秘密已经在某府乐喜集团公司和万叶某府公司公开，但没有在饮料行业内公开，不影响某府乐喜集团对此商业秘密的权利。

综上所述，万叶某府公司对于某府乐喜集团的此类商业秘密在某府乐喜集团明确向其发出禁止使用或有偿使用指令前，由于某府乐喜集团明知其一直使用却没禁止，也没有要求支付使用许可费，万叶某府公司有权无偿使用，但是在某府乐喜集团明确提出禁止使用的情况下，万叶某府公司应立即停止使用此商业秘密。至于之前使用此商业秘密是否应该支付某府乐喜集团损失费，由于某府乐喜集团在明知的情况下采取了消极行为，即没有阻止、没有提出有偿使用的要求，符合法律层面的"默示"行为标准：客观方面是在一定长的时期内是知晓的，主观方面是对现状未提出改变的要求。这种情况下，不存在经济损失的问题，只有在某府乐喜集团明确提出停止使用或要求有偿使用的情况下，万叶某府公司继续无偿使用才构成侵权，才开始计算某府乐喜集团的损失。

该案某府乐喜集团商业秘密被无偿使用长达 14 年之久，一方面可能是那个时代对于引进外资的迫切需求，使商事主体对自身的商业价值有了不合理的低估，造成这样的历史现状，另一方面也说明商事主体对于商业秘密的认识模糊和保护意识太弱。该案也很好说明了"商业秘密保护,意识为先"的重要性。最终重庆市第五中级人民法院在 2010 年判决万叶某府公司将上述商业秘密归还给某府乐喜集团,2013 年某府乐喜商标也顺利回到了某府乐喜集团,2016 年某府乐喜品牌正式复出。中国的民族商事主体品牌应该从该案中吸取到足够的商业秘密保护方面的教训,并在经营中注重商业秘密保护意识的培养和持续强化,才能做好商业秘密的保护工作,促进商事主体的健康良性发展。

六、纵深思考 2:约定的商业秘密必须首先符合法定商业秘密要件

(一)问题导入

商事主体在运营过程中对商业秘密大多有约定,约定最多的可能是:双方就某些技术信息和经营信息是商事主体的商业秘密,双方应该保守秘密。在发生侵犯商业秘密纠纷的时候,却往往发生这样的情形:被控侵犯商业秘密的主体对于商业秘密的具体内容非常清楚,而主张商业秘密的商事主体及其列举的证人等却无法准确描述商业秘密的秘密点,这样的尴尬现象往往导致商事主体败诉。

(二)律师跳槽引发的侵犯商业秘密案

1. 案件名称与案由

上海知谷律师事务所与上海西阳律师事务所、王某涵等侵犯商业秘密纠纷上诉案。[1]

基本案情:

上诉人:上海知谷律师事务所(以下简称知谷所)。

被上诉人(原审被告):王某涵(原上诉人合伙人,现在上海西阳律师事务所任职)。

被上诉人(原审被告):上海西阳律师事务所(以下简称西阳所)。

被上诉人(原审被告):刘某(西阳所律师,与王某涵共办该涉案案件)。

上诉人知谷所的上诉请求和理由:原审法院认定事实不清。原审法院对

---

[1] 案件来源:(2016)沪 73 民终 24 号。

于"代理合同不构成客户名单商业秘密"以及"王某涵、西阳所并未采取不正当手段将涉案客户带离知谷所"的事实认定错误。

王某涵、西阳所、刘某共同答辩：原审判决认定事实清晰，适用法律准确，应当予以维持。知谷所在该案主张的客户名称和代理合同，均不属于商业秘密的范围，请求法院驳回知谷所的上诉请求。

2 判决结果

一审判决结果：

依照《中华人民共和国反不正当竞争法》第十条，《中华人民共和国民事诉讼法》第六十四条第一款，《最高人民法院关于审理不正当竞争民事案件应用法律若干问题的解释》第十三条、第十四条之规定，判决：驳回知谷所的诉讼请求。本案一审案件受理费人民币800元，由知谷所负担。

二审判决结果：

依照《中华人民共和国民事诉讼法》第一百七十条第一款第（一）项、第一百七十五条之规定，判决如下：

驳回上诉，维持原判。

本案二审案件受理费人民币800元，由上诉人上海知谷律师事务所负担。

本判决为终审判决。

（三）法理思考

该案反映的核心问题是：主张对客户名单拥有商业秘密权的商事主体，并不仅仅是在劳动合同中约定就可以，还必须符合商业秘密的法定要件。

客户名单是司法实践中侵犯经营信息类商业秘密纠纷最多的案件类型。关于客户名单的认定也一直是司法界的疑难问题。

该案中律师和律师事务所之间关于客户名单商业秘密的争议的解决可以为我们提供认定客户名单商业秘密的基本要素汇总。

（1）自认的商业秘密必须符合商业秘密法定构成要件。

该案上诉人知谷所认为其对于其主张保护的中国二十冶（集团）有限公司、中国二十冶（集团）有限公司浦东分公司、中国二十冶（集团）有限公司市政工程分公司、上海道饷建筑工程有限公司四个客户，以及与上述四个客户签订的六份代理合同拥有商业秘密权。但是根据人民法院查明的事实显示：上述四个客户是被上诉人王某涵转所到上诉人处带过来的，而且随着被上诉人王某涵的离职，上诉人经过发函确认，上述四个客户均与上诉人解除了代理合同。这一方面说明上诉人对这四个客户未付出劳动便获得，根据《最高人民法院关于审理不正当竞争民事案件应用法律若干问题的解释》第九条规定的"该信息无需付出一定的代价而容易获得"可以认定有关信息不构成"不为公众所知悉"。由此推断此信息对上诉人而言不具有秘密性。同时作为客户名单的特殊细节内容：四个客户和六份案件代理合同中存在有关委托代理案件的具体内容，其与四个客户之间的交易习惯、交易过程、交易意向等不为所属领域的相关人员普遍知悉和容易获得的特殊客户信息，上诉人均不能向人民法院提供，也不符合客户名单秘密性的特征。

由此我们可以认为，尽管上诉人知谷所和被上诉人王某涵之间的劳动合同约定了客户信息作为商业秘密保护，但是由于律师业务的特殊性，客户基本是先看好律师，再和律师所在律师事务所签订代理合同，与其说客户是律师事务所的客户名单，不如说是律师的客户名单，只是因为律师在实践中不是经营主体，而只是律师事务所的雇员不能享有商业秘密。很多律师事务所在实践中为了仅有的律师提成比例的扣减，对于律师签署的代理协议没有太多的关注和理解，除了代理律师，其他律师和所里的人员可能对这个客户一无所知，更不用谈了解客户的交易习惯和交易意向了。本案就很好地反映了这一矛盾。作为主张商业秘密的上诉人知谷所只是简单以劳动合同中有保密约定，而且上述四个客户符合劳动合同中保密要求的对象为依据主张商业秘密权，但是由于在庭审中没能进一步就客户信息的特殊性提供相应的证据，按照实际情况看也不可能提供，因此这种自认为的商业秘密即使有保密措施，但是由于商事主体没能就保密的对象即具体的秘密点有清晰了解，而导致不能被法律确认。❶

（2）在日常运营过程中商事主体应该对类似于客户信息的经营信息的秘

---

❶ 2020年9月12日生效实施的《最高人民法院关于审理侵犯商业秘密民事案件适用法律若干问题的规定》第二条规定客户基于对员工个人的信赖而与该员工所在单位进行交易，该员工离职后，能够证明客户自愿选择与该员工或者该员工所在的新单位进行交易的，人民法院应当认定该员工没有采用不正当手段获取权利人的商业秘密。

密点进行有针对性的强化了解和保密。

该案上诉人知谷所败诉的主要原因是没有找好商业秘密的秘密点。即使找到秘密点，也因为已经在诉讼过程中，承办律师被上诉人王某涵和上诉人知谷所处在了对立方，不可能就秘密点与上诉人进行交流，而实际办理的案件的客户信息都是承办律师最清楚，律师事务所只是名义合约主体。因此要将此类客户名单作为商业秘密固定和保护难度很大，因为客户名单都是对应具体的律师而不是律师事务所，一旦律师事务所强制性要求律师细化明了客户名单的秘密点，一般律师可能会辞职或转所，由于律师事务所一般是自收自支的实体，很少会有这样的强制性行为，也因此决定了律师事务所主张客户名单作为商业秘密的时候举证难度大大增加。对于商事主体而言，如果客户是职员通过商事主体的资源包括名誉、财力等发展过来的，商事主体当然可以就客户名单的交易习惯、意向底线、特殊联络方式和联络人等细节予以汇总和留底，以防止客户名单的外泄和流失。但如果客户名单本身就是职员在入职之前就有业务合作而带过来的，或者是职员自行发展的，那么商事主体主张其交易细节的要求可能很难实现，因为这成为职员的职场生存和发展的基础，不会轻易外泄，哪怕是对所任职的商事主体，实在被逼无奈，辞职往往是其唯一的出路。因此，需要商事主体在运营过程中仔细梳理客户名单的类型，并且分类型去强化管理和保密，对于属于职员个人资源的客户名单，可以用适当的介入方法逐渐争取为商事主体事实上的客户名单，否则不宜将其作为客户名单的商业秘密对待，即使将其作为商业秘密也没有实际意义。

七、纵深思考3：虚拟信息为何无法证明商业秘密

（一）问题导入

商业秘密的侵权与违约行为在现实生活中非常普遍，而且在最高人民法院《民事案件案由规定》中分别给予了特别的规定。鉴于侵犯商业秘密已成为市场中的常态，很多商事主体想尽方法去保护自己的商业秘密，有的甚至不惜虚拟信息为侵犯者挖好侵权或违约的陷阱。商场如战场，这也是不见硝烟的商战，一旦"开战"没有回头路可走，所以商事主体在保护商业秘密的"战斗"过程中来不得一丝的马虎，否则将前功尽弃。

（二）虚拟信息的证明力与商业秘密来源的合法性之博弈

1. 案件名称与案由

鑫诚信息服务（上海）有限公司与上海方通科技发展有限公司等侵犯商业秘密纠纷上诉案。❶

2. 基本案情

上诉人（原审原告）：鑫诚信息服务（上海）有限公司（以下简称鑫诚公司）。

被上诉人（原审被告）：上海方通科技发展有限公司（以下简称方通公司）。

被上诉人（原审被告）：洛斯（上海）国际贸易有限公司（以下简称洛斯公司）。

被上诉人（原审被告）：上海旺城经济发展有限公司（以下简称旺城公司）。

被上诉人（原审被告）：上海市健康教育协会（以下简称健康协会）。

上诉人鑫诚公司的诉讼请求和理由：请求撤销原判，改判为支持上诉人的原审诉讼请求。理由是：第一，本案两个地址对应的数条虚拟信息具有商业秘密侵权的检测功能，原审判决认定方通公司使用了被插入的虚拟信息的事实，同时却又认为不能由此推定方通公司使用了本案争议的数据，判决错误；同时方通公司使用了这些虚拟的信息数据与待证事实的对应概率极高，上诉人完全据此达到了证据证明标准，而且上诉人根本不可能对真实数据所寄送的对象一一核实是否收到信函去完成所谓的证据收集，原审判决的举证责任分配不当；第二，洛斯公司自身认可其使用了被插入的几条虚拟信息，应当据此推定其使用了涉案的全部数据，原审判对此依然不认定侵犯上诉人的商业秘密，有失公平。

被上诉人方通公司、洛斯公司、旺城公司健康协会答辩：原审判决正确，应驳回上诉，维持原判。

3. 判决结果

一审判决结果：

依照《中华人民共和国民事诉讼法》第六十四条第一款、第一百三十

---

❶ 案件来源：（2006）沪高民三（知）终字第92号。此案是上述"合法性"拓展案例的延展细化。案情细节中公司名、人名、地址等信息略有改动。

条,《中华人民共和国反不正当竞争法》第十条第三款之规定,判决:原告的诉讼请求不予支持。本案案件受理费人民币1000元,由原告负担。

二审判决结果:

依照《中华人民共和国民事诉讼法》第一百五十三条第一款第(一)项、第一百五十八条、第一百三十条、第一百五十七条之规定,判决如下:

驳回上诉,维持原判。

本案二审案件受理费人民币1000元,由上诉人鑫诚信息服务(上海)有限公司负担。

本判决为终审判决。

(三) 法理思考

1. 该案判决结果一致但依据各异

原审法院查明以下事实:方通公司为鑫诚公司的数据及各类文件提供打印输出服务,鑫诚公司主要业务是以价目表的协定价格为其客户提供报价。2003年2月,原告鑫诚公司与被告方通公司签订一份《保密协议书》,约定了保密信息的定义与内容、免责条款、违约责任等内容。2003年2月至2005年5月,被告方通公司为原告鑫诚公司一直持续提供打印服务。

2005年3月至2006年1月,上海市斜土路85弄8号2402室的洛儿收到以被告洛斯公司、旺城公司、健康协会名义发出的广告函。上述斜土路地址的汝佳收到以被告方通公司、洛斯公司、旺城公司名义发出的广告函。上述斜土路地址的卡尔收到以被告洛斯公司名义发出的广告函。复兴中路593号1708室的林佳收到以被告旺城公司、健康协会名义发出的广告函。上述复兴中路地址的林萍两次收到以被告健康协会名义发出的广告函。被告方通公司在庭审中称,上述以被告旺城公司、健康协会名义发出的广告函是由其接受案外人委托发出的信函。原告鑫诚公司对被告方通公司的上述陈述予以认可。

原告认为:四名被告自2005年6月起先后使用了原告鑫诚公司的上述保密信息,向原告鑫诚公司数据组中的对象邮寄产品广告和服务宣传资料等信函,四被告的行为严重侵犯了原告鑫诚公司的商业秘密,故诉请:(1)判令四名被告向原告公开赔礼道歉;(2)判令四名被告停止侵犯原告的商业秘密，不得继续使用原告的数据信息。

另查明，2004年9月、11月，原告鑫诚公司分别与上海慧佳文化传播有限公司（以下简称慧佳公司）、北京凯刚中国有限公司（以下简称凯刚公司）签订《直邮市场活动服务合同》：鑫诚公司为两公司的顾客招募活动分别提供5000条与10000条数据；上述两公司分别向原告鑫诚公司支付费用人民币8768元和21525元；数据选择范围：上海地区的时尚富有人群、社会精英；服务条款中约定：数据只供一次性使用，鑫诚公司在所提供数据中插入少量种子数据。之后，原告鑫诚公司为履行其与慧佳公司的合同，委托被告方通公司打印信封标签共计5000条数据，每条数据包含姓名、性别、城市、地址、邮政编码等内容。上述数据中包括上海市复兴中路593号1708室的林佳小姐、林萍小姐，上海市斜土路85弄8号2402室的洛儿先生。原告鑫诚公司为履行其与凯刚公司的合同，委托被告方通公司打印信封标签共计10000条数据，其中包括上海市复兴中路593号1708室的林佳小姐、林萍小姐，上海市斜土路85弄8号2402室的卡尔先生、汝佳先生。上海市复兴中路593号1708室的林佳小姐、林萍小姐曾收到以凯刚公司名义寄送的广告函。原告鑫诚公司浦西办事处的地址为上海市复兴中路593号1708室，原告鑫诚公司企划经理茹某的住址为上海市斜土路85弄8号2402室。原告鑫诚公司在庭审中称，上述地址中的收件人姓名系其从真实的自然人姓名与公司名称所组成的数据库中随机抽取文字，重新组合而成的虚拟姓名。

原审法院在查明上述事实基础上认定了上诉人的商业秘密权，但是同时认为：即使使用盖然性推定原则，原告鑫诚公司仅以两个地址所对应的数条虚拟信息要求推断出被告方通公司使用其全部15000条数据，亦不足以为证。故原告鑫诚公司对被告方通公司擅自使用其15000条数据的主张负有充分的举证责任，在其对所指控的侵权事实无法完全举证的情况下，不能在证据与待证事实的比例悬殊的情况下推断原告诉称的全部主张成立。此外，原告鑫诚公司为检测目的而虚拟的数项数据，如果不能与其他真实数据共同使用，其本身并无商业价值，也不能独立地构成商业秘密。因此，在原告鑫诚公司只能证明被告方通公司使用了上述部分虚拟数据的情况下，无法认定被告方通公司侵犯了原告鑫诚公司的商业秘密。而被告旺城公司和健康协会未直接寄送广告函，故该两被告亦未侵犯原告鑫诚公司的商业秘密。

二审维持原判的法律依据不是盖然性原则的适用问题，而是认为对于商业秘密侵权纠纷案件来讲，权利人的商业秘密是否能够受到法律的保护，前提条件就是其诉称的该商业秘密是否具有合法性。所谓合法性，即当事人对该技术信息和经营信息的获取、使用等均不违反法律的规定以及不损害他人的合法权益。经查，由于该案所涉的有关数据信息涉及公民个人的有关信息，与其他技术信息和经营信息相比，其具有较大的特殊性。如果不经过合法程序而对这些个人信息进行获取和使用将会造成对公民个人权利的损害。因此，上诉人对其主张的有关数据信息商业秘密，应当举证证明其取得及使用这些有关数据信息具有合法的依据。否则，上诉人要求保护的商业秘密不能受到法律的保护。从该案的有关证据来看，无法反映上诉人是合法取得该有关数据信息的，也无法反映上诉人对于该有关数据信息的使用是经过有关公民的许可的。因此，上诉人关于要求保护其有关数据信息商业秘密的诉请，尚缺乏足够证据的支持。

2. 高度盖然性原则在商业秘密案件中的适用问题

高度盖然性原则主要体现在最高人民法院在2001年12月21日公布的《关于民事诉讼证据的若干规定》第七十三条的规定中："双方当事人对同一事实分别举出相反的证据，但都没有足够的依据否定对方证据的，人民法院应当结合案件情况，判断一方提供证据的证明力是否明显大于另一方提供证据的证明力，并对证明力较大的证据予以确认。"这是我国对高度盖然性证明标准的明确规定。

从上述法律规定可以看出，高度盖然性原则在司法实践中使用的基础是双方法定证据的对质无法直接让法官判断事实的真伪，以及法官由此对案件真相的认识达不到通常意义上的逻辑必然性条件时不得不采用的一种司法裁判手段。

在该案中，一审法院以上诉人主张的由于对方对几条虚拟数据的非法使用导致对方侵犯上诉人对15000条数据的商业秘密权不符合盖然性原则为由驳回起诉。二审法院避开了这个问题的审理，而是从商业秘密的合法性源头出发认为上诉人缺乏对15000条数据来源合法的举证而驳回其诉讼请求。

我们从该案可以很好地思考关于商业秘密的几个问题：

第一，两审法院对上诉人商业秘密的认定完全不同，说明我国司法实践中对商业秘密要件的认识不一致导致司法资源的无谓损失。从法理来看，我国目前有关于商业秘密的法律规定而且非常明确，只是规定太过简单，法理基础不同的司法人员理解不同，显现在司法审判中的审判标准不同，审判的结果也差异很大，从这个角度我们认为统一商业秘密立法有其紧迫性。该案只是反映出商业秘密的构成要件的量的理解在司法实践中存在不一致的问题，那么关于商业秘密的每一个要件的细节的理解、关于商业秘密权的认定、对侵犯商业秘密行为的认定、对侵犯商业秘密行为各类法律责任的区别和适用等，其实还有更多的问题将随着实践案件的发生而显现。如果有商业秘密统一立法，将上述问题逐一详细界定，会为司法审判提供统一的法律尺度，就会对商业秘密权人合法权益的维护起到很好的证明作用。

当然，二审法院看到了这15000条信息的特殊性，那就是公民隐私问题，显然上诉人无法举证其来源合法，不能不说二审法院法官的专业素养较高。但事实上我们进一步来看，二审法院并没有对一审法院在判决中使用的盖然性原则做进一步的解释和发表观点，不能不说是该案一大遗憾。如果换一个角度，加入这些信息的背景不是公民信息，而是有合法来源的商事主体信息，那么能否适用一审法院的盖然性原则呢？

第二，盖然性原则不能在商业秘密案件中对商业秘密权人要求过高。该案从常理来看，只要被上诉人无法举证其关于虚拟数据的合法来源，而上诉人的虚拟数据在15000条里是随机的，没有任何规律，所以，法官在举证责任分配方面在该案起到了非常关键的导向作用。如果让上诉人举证15000条数据都被被上诉人使用，举证难度太大，如果让被上诉人举证几条虚拟数据有合法来源则更容易和合乎法理，二者比较来看，后者更接近于证据源头，因此作者认为高度盖然性原则不能在该案适用。二审法院对此没有进行评论和阐释，其实也反映了在商业秘密案件中大多数法官对于举证责任分配的举棋不定。

第三，商业秘密权人的举证义务建议在统一立法中给予正常对待，而非常规性对待。如该案一审法官对上诉人的举证责任的界定,让其对15000条数据由被上诉人非法使用举证,这显然不符合法理,因为现有证据已能证明被上诉人确实使用了部分虚拟数据。如果结合虚拟数据在15000条的真实数据中处于极度随机的状态,一般人基本不可能从中科学挑选出来,因此,要求被上诉人对其使用的几条虚拟数据提供合法来源否则承担不利法律后果的举证责任更合乎法理,这与商业秘密的反向工程、强制性披露等合理性限制是一个道理。一审法官和二审法官在举证责任分配的基本原则上的差异和对这种差异的法理解释的回避,真实说明了我国目前商业秘密立法与司法确实存在较多不足,缺乏系统建设和规范使用。法律这种强制性的规范太过依赖法官自由裁量权,会导致法律的事实上的不公平,从这个意义而言,我国的商业秘密统一立法仍然任重而道远。

第四,对于上诉人通过虚拟数据、种子数据这种干扰模式来鉴别和保护商业秘密的保护措施,法律应该鼓励和认定,才能促进我国商业秘密保护的健康发展。如果像该案的一审法官使用高度盖然性原则来审理案件,其实是在举证责任分配上的错误。我们可以想象,如果让其他商事主体看到这一判决,看到要通过如此看似不可能的方式来一一举证数据的被非法使用,这一高难度举证方式可能会打击商事主体的诉讼热情,也加重了他们保护商业秘密的负担,最终阻碍了我国商业秘密法律保护的健康发展。其实在司法实践中对商业秘密权人的举证责任适当放宽至基本的举证责任即可,对于被控侵权的商事主体则适当按照谁主张谁举证的原则来分配举证责任,案件是可以得到圆满解决的。

第二节　商业秘密与国家秘密

一、国家秘密概念

国家秘密是关系国家安全和利益,依照法定程序确定,在一定时间内只限一定范围的人员知悉的事项。

国家秘密的基本特征应是与国家利益、安全密切相关,并处于保密状态的信息。

二、商业秘密与国家秘密联系

国家秘密与商业秘密都是只限于特定范围人员知悉的事项或信息，对权利人而言都具有实用性、经济性，且都经权利人采取了一定的保密措施。❶

三、商业秘密与国家秘密区别

（一）主体不同

在国家秘密中，国家是唯一特定主体，国家秘密是一种公权；商业秘密的主体可以为任何人，法人、自然人或非法人组织，商业秘密属于一种私权。

在芦某清被杀案中，芦某清的哥哥芦某强在网上发布了弟弟死状的血腥照片，此事迅速引起网友关注。芦某强告诉记者，他接到成都市龙泉驿区刑警大队工作人员打来的电话，希望他到警察局来一趟。芦某强表示，自己来到警察局，随后被带入询问室。他回忆说，当时警方告诉他，他发在微博上的照片涉嫌泄露国家秘密，属于违法行为，因此要写一份致歉书。

成都市龙泉驿区刑警大队工作人员在接受记者采访时证实，他们确实找过芦某强，并要求他写"致歉书"。工作人员对记者称，根据相关的法律法规，刑事案件侦查过程中所有的卷宗和材料都是涉密的，"非法获取国家秘密罪，其中第六条有规定追查刑事犯罪中的内容属于国家秘密"。❷ 本案很好说明了国家秘密的公权性质。

（二）涉及的范围不同

国家秘密涉及主要是国家的政治、军事、外交、经济、科技技术、国家安全等重大领域内的相关信息；商业秘密只包括在科研开发、生产经营等活

---

❶ 拓展案例【人大法硕泄密案】，https://www.sohu.com/a/459631214_120447126。查询时间：2022年8月12日。

❷ 拓展案例【芦某清被杀案】，http://news.youth.cn/sh/201604/t20160418_7873022.htm。查询时间：2022年8月12日。

动中的有关技术、经营信息。❶

四、课程思政拓展：商业秘密与国家秘密同系国家安全

（一）问题导入

商业秘密在我国的立法保护历史并不是很长，实践认知和依法保护的历史更短。很多人把2009年的力拓案认为是我国商业秘密法律保护普及的第一案，其实在1993年我国《反不正当竞争法》就已对商业秘密提出专项立法保护，但从力拓案的社会定位来看，商业秘密的法律规范保护的历史也才刚刚开始。在此之前我国的商业秘密诉讼案件虽然不是很多，但每年都有。力拓案之所以具有普及的里程碑意义，原因是力拓案发生过程的复杂性，经历了从侵害国家秘密到侵犯商业秘密的案件性质转变。正是侦查机关等相关机关对这一行为定性的转变，恰恰说明了我国对商业秘密法律规范保护的薄弱，国家机关对商业秘密和国家秘密的认识尚且有此反复，何况一般的社会大众呢？因此从力拓案来认识商业秘密和国家秘密的辩证关系，有助于对商业秘密进行更好的法律保护。❷

商业秘密与国家秘密之间的界限并非绝对，特定情况下可以互相转化，而且与国家秘密一样，商业秘密一样关系到国家经济安全、科技安全等，是属于我国总体国家安全观范围内的重要内容。

（二）非国家工作人员侵犯商业秘密纠纷案

1. 案件名称与案由

胡某某等非国家工作人员受贿、侵犯商业秘密案。❸

---

❶ 拓展案例【台湾间谍案】，https://www.bilibili.com/video/BV1SW411k74N?p=1&share_medium=android&share_plat=android&share_session_id=bcf19e7b-f3df-4ee7-b7f2-21c04e81da57&share_source=WEIXIN&share_tag=s_i&timestamp=1630983404&unique_k=qwQ7ES。查询时间：2022年8月12日。

❷ 学习力拓案可以结合云南白药案进行比较学习，加深对商业秘密与国家秘密的关系的理解和掌握：云南白药创始人因拒绝交出配方，被囚禁致死，临终前毁掉防伪章，详见https://www.163.com/dy/article/HF5FD9QD05532TPL.html，查询时间：2022年8月22日。

❸ 案件来源：（2010）沪一中刑初字第34号。限于本书的写作重点，仅展现与商业秘密有关的内容。

· 51 ·

2. 基本案情

公诉机关：中华人民共和国上海市人民检察院第一分院。

被告人：胡某某，新加坡力拓铁矿亚洲有限公司（以下简称力拓公司）上海代表处首席代表。因本案于2009年7月5日被刑事拘留，同年8月11日被逮捕；后羁押于上海某看守所。

被告人：王某，澳大利亚必和必拓（中国）有限公司（以下简称必拓公司）上海代表处销售经理。因本案于2009年7月6日被刑事拘留，同年8月11日被逮捕；后羁押于上海某看守所。

被告人：葛某某，力拓公司上海代表处销售经理。因本案于2009年7月6日被刑事拘留，同年8月11日被逮捕；后羁押于上海某看守所。

被告人：刘某某，力拓公司上海代表处销售主管。因本案于2009年7月6日被刑事拘留，同年8月11日被逮捕；后羁押于上海某看守所。

上海市人民检察院第一分院指控：

2005年4月至2009年6月，被告人胡某某、王某、葛某某、刘某某为了帮助力拓公司获得更多的销售利润，以此谋求他们在力拓公司的地位并在收入上有所提升，纷纷采取了利诱及其他不正当的手段，通过中国某钢国际贸易工程公司（以下简称某钢国贸公司）总经理助理谭某某（另案处理）、山东某钢国际贸易有限公司（以下简称山东某钢国贸公司）国际海运部经理王九某（另案处理）等人，多次获取中国有关钢铁商事主体的商业秘密。具体事实如下：

（1）2005年4月18日晚，被告人王某从山东石某钢集团有限公司（以下简称山东石某钢公司）外经处处长房某某（另案处理）处获取了中国钢铁工业协会（以下简称中钢协）在江苏无锡召开会议研究铁矿石进口谈判的相关信息，并于次日提供给必拓公司上海代表处的首席代表。

（2）2005年11月29日，被告人胡某某从澳大利亚某牟利中国有限公司（以下简称某牟利中国公司）北京代表处首席代表王某忠（另案处理）处获取了此前谭某某提供给王某忠的关于某钢国贸公司与必拓公司谈判购买铁矿石价格的相关信息。

（3）2008年1月17日，被告人葛某某、王某受胡某某指使，将从河北邯钢集团有限责任公司（以下简称邯钢公司）商运科科长申某某（另案处理）等处获取的中钢协在广西南宁召开会议研究对力拓公司向中国市场投放现货行为采取措施的相关信息提供给胡某某。葛某某还于同月 21 日向申某某索取了上述会议的有关材料。

（4）2008 年 10 月 19 日下午，被告人刘某某将其获取的中钢协召开生产经营座谈会以及某钢国贸公司减产的相关信息提供给胡某某。

（5）2008 年 12 月中旬，被告人胡某某指使员工收集中钢协相关会议的信息。12 月 18 日，被告人葛某某从力拓公司上海代表处销售总监李某（另案处理）处获取了中钢协 12 月 17 日在江苏沙钢集团有限公司（以下简称江苏沙钢公司）召开会议研究 2009 年度开付信用证价格相关信息，并于次日提供给胡某某。

（6）2009 年 4 月下旬，被告人胡某某指使办事处员工收集中钢协 2009 年的铁矿石开证文件。4 月 29 日上午，刘某某向山东某钢国贸公司王九某索取了中钢协《关于进口铁矿石商务合同开证问题的通报》副本，并于当日提供给胡某某，并由胡某某提供给力拓公司首席谈判代表。

（7）2009 年 6 月 8 日晚，被告人胡某某指使葛某某安排与谭某某会面，从谭某某处获取了中钢协当天下午召开会议研究铁矿石进口谈判的相关信息，并于次日提供给力拓公司首席谈判代表。

（8）2009 年 6 月 17 日下午，被告人胡某某、王某将分别从谭某某处获取的中钢协同年 6 月与巴西水谷有限公司（以下简称水谷公司）谈判进口铁矿石价格的相关信息，提供给力拓公司高层管理人员。

被告人胡某某、王某、葛某某、刘某某的行为，严重影响和损害了中国有关钢铁商事主体的竞争利益，使其在铁矿石进口谈判中处于不利地位，并导致 2009 年中国钢铁商事主体与力拓公司铁矿石价格谈判突然中止，给中国有关钢铁商事主体造成巨大经济损失。其中，某钢国贸公司、山东某钢国贸公司等 20 余家单位多支出预付款人民币 10.18 亿元，仅 2009 年下半年的利息损失即达人民币 1170.30 万余元。

公诉机关据此认为，被告人胡某某、王某、葛某某、刘某某利用职务便利为他人谋取利益，分别索取或非法收受他人财物，数额巨大；胡某某作为单位直接负责的主管人员，王某、葛某某、刘某某作为单位其他直接责任人员，采取利诱及其他不正当手段获取商业秘密，并造成特别严重后果。上述被告人的行为触犯了《刑法》第一百六十三条、第二百一十九条第一款第（一）项、第二百二十条之规定，应当以非国家工作人员受贿罪、侵犯商业秘密罪追究刑事责任。

被告人胡某某辩护意见：其一，对于起诉指控的有关某钢国贸公司加价增购铁矿石以及北京某钢股份有限公司（以下简称某钢公司）减产的信息，并未采取利诱及其他不正当手段主动搜集相关信息，仅实施了被动的接收行为。其二，对于起诉指控的有关中方与水谷公司谈判的信息，并不知情，不应认定其参与了本节犯罪。

胡某某的辩护人除同意胡本人前述意见外，还提出辩护意见：其一，现有证据不足以证实本案相关商业秘密与起诉认定的损失结果之间具有因果关系。其二，在胡某某所涉的七则商业秘密中，有多则是胡被动获悉，对此不能认定为采用利诱及其他不正当手段获取商业秘密。其三，胡某某并未参与起诉指控的全部事实，而起诉认定的损失系八则商业秘密被侵犯造成的结果，故胡不应对全部损失承担刑事责任。

被告人王某辩护意见：其一，在主观上其并不明知起诉指控的三则信息属于商业秘密。其二，其并未采取利诱及其他不正当手段获取商业秘密。具体而言，在起诉指控的第一节事实中，其只是根据工作职责将房某某提供的中钢协无锡会议相关信息报送给上级；在起诉指控的第三节事实中，其并不知晓南宁会议的情况，只是将李某所发相关邮件的内容整理后转发给胡某某；在起诉指控的第八节事实中，系谭某某在会议中主动透露中方与水谷公司谈判的相关信息，当时必拓公司上海代表处负责人亦在场，其只是根据工作职责将相关信息予以记录并上报。

王某的辩护人除同意王本人前述意见外，还提出辩护意见：其一，王某所涉三则信息与起诉认定的损失结果之间并无因果关系。其二，在起诉指控的第一节事实中，中钢协无锡会议相关信息在王获悉前已在相关网站上公布，不具有非公知性，故该信息不属于商业秘密。其三，起诉指控侵犯商业秘密系单位犯罪，但王某与胡某某分属不同公司，公诉机关并未明确王某所在的单位构成犯罪，故指控王某构成相应的单位犯罪属程序违法。

被告人葛某某辩护意见：其一，在起诉指控的第五节事实中，其只是将他人获得的中钢协沙钢会议信息转告给胡某某，并未直接采取利诱及其他不正当手段搜集。其二，在起诉指控的第七节事实中，其对于胡某某与谭某某见面的目的及双方交谈内容均不知情，故本节不构成犯罪。

葛某某的辩护人除同意葛本人前述意见外，还提出辩护意见：其一，葛某某所涉及的三则信息不具备《刑法》上商业秘密的基本特征，不能认定为商业秘密。其二，葛某某仅实施了转述他人获得的信息以及安排胡某某与谭某某会面等行为，并未采取利诱及其他不正当手段获取相关信息。其三，现有证据不足以证实葛某某所涉三则信息与本案的损失后果之间具有因果关系，而本罪属结果犯，故应认定葛某某无罪。

被告人刘某某辩护意见：起诉指控其涉及的某钢公司减产信息不属商业秘密，且无证据证实其获得该节信息的具体手段。

刘某某的辩护人除同意刘本人前述意见外，还提出辩护意见：其一，刘某某所涉及的某钢公司减产信息不具有非公知性，故不属于商业秘密。其二，刘某某系利用与王九某的私人关系获得中钢协66号文《关于进口铁矿石商务合同开证问题的通报》，并未采取利诱及其他不正当手段。其三，本案有关损失情况的评估结果并不客观，与刘某某所涉两则信息之间的因果关系亦无证据能够予以证实。其四，即使刘的行为构成犯罪，刘某某也是主动供述了未被侦查机关掌握的侵犯商业秘密的相关事实，应认定其具有自首情节。综上，建议法庭对刘所犯非国家工作人员受贿罪减轻处罚，所犯侵犯商业秘密罪从宽判处三年以下有期徒刑。

3. 判决结果

依照《刑法》第一百六十三条第一款、第二百一十九条、第二百二十条、第六条、第六十九条、第六十七条、第五十三条、第五十九条、第六十四条及《最高人民法院、最高人民检察院关于办理侵犯知识产权刑事案件具体应用法律若干问题的解释》第七条之规定，判决如下：

一、被告人胡某某犯非国家工作人员受贿罪，判处有期徒刑七年，并处没收财产人民币五十万元；犯侵犯商业秘密罪，判处有期徒刑五年，并处罚金人民币五十万元，决定执行有期徒刑十年，并处没收财产人民币五十万元、罚金人民币五十万元。

二、被告人王某犯非国家工作人员受贿罪，判处有期徒刑十三年，并处没收财产人民币五百万元；犯侵犯商业秘密罪，判处有期徒刑三年，并处罚金人民币二十万元，决定执行有期徒刑十四年，并处没收财产人民币五百万元、罚金人民币二十万元。

三、被告人葛某某犯非国家工作人员受贿罪，判处有期徒刑六年，并处没收财产人民币五十万元；犯侵犯商业秘密罪，判处有期徒刑三年六个月，并处罚金人民币三十万元，决定执行有期徒刑八年，并处没收财产人民币五十万元、罚金人民币三十万元。

四、被告人刘某某犯非国家工作人员受贿罪，判处有期徒刑五年，并处没收财产人民币三十万元；犯侵犯商业秘密罪，判处有期徒刑四年，并处罚金人民币四十万元，决定执行有期徒刑七年，并处没收财产人民币三十万元、罚金人民币四十万元。

五、违法所得予以追缴。

如不服本判决，可在接到判决书的第二日起十日内，通过本院或者直接向上海市高级人民法院提出上诉。书面上诉的，应当提交上诉状正本一份、副本一份。

（三）法理思考

1. 商业秘密与国家秘密辩证关系

该案开始之时是以"间谍罪"查办了胡某某等4人，但在后续司法程序中将其变更为侵犯商业秘密罪。从中体现的国家秘密和商业秘密是既有类似特征但同时又有本质区别的两个不同的保护对象。

《中华人民共和国保守国家秘密法》（2010年4月修订版，以下简称《保守国家秘密法》）第二条规定："国家秘密是关系国家安全和利益，依照法定程序确定，在一定时间内只限一定范围的人员知悉的事项。"这个规定和《反不正当竞争法》规定的商业秘密的概念是不同的。

总体来说，商业秘密和国家秘密的共同之处是秘密性、保密性、实用性与经济性，但是二者具有根本的不同：

第一是权利的主体与性质不同。国家秘密属于公权，其主体是国家；商业秘密属于私权，其主体是商事主体。

第二是保护范围不同。国家秘密保护范围主要依据是《保守国家秘密法》第九条规定的内容："（一）国家事务重大决策中的秘密事项；（二）国防建设和武装力量活动中的秘密事项；（三）外交和外事活动中的秘密事项以及对外承担保密义务的秘密事项；（四）国民经济和社会发展中的秘密事项；（五）科学技术中的秘密事项；（六）维护国家安全活动和追查刑事犯罪中的秘密事项；（七）经国家保密行政管理部门确定的其他秘密事项。政党的秘密事项中符合前款规定的，属于国家秘密。"商业秘密的保护范围主要是依据《反不正当竞争法》（1993）第十条规定的技术信息和经营信息。

第三是权利认定程序不同。国家秘密是依法定程序，根据《保守国家秘密法》第十条、第十一条、第十三条、第十四条的规定依法确定国家秘密范围和密级。商业秘密没有外在认定程序，在发生纠纷之前由商事主体自行认定，只有在发生纠纷时才由人民法院依法认定。

第四是构成要件不同。国家秘密的三个构成要件分别是：关系国家安全和利益；依照法定程序确定；在一定时间内只限一定范围的人员知悉。商业秘密四个构成要件是秘密性、商业价值性、保密性、合法性。

第五是保密期限不同。国家秘密保密期限法定。根据《保守国家秘密法》第十五条规定："国家秘密的保密期限，除另有规定外，绝密级不超过三十年，机密级不超过二十年，秘密级不超过十年。"商业秘密保密期限只要没发生纠纷，由商事主体自行决定，没有法定期限限制。

第六是社会危害性及法律责任不同。国家秘密的社会危害性涉及国家安全和利益，因此后果严重，相应的法律责任主要体现在《保守国家秘密法》第五章第四十八条到第五十一条，以刑事责任和行政责任为主。商业秘密的社会危害性一般小于国家秘密，主要是涉及商业秘密权人的合法权益和市场竞争秩序，相应的法律责任从民事责任、行政责任到刑事责任都有。

该案从一开始的间谍罪到进入司法程序的侵犯商业秘密罪，很好说明了国家秘密和商业秘密的不同以及现实中可能发生的混淆。

2. 侵权事实的审查与商业秘密的认定

该案由于牵扯范围较大，司法机关在审理过程中重点审查了被告人侵犯商业秘密的事实部分。对应该案涉及的 8 条商业秘密信息，司法机关重点审查了以下事实：

（1）2005 年 4 月 18 日，被告人王某在接待山东石某钢公司外经处处长房某某来沪拜访过程中，得悉房希望其所在单位能够成为必拓公司长协客户，便借此机会从房处获取了中钢协于同月 15 日在无锡召开的会议（以下简称无锡会议）上有关中国铁矿石进口委员会的信息。次日上午，王某将上述信息通过电子邮件发送给必拓公司上海代表处首席代表。经司法鉴定，上述信息属于商业秘密。

（2）2005 年 11 月 29 日，某牟利中国公司北京代表处首席代表王某忠与谭某某在某钢国贸公司会面，商谈有关某钢国贸公司求购铁矿石事宜，王某忠借此机会从谭某某处获取了某钢国贸公司从澳大利亚必拓公司加价购买铁矿石的信息。次日，王某忠将该信息通过电子邮件发送给了胡某某。经司法鉴定，上述信息属于商业秘密。

（3）2008 年 1 月中旬，被告人胡某某获悉中钢协当时在南宁召开会议（以下简称南宁会议），遂指使被告人葛某某、王某等人搜集会议信息。同月 17 日，葛某某利用力拓公司在铁矿石贸易中的优势地位，从邯钢公司商运科科长申某某处获取了南宁会议相关信息，并通过电话向胡作了汇报。同日，王某等人亦搜集到南宁会议相关信息，并通过电子邮件提供给胡。次日，胡某某向其上级汇报了上述信息。同月 21 日，葛某某又向申某某索取了南宁会议纪要。经司法鉴定，中钢协南宁会议相关信息属于商业秘密。

（4）2008 年 10 月，为应对当时铁矿石市场需求下降的形势，被告人胡某某布置力拓公司上海代表处员工搜集中国钢铁商事主体有关信息。同月 19 日下午，被告人刘某某非法获取了中钢协于同年 10 月 17 日在北京召开的生产经营座谈会（以下简称北京会议）上有关某钢国贸公司减产情况的信息，然后通过电子邮件发送给胡某某等人。经司法鉴定，上述信息属于商业秘密。

（5）2008 年 12 月 18 日，被告人葛某某从力拓公司上海代表处销售总监李某处获悉中钢协于 2008 年 12 月 17 日在江苏沙钢公司召开的会议（以下简称沙钢会议）上有关中国钢铁商事主体2009年度铁矿石进口价格的信息，次日其通过电子邮件将这一信息发送给被告人胡某某等人。经过司法鉴定，上述信息属商业秘密。

（6）2009年4月，被告人胡某某指使力拓公司上海代表处员工抓紧收集中钢协关于2009年度铁矿石进口价格的文件。被告人刘某某遵照指示向多家国内钢铁商事主体打探，4月29日，被告人刘某某从某钢国贸公司国际海运部经理王九某处获取中钢协〔2009〕66号《关于进口铁矿石商务合同开证问题的通报》（以下简称66号文）的复印件，当日提供给了胡某某，胡某某通过电子邮件将其上报给了力拓公司高层管理人员。经司法鉴定，该文相关内容属于商业秘密。

（7）2009年6月8日，某钢国贸公司总经理助理谭某某参加了中钢协有关下一步铁矿石谈判工作的会议（以下简称六八会议）。当晚，经被告人葛某某联系，被告人胡某某在北京的中国大饭店与谭某某会面。在二人会谈过程中，胡某某得知谭某某希望从力拓公司购得铁矿石的想法，便借此机会从谭某某处获取了中钢协六八会议有关下一步铁矿石谈判的信息。次日，胡某某将上述信息通过电子邮件上报给其上级。此后，经胡某某等人帮助，某钢国贸公司从力拓公司购得一船杨地矿现货。经司法鉴定，上述信息属于商业秘密。

（8）2009年6月17日下午，被告人王某与谭某某等人就铁矿石进口价格问题进行了洽谈。在会谈过程中，王某获悉了中国钢铁商事主体与水谷公司进行铁矿石进口价格谈判的相关信息。会后，王某通过电子邮件将上述信息向必拓公司高层管理人员作了汇报，同时转发给被告人胡某某，必拓公司高层管理人员即通过电子邮件要求王某和胡某某确认上述信息，由于胡在同月8日已从谭某某处获悉水谷公司与中方有关铁矿石进口价格谈判的相关情况，即于当晚回复电子邮件确认了上述信息的真实性。经司法鉴定，上述信息属于商业秘密。

司法机关针对可能涉及的8条商业秘密信息依次进行了司法鉴定并最终确认均属于商业秘密，为下一步的侵犯商业秘密行为的审理奠定了基础，尤其本案涉及国际商事主体，这一系列司法鉴定具有重要的证据意义。

第三节 章节知识点回顾及模拟练习

一、章节应知应会知识点

基本要求：了解商业秘密的概念和基本的法律特征。

重点：商业秘密的概念与特征。

难点：商业秘密的基本特征：秘密性、合法性、商业价值性、保密性。

二、本章节模拟练习

（一）单选题

1. 按照《最高人民法院关于审理侵犯商业秘密民事案件适用法律若干问题的规定》第四条的规定，具有下列情形之一的，人民法院可以认定有关信息为不为公众所知悉：（   ）

A. 该信息在所属领域属于一般常识或者行业惯例的

B. 该信息涉及的产品的尺寸、结构、材料、部件的简单组合等内容，所属领域的相关人员通过观察上市产品难以直接获得

C. 该信息已经在公开出版物或者其他媒体上公开披露的或该信息已通过公开的报告会、展览等方式公开的

D. 所属领域的相关人员从其他公开渠道可以获得该信息的

2. 商业秘密与国家秘密的关系在于（   ）。

A. 商业秘密属于一种私权，主体限于商事主体经营者，国家秘密属于一种公权

B. 国家秘密涉及主要是国家的政治、军事、外交、经济、科技技术、国家安全等重大领域内的相关信息；商业秘密只包括政治、军事、外交、经济、科技技术、国家安全等一般领域内的相关信息

C. 国家秘密属于一种公权；商业秘密属于一种私权

D. 商业秘密只包括在科研开发、生产经营等活动中的有关技术、经营信息；国家秘密只包括在科研开发、生产经营等活动中的有关重大技术、经营信息

（二）多选题

1.与技术有关的（　　）及其有关文档等信息，人民法院可以认定构成《反不正当竞争法》第九条第四款所称的技术信息。

A.结构、原料、组分、配方、材料、样品、样式

B.植物新品种

C.工艺、方法或其步骤

D.算法、数据、计算机程序

2.与经营活动有关的（　　）等信息，人民法院可以认定构成《反不正当竞争法》第九条所称的经营信息。

A.创意、管理

B.销售、财务

C.计划、样本、招投标材料

D.客户信息、数据

3.判断一项信息是否具有商业价值性，主要应从以下三个方面来考量：（　　）

A.具有确定的可应用性

B.能为权利人带来经济利益或竞争优势

C.商业价值性应有一定的量的规定性和时间的规定性

D.商业价值性没有量的规定性和时间的规定性

4.按照《最高人民法院关于审理侵犯商业秘密民事案件适用法律若干问题的规定》的规定，具有下列情形之一，在正常情况下足以防止商业秘密泄露的，人民法院应当认定权利人采取了相应保密措施：（　　）

A.签订保密协议或者在合同中约定保密义务的

B.通过章程、培训、规章制度、书面告知等方式，对能够接触、获取商业秘密的员工、前员工、供应商、客户、来访者等提出保密要求的

C.对涉密的厂房、车间等生产经营场所限制来访者或者进行区分管理的；以标记、分类、隔离、加密、封存、限制能够接触或者获取的人员范围等方式，对商业秘密及其载体进行区分和管理的

D.对商事主体的计算机设备、电子设备、网络设备、存储设备、软件

等，采取禁止或者限制使用、访问、存储、复制等措施的；要求离职员工登记、返还、清除、销毁其接触或者获取的商业秘密及其载体，继续承担保密义务的

5. 人民法院认定是否构成《关于审理侵犯商业秘密民事案件适用法律若干问题的规定》第十三条第一款所称的实质上相同，可以考虑下列因素：（　　）

A. 被诉侵权信息与商业秘密的异同程度

B. 所属领域的相关人员在被诉侵权行为发生时是否容易想到被诉侵权信息与商业秘密的区别

C. 被诉侵权信息与商业秘密的用途、使用方式、目的、效果等是否具有实质性差异

D. 公有领域中与商业秘密相关信息的情况

（三）判断题

1. 积极信息和消极信息都有价值，皆可构成商业秘密。

2. 当事人仅以与特定客户保持长期稳定交易关系为由，主张该特定客户属于商业秘密的，人民法院在查明事实基础上可以部分支持。

3. 商业秘密包含技术信息与经营信息两类商业信息。

4. 权利人为防止商业秘密泄露，所采取的合理保密措施，人民法院应当认定为《反不正当竞争法》第九条第四款所称的相应保密措施。

（四）名词解释

商业秘密

（五）简答题

我国商业秘密的构成要件有哪些？

第二章 商业秘密法概述

第一节 商业秘密的历史演变

一、法文化背景下的商业秘密

商事主体在运营过程中都有不为外部所知的各方面信息,我们将这些信息称为秘密,其中,将不为公众所知悉、具有商业价值性并经权利人采取保密措施的技术信息和经营信息等商业信息称为商业秘密。

之所以要从"法文化"层面界定商业秘密,是因为目前我国法律实践层面的商业秘密和社会实践中的商业秘密以及理论研究中的商业秘密有严重的错位。从"法文化"层面界定商业秘密,就是要将这种错位合理剖析并规范界定,文化包括法文化不是法律能强制的,法文化是长期自然形成的,遵循这个基本原理,就会找到商业秘密的本源所在。

商业秘密的英文表述,根据美国法律是"Trade Secret",但国际理论学术界和司法实务部门并没有就这样的表述达成统一见解,如《TRIPS协定》中使用的是"Undisclosed Information",即"未披露信息"。但这并不影响商业秘密的内涵界定,在民商事领域中,二者没有明显的区别,可以通用。

商业秘密概念是由普通法系国家率先提出并逐步向世界其他国家推广。商业秘密的概念核心主要在其构成要件。作为普通法系的典型代表,美国法律中对商业秘密的内涵定义,经历了一个逐步发展完善的过程。在1939年出版的、由美国法律协会整理归纳的《侵权法第一次重述》中给出的商业秘密应该具备的要素包括秘密性、新颖性、具体性、持续用于营业上、能够为持有者带来竞争优势;在1979年美国统一州法律全国委员会批准的《统一商业秘密法》和 1995 年由美国法律协会公布的《反不正当竞争法重述》这两部法律中,对商业秘密的定义作了更为广义的界定,主要表现为商业秘密不限于在商业上使用,也不要求持续性使用,其经济价值也不限于是现实的。英国的传统法律中根本就没有商业秘密这个名词,在英国传统法律中使用的是"Confidential Information",即保密信息的称谓。英国的保密信息是基于特定关系人之间共享信息的基础而产生,包含商业秘密以及个人隐私,范畴上要广于美国。德国对商业秘密的保护依据包括《民法典》《刑法典》《股份公司法》,但主要依据是《德国反不正当竞争法》,对于商业秘密也没有作出专门定义,而且德国对商业秘密在刑事保护方面相对严格,但范围仅限于技术秘密,不包括经营秘密。上海合作组织中的俄罗斯、印度两国的商业秘密保护模式也截然不同,俄罗斯有专门的商业秘密保护法,印度则主要依据普通法中的公平原则实施对商业秘密的保护。

二、实质意义商业秘密的法律规制

目前我国关于商业秘密的构成要件,比较统一的观点是商业秘密有秘密性、商业价值性、保密性三要件。美国、德国、日本、俄罗斯等国以及世界贸易组织《TRIPS 协定》对商业秘密的构成要件也采取上述三要素说。[1] 如果按照上述三要件标准,石家庄三鹿集团对其产品中隐含的三聚氰胺有害成分,不管是否符合国标或本产品通用标准,应该构成商事主体商业秘密,因为这些有害成分一旦公布,即使在国标核准范畴之内,也会对商事主体的销售及商事主体既得利益和未来预期利益构成巨大损害。如果允许商事主体持有这种商业秘密,无疑会造成和消费者知情权的冲突。对于商事主体而言,消费者知情权和商事主体商业秘密权相冲突时可能选择商业秘密权为先,从消费者角度必然选择知情权为先,而从国家行政管理机关的管理角度出发,在平衡二者利益均衡的基础上,必然优先选择消费者知情权,无论商事主体如何抗议,这都是现实。我们可以把这称为目前我国商业秘密法律保护的典

---

[1] 沈强.Trips 协议与商业秘密民事救济制度比较研究 [D]. 上海:华东政法大学,2010:27;蒋红莲.商业秘密法律救济制度研究 [D]. 上海:华东政法大学,2009:11.但是根据《TRIPS 协定》第三十九条规定,控制该信息的主体应该具有合法掌控性。

型困境：涉及商业秘密的内涵界定问题时，是否必须以合法为其基本要素。

例如，2016年10月25日《新京报》刊发了一篇关于调和油配比比例的报道，该篇文章报道了长寿花"橄榄玉米调和油"因强调其橄榄油为西班牙特级初榨，但未标志配料含量等，被法院一审认定为不符合《中华人民共和国食品安全法》（以下简称《食品安全法》）要求，其经销商需10倍赔偿消费者。从2012年开始，长寿花、多力等7家知名品牌调和油因突出宣传"橄榄油""花生油"却未能在标签上明示添加比例，接连被地方食药监、工商等部门处罚，并被消费者诉至法院。截至2016年，全国已经出现8起类似诉讼案例，均以生产、销售商事主体败诉告终。压力之下，继中储粮、鲁花两家巨头相继宣布公开配比后，多数调和油品牌开始主动亮出配方。在新京报记者随机抽选的15种品牌调和油中，有9家商事主体在醒目位置标出了添加的油分占比，但仍有6家商事主体未明确添加量或仅以营养成分代替。追溯到2012年5月，江苏省东台工商局对奥康食品有限公司作出行政处罚，认定其销售的食用调和油未标明橄榄油含量，责令其改正并处以6万元罚没款。奥康食品不服判决发起上诉，法院终审认为，奥康食品未标注橄榄油添加量违法，且以放大、反复、图案兼用的方式构成误导、欺诈消费者，判定奥康食品败诉。

这一案件在2016年6月入选最高人民法院指导性案例之一，并迅速成为调和油行业的标志性事件。从2016年起，北京、上海、湖南、浙江等地开始密集出现品牌调和油因未标注原料成分被工商部门行政处罚的案例。

该篇文章引用了刘俊海教授对此类事件的观点：根据《食品安全法》《中华人民共和国消费者权益保护法》等规定，生产厂家需明确公开调和油的具体添加比例，且不能以"商业秘密"为由推脱。当消费者知情权和商事主体商业秘密发生冲突时，应以消费者知情权优先。如果商事主体无法证明商业秘密不侵犯消费者权益，就必须履行信息披露义务。

同时，该文章引用中国农业大学朱毅的观点："现有检测技术尚无法做到对混合油脂的反向定量分析，因此标准一直难以落地。"由此可以发现，目前我国对于调和油的检测方法与标准尚不完善，因此即使要求商事主体明确标注配比的调和油国家标准落地，也无法对其产品包装上宣称的比例真实性进行判定，这意味着很难对生产商事主体进行有效监管。长沙理工大学食用油脂研究专家吴苏喜也曾表示，油脂的本质为甘油三酸酯，结构相同、性质相近，在混合后检测难度极大。目前检测技术只能利用优质特征成分的定性反应，作出调和油配料品种的定性报告，而无法对配料比例进行定量分析。❶

我们由此可以发现，对于调和油配比，国家标准没有强制性规范，主要原因是调和比例不能反向测定，但是同时《预包装食品标签通则》（GB7118—2011）规定，即食品经营者在食品标签或食品说明书上特别强调添加了或含有一种或多种有价值、有特性的配料或成分，应标示所强调配料或成分的添加量或含量。否则就会被判欺诈，10倍赔偿消费者，至于配比是否真实科学，法律不管也管不了，因为行业技术达不到。这无形中形成一个怪圈，靠考量一个商事主体的诚信度去执法，这显然是法律与行业冲突的一个典型表现。司法实践中的法官否认配比是商事主体商业秘密，认定商事主体应该标注，至于怎么标注随商事主体诚信"据实"而为，是否真的"据实"无从判断。在目前没有有效检测手段的情况下这样推行和执行法律，消费者的知情权优于商事主体的商业秘密权的意义何在？一旦商事主体作假（这种可能性很大），消费者不知道，执法机关不知道，只有商事主体知道，这不能不算实质意义的商业秘密。

这种实质意义的商业秘密里面可能包含着合法的商业秘密，也可能包含着不合法的商业秘密，或者是游走在法律边缘但不能确定其合法还是不合法的商业秘密，可能不符合法定商业秘密的标准，但缺失文化层面隐含的标准并实际发挥着作用。在食品行业中，关于食品调和油成分配比的规定直接法律来源是《食品安全法》第二十六条规定的食品安全标准应当包括下列内容：食品、食品添加剂、食品相关产品中的致病性微生物，农药残留、兽药残留、生物毒素、重金属等污染物质以及其他危害人体健康物质的限量规定；食品添加剂的品种、使用范围、用量；专供婴幼儿和其他特定人群的主辅食品的营养成分要求；第三十四条禁止生产经营下列食品、食品添加剂、食品相关产品：超范围、超限量使用食品添加剂的食品；营养成分不

---

❶ 李栋，朱新泉. 调和油国标12年迟迟未出 配比不明示、突出高价油成行业潜规则［N/OL］. 新京报，（2016-10-25）［2022-06-28］. http://news.xinhuanet.com/fortune/2016-10/25/c_129336086.htm.

符合食品安全标准的专供婴幼儿和其他特定人群的主辅食品……第六十七条规定，预包装食品的包装上应当有标签，标签应当标明下列事项：……（二）成分或者配料表。……专供婴幼儿和其他特定人群的主辅食品，其标签还应当标明主要营养成分及其含量。第七十八条规定，保健食品的标签、说明书不得涉及疾病预防、治疗功能，内容应当真实，与注册或者备案的内容相一致，载明适宜人群、不适宜人群、功效成分或者标志性成分及其含量等。第八十一条规定，婴幼儿配方食品生产企业应当实施从原料进厂到成品出厂的全过程质量控制，对出厂的婴幼儿配方食品实施逐批检验，保证食品安全。生产婴幼儿配方食品使用的生鲜乳、辅料等食品原料、食品添加剂等，应当符合法律、行政法规的规定和食品安全国家标准，保证婴幼儿生长发育所需的营养成分。解决商事主体的商业秘密保护法律问题，除了面临复杂的行业困境外，现行法律困境也是主要难题之一。这里讲的法律困境涵盖从商业秘密基本内涵到构成要件，到救济与保护等各个层面。

明确并正确适用商业秘密的法定内涵、梳理并正确认知商业秘密的价值渊源，是消除上述难题、完善商事主体商业秘密法律风险防控的基础依据，其中，对商业秘密文化层面，尤其是法文化层面的基本内涵的正确全面认知又是最基本的。

第二节　商业秘密国际立法概述

完善商业秘密统一立法是从根本上统一商业秘密认定标准、统一商业秘密法律责任标准、统一侵犯商业秘密证据认定标准等问题的基础法律路径。我国目前没有统一的商业秘密法，导致上述标准在实践中执行效果各异，相关诉讼纠纷结果无法起到应有的法律保障功效。商事主体商业秘密的依法保护问题要得到根本性的解决，离不开这一基础路径，并须借鉴国际上先进的商业秘密立法经验。

一、商业秘密国际立法保护主要形式

商业秘密保护是商事主体存续发展与对外竞争的重要支撑，随着国际经

济交往的一体化和融合化发展，跨国商事主体不断增多，商业秘密保护也面临越来越复杂的世界形势。在这种国际背景下，世界各国，尤其是发达国家推动商业秘密国际立法保护的积极性和实际行动一直没有停止过。总体而言，商业秘密国际立法保护经历了下面几个主要阶段。

（一）首次独立保护商业秘密的国际公约——《TRIPS 协定》

在所有关于商业秘密保护的国际性立法文件中，《TRIPS 协定》第一次将商业秘密作为一个独立的知识产权类别加以保护，因此具有重大意义。当然，在此之前也有相关的国际条约对商业秘密进行间接保护，例如，世界最早的知识产权公约《保护工业产权巴黎公约》中要求禁止"凡在工商业事务中违反诚实的习惯做法的竞争行为"界定的"诚信经营"的条款被《TRIPS 协定》引用，被认为是对商业秘密的间接保护的国际法渊源。

这之后，国际商会在 20 世纪 60 年代起草的《保护专有技术标准条款草案》、1964 年保护知识产权联合国际事务局起草的《发展中国家保护发明模范法》、1974 年联合国制定的《联合国国际技术转让行动守则草案》都对"专有技术"进行了规定。这里的"专有技术"就是商业秘密中的"技术秘密"，没有提及商业秘密。

《TRIPS 协定》抛开"专有技术"本身，以"未披露信息"作为独立知识产权保护对象，其实就是对商业秘密的独立保护，它在商业秘密的实体构成要件和执法程序保护方面都作了明确规定。

在实体构成要件方面，《TRIPS 协定》第三十九条对商业秘密进行了秘密性、价值性、保密性与合法性的明确规定；在执法程序方面，《TRIPS 协定》在其第三部分"知识产权的实施"中从条约成员方严格履行制止侵权义务、为当事人保守商业秘密、责令当事人停止侵权、赔偿损失、销毁物品等法律责任等几方面进行了规定，其中对善意取得商业秘密不侵权的问题作了专门规定。

（二）其他形式的国际立法保护商业秘密的国际公约

除了《TRIPS 协定》之外，世界上还有其他不同形式的国际法律文件对商业秘密进行了立法规范，但是总体都是遵循《TRIPS 协定》基本精神。例如，1992 年由美国、墨西哥、加拿大签订的《北美自由贸易协定》规定的成员国保护商业秘密的义务、1996年世界知识产权组织制定的《关于反不正当竞争保护的示范规定》以"秘密信息"保护作为对商业秘密的保护形式等，都与《TRIPS协定》"未披露信息"内涵和保护手段等一致。中国作为"一带一路"合作倡议国及上海合作组织创始成员国，可以借鉴上述经验，适时组织制定、实施区域国际范围内的商业秘密保护规则，以扩大中国国际影响力及更快推动中国商业秘密法治化。

二、世界各国商业秘密立法保护典型形式

（一）美国商业秘密立法保护制度

美国商业秘密立法保护制度，从1837年产生的商业秘密判例开始至今一百多年时间，先后发布了五部保护商业秘密的法律或法律性文献。

第一部是1939年美国法律协会归纳公布的《侵权法第一次重述》，对商业秘密定义、侵犯类型、法律责任等进行了规定。

第二部是1979年美国统一州法律全国委员会批准的《统一商业秘密法》，不具有全国强制推行性，建议各州自愿采用。

第三部是1995年美国法律协会公布的《反不正当竞争法重述》，突出了雇员违反保密义务侵犯商业秘密的立法宗旨。

第四部是1996年美国国会通过的《经济间谍法》，这是美国第一部联邦商业秘密法，实现了全国适用统一刑事法律保护商业秘密的愿景，但对受害者获得民事救济局限很大。

第五部是2016年时任美国总统奥巴马签署通过的《商业秘密保护法案》，这是美国第一部以民事形式为重点保护商业秘密的联邦法，在审理跨州、跨国侵犯商业秘密法律保障方面提供了很好的法律依据。

（二）其他国家商业秘密立法保护制度

除了美国之外，其他国家对商业秘密立法保护的法律制度大体可以分为三类：

第一类是以法国、意大利等国家为代表，主要依据《民法典》对商业秘密进行保护。

第二类是以德国、日本等国家为代表，先以《民法典》中的侵权行为法

和合同法的规定为依据规范商业秘密保护问题，之后主要通过《反不正当竞争法》作为保护商业秘密的主要法律依据。

第三类是以俄罗斯、英国、加拿大等国家为代表，通过本国的商业秘密保护的专门法律进行规范商业秘密保护，例如，俄罗斯制定了《联邦商业秘密法》，加拿大制定了《加拿大统一商业秘密法》、英国国会法律委员会制定了《关于违反保密义务的法律草案》。

第三节 我国商业秘密保护立法的演变

一、中国商业秘密立法演变过程

我国商业秘密的法治化经历了前后三个阶段。

（一）商业秘密在民事立法中首次被确认

1986年《中华人民共和国民法通则》中没有直接涉及商业秘密，用其他科技成果权一词来表述；1987年《中华人民共和国技术合同法》用技术情报和资料、非专利技术的描述方式；1991年《中华人民共和国民事诉讼法》将商业秘密第一次作为法律用语规定下来。

（二）反不正当竞争法为主的综合保护时期

1993年《反不正当竞争法》确立商业秘密保护制度之后，1994年《中华人民共和国劳动法》规定了劳动关系中的商业秘密；1997年《刑法》修订确立了侵犯商业秘密罪；2008年《中华人民共和国劳动合同法》（以下简称《劳动合同法》）规定了保密与竞业限制问题。

（三）商业秘密的知识产权属性正式确立及加快法治时期

2017年《中华人民共和国民法总则》第一百二十三条将商业秘密与作品，发明、实用新型、外观设计，商标，地理标志等六大类客体规定为知识产权法定客体，《民法典》第一百二十三条延续了这一规定。随后《反不正当竞争法》历经2017年、2019年两次修改，对商业秘密问题进行了细化修改。2020年以来，《最高人民法院关于审理侵犯商业秘密民事案件适用法律若干问题的规定》《最高人民法院关于知识产权民事诉讼证据的若干规定》

《最高人民检察院、公安部关于修改侵犯商业秘密刑事案件立案追诉标准的决定》，2021年《最高人民法院关于审理侵害知识产权民事案件适用惩罚性赔偿的解释》等先后颁布实施，成为目前我国商业秘密案件司法审判的重要依据。

二、中美经贸协议中所涉的商业秘密条款

2020年1月15日，中美双方签署《中华人民共和国政府和美利坚合众国政府经济贸易协议》(以下简称《中美第一阶段经贸协议》)。《中美第一阶段经贸协议》包括知识产权、技术转让、食品和农产品贸易等八章，正文共87页。知识产权被放在了第一章，并且有18页，足足占据20.7%的篇幅，而其中商业秘密保护又是重中之重。在第一章中最频繁出现的记载是："美国确认，美国现行措施给予与本条款规定内容同等的待遇。"即，中国需要将商业秘密保护提高至与美国同等的水平。《中美第一阶段经贸协议》内容公开后，可以了解到2021年多部知识产权法律的修改与《中美第一阶段经贸协议》的内容是一致的。从另外一个层面反映出，随着经济升级，中国从知识产权的消费国变为生产国，知识产权尤其是商业秘密的保护应当公平、有效。

（一）商业秘密与保密商务信息

《中美第一阶段经贸协议》在第一章第二节规定了商业秘密与保密商务信息。不同于商业秘密，保密商务信息并非法律术语。从定义来看，《中美第一阶段经贸协议》对"保密商务信息"规定得比较宽泛，任何一旦披露就会对持有人的竞争地位造成极大损害的信息都可以被视为"保密商务信息"。在协议中约定，"保密商务信息是涉及或与如下情况相关的信息：任何自然人或法人的商业秘密、流程、经营、作品风格或设备，或生产、商品交易，或物流、客户信息、库存，或收入、利润、损失或费用的金额或来源、或其他具备商业价值的信息"。不为公众知悉且具有商业价值的信息并不当然构成商业秘密，还需要经权利人采取相应保密措施。从上述定义看，保密商务信息似乎并不需要采取保密措施，但从其词源来看是需要的。保密商务信息可以通过合同法等法律来保护，诸如保密协议、劳动合同、销售合同等。

（二）侵犯商业秘密的行为

《中美第一阶段经贸协议》规定，侵犯商业秘密的"经营者"应包括所有自然人、组织和法人，并列举了多种侵犯商业秘密的行为，包括电子入侵、违反或诱导违反保密义务、披露或使用在保密义务下获得的商业秘密。传统民法规定的侵权行为要有行为、违法性和因果关系。由于诱导违反保密义务并不一定必然导致违反，因此不存在因果关系，故而这一行为按照传统理论不构成侵权。《中美第一阶段经贸协议》的这项规定扩大了传统侵权理论。另外，值得注意的是按照《中美第一阶段经贸协议》规定，违反保密义务本身即可能构成侵犯商业秘密，而无需后续的披露或使用商业秘密的行为。

（三）侵犯商业秘密的民事程序

《中美第一阶段经贸协议》规定了侵犯商业秘密的民事程序，在权利人提供初步证据后，举证责任转移至被告。这包括两个方面：首先，在权利人初步证明商业秘密受到侵犯时，未侵犯商业秘密的举证责任转移至被告；其次，在权利人初步证明商业秘密的适格性时，证明不构成商业秘密的举证责任转移至被告。由于举证责任倒置一般是指原告不负担举证责任，而由被告负担举证责任的情况，因此，此条规定并非举证责任倒置。若在商业秘密案件中适用举证责任倒置，则容易被滥用作为刺探他人商业秘密的手段。另外，《中美第一阶段经贸协议》规定法院可以针对侵犯商业秘密的行为采取行为保全措施。

（四）侵犯商业秘密的刑事执法的门槛

《中美第一阶段经贸协议》规定了侵犯商业秘密的刑事执法门槛。由于商业秘密本身的性质及商业秘密权利人在民事诉讼中难以举证等问题，商业秘密权利人往往倾向于采取刑事途径来获得救济。但中美两国对商业秘密的刑事司法保护采取的路径截然不同。在美国，侵犯商业秘密罪是行为犯，只要行为人的行为符合《经济间谍法》的基本构成要件就构成犯罪；而在中国，侵犯商业秘密罪是结果犯，根据《刑法》第二百一十九条的规定，只有给商业秘密的权利人造成重大损失的才构成犯罪。《中美第一阶段经贸协议》的该条规定将权利人的补救成本视为"给权利人造成重大损失"，从而降低该罪的入罪门槛，最终目标是使侵犯商业秘密罪成为行为犯。另外，《中美第一阶段经贸协议》还规定了侵犯商业秘密罪的行为人的主观为故意，而非过失。

(五)保护商业秘密中的政府责任

《中美第一阶段经贸协议》第1.9条规定了政府责任,要求各级政府不得披露在工作中获悉的商业秘密、保密商务信息。该条规定了中国各行政机关在接触保密商务信息时,应该将信息以及接触人员限制在必要最小限度内,并且进行保密约束。对违反者应采取各种形式的处罚,包括罚金、解雇或者监禁。

三、课程思政拓展:人-主体与人脑-客体

无论是技术信息式的商业秘密、经营信息式的商业秘密,抑或是其他形式的商业秘密,都是"信息",即无形的东西,商业秘密权人要主张对这些无形东西享有权利,需要一定的物质载体,物质载体可以有很多表现形式,如电脑、设备、笔记本、图纸等,其中一个重大的争议就是人脑是否可以直接作为商业秘密的物质载体在商业秘密诉讼过程中作为证据使用。

(一)问题导入

在商业秘密诉讼案件中,对商业秘密的确认及商业秘密权的确认是诉讼的基础程序,当事人会在诉讼过程中列举出诸多的商业秘密种类,但并不是列举的商业秘密越多,就越有利,关键看列举的商业秘密是否为法定的商业秘密。其中适格的物质载体是商业秘密及商业秘密权成立的基础支撑,在众多的商业秘密物质载体中,将某一个或某一些员工作为商业秘密的物质载体,从更根本的角度看,就是将某一个或某一些员工的大脑作为商业秘密存储和读取的"移动硬盘",这是否可以在商业秘密诉讼中作为商业秘密的诉讼证据使用呢?

(二)人脑作为商业秘密存储的"移动硬盘"不能构成行业秘密的法定载体

1. 案件名称与案由

(新加坡)千岛有限公司与天信天津外包服务有限公司等侵犯商业秘密纠纷上诉案。[1]

---

[1] 案件来源:(2012)津高民三终字第40号。

2. 基本案情

上诉人（原审原告）：（新加坡）千岛有限公司（以下简称千岛公司）。

被上诉人（原审被告）：天信天津外包服务有限公司（以下简称天信外包）。

被上诉人（原审被告）：天信天津工业发展公司（以下简称天信工业）。

被上诉人（原审被告）：天信天津投资控股有限公司（以下简称天信投资）。

被上诉人（原审被告）：王某。

被上诉人（原审被告）：沈某。

被上诉人（原审第三人）：天信德安物流（天津）有限公司（以下简称天信德安）。

上诉人千岛公司的诉讼请求、事实和理由：

上诉人千岛公司请求撤销原审判决，依法发回重审或改判支持其原审诉讼请求，即：天信外包立即停止侵犯，赔偿因侵权给天信德安造成的损失24637662.63元（暂从2009年1月1日算至2010年12月31日），天信工业、天信投资、王某、沈某与天信外包对天信德安共同承担连带赔偿责任，一、二审诉讼费、保全费等所有费用由天信外包、天信工业、天信投资、王某、沈某五被上诉人共同承担。

主要理由：原审判决认定上诉人要求保护的商业秘密均不具备商业秘密构成要件，缺乏事实和法律依据；原审法院举证责任分配错误。上诉人已向法院提供了充分的证据证明天信外包所使用的信息与天信德安的商业秘密具有一致性，以及被上诉人具有获取和使用该信息的条件，上诉人是股东代表诉讼，天信德安的经理一直跟其他被上诉人在一起，上诉人就无法获取对本案事实认定至关重要的证据向法院申请调查取证，上诉人已经完成了自己的举证责任，依法应当由被上诉人提供其所使用的信息的合法来源，否则应承担举证不能的责任和后果。

被上诉人天信外包、天信投资答辩：原审判决认定事实清楚，适用法律正确，应予维持。主要理由：一是商业秘密构成要件问题。上诉人主张的具体的商业秘密内容缺乏法定证据支持，而且上诉人当庭认可其请求保护的商业秘密刊载于互联网上，同时上诉人对于其他所述的秘密亦未采取法定的保密措施。原审法院认定缺乏商业秘密的构成要件和侵权证据准确。二是商业秘密侵权举证责任分配问题，上诉人作为自认为的商业秘密权人应当首先对其商业秘密具体内容采取了哪些保密措施予以举证，之后才涉及是否侵犯商业秘密问题，原审法院对举证责任的分配准确。原审判决认定事实清楚，适用法律正确，请求驳回上诉人千岛公司的上诉请求。

天信工业答辩：驳回上诉人的上诉请求。主要理由：上诉人千岛公司不能证明自己的商业秘密到底是什么，也不能证明其与被上诉人相同及实质性近似，因此原审判决准确，请求驳回上诉人的上诉请求。

天信德安答辩：同意天信工业的答辩意见。

王某答辩：原审判决正确，请求驳回上诉人的上诉请求。王某在天信德安担任董事长期间，不参与公司的实际经营，不接触所谓的商业秘密。王某调离是根据天信集团的工作安排到新的岗位，与侵权无关。

沈某答辩：请求驳回上诉人的上诉请求。沈某与天信德安劳动合同到期后，天信德安一直未与其续签劳动合同，沈某对天信德安失望后离开，不存在他人收买行为，也未侵犯天信德安的任何商业秘密。

3. 裁判结果

一审判决内容：

依照《中华人民共和国公司法》第一百五十二条，《反不正当竞争法》第十条第三款，《最高人民法院关于审理不正当竞争民事案件应用法律若干问题的解释》第十四条，《中华人民共和国民事诉讼法》第六十四条第一款的规定，判决："驳回原告千岛有限公司的诉讼请求。案件受理费人民币164988元，由原告千岛有限公司负担。"

二审判决内容：

上诉人不能提供证据证明其要求保护的六项商业信息与公有领域信息存在区别，故上诉人主张保护的六项商业信息，不符合商业秘密构成要件。上诉人要求天信外包、天信工业、天信投资、王某、沈某五被上诉人承担侵权责任的诉讼请求缺乏事实和法律依据，本院不予支持。原审判决认定事实清楚，适用法律正确，应予维持。依照《中华人民共和国民事诉讼法》第一百七十条第一款第（一）项的规定，判决如下：

驳回上诉，维持原判。

二审案件受理费人民币164988元，由上诉人（新加坡）千岛有限公司负担。

本判决为终审判决。

（三）法理思考

1. 该案是典型的股东代表诉讼案

人民法院在诉讼中查明以下事实：上诉人千岛公司是一家在新加坡注册成立的外国商事主体，天信德安是千岛公司与天信工业及案外人北京安可软件系统技术有限公司于2001年10月11日合资成立的外商投资商事主体，天信工业为其控股股东。2006年7月25日，天信德安与案外人李某、卢某签订《软件开发合同》，委托二人开发《天信德安速递业务管理系统》，费用合计13600元人民币。2007年6月25日，天信德安与案外人天商大学签订《软件系统开发合同》，委托天商大学开发《天信德安仓储管理系统2007版》，费用合计6万元人民币。上述软件系统已经开发完毕。天信外包成立于2008年12月11日，为天信投资设立的独资商事主体。2004年7月1日，沈某受千岛公司委派担任天信德安公司总经理，任期至2008年6月30日届满。2009年10月30日，沈某提出辞职，后出任天信外包总经理。王某曾任天信德安董事长。天信投资系由案外人中国天信集团公司（以下简称天信集团）于2007年12月21日出资设立。天信工业成立于1996年9月19日，现为天信投资独资商事主体。2011年4月9日，千岛公司致函天信德安董事会及董事长，要求天信德安对天信外包、天信工业及沈某等提起侵犯商业秘密等侵权诉讼，未果，千岛公司以股东身份直接提起诉讼。

从以上法院查明的事实来看，天信德安作为上诉人千岛公司和天信工业及案外人的合资公司在本案出现，上诉人千岛公司认为天信德安原负责人跳槽到天信外包后泄露并侵犯天信德安的商业秘密，天信工业和天信投资作为天信集团的投资公司一并侵犯了天信德安的商业秘密。上诉人在请求天信德安诉讼未果的前提下作为股东代表提起诉讼，引发该案。

根据《中华人民共和国公司法》第一百五十一条规定，他人侵犯公司合法权益，给公司造成损失的，有限责任公司的股东、股份有限公司连续一八十日以上单独或者合计持有公司百分之一以上股份的股东，在其要求提起诉讼的书面请求被拒绝提起诉讼，或者自公司收到其请求之日起三十日内未提起诉讼，或者情况紧急、不立即提起诉讼将会使公司利益受到难以弥补的损害的，这些股东可以依法向人民法院提起诉讼。千岛公司在该案中以股东名义直接提起诉讼，符合法律规定的条件，具备诉讼主体资格。

2. 上诉人对商业秘密认知错误，举证失利

上诉人千岛公司要求保护的商业秘密包含：（1）服务设计本身，它的业务流程、管理程序，提交证据为天信德安公司网页；（2）计算机操作系统和管理软件，证据是天信德安提供的软件光盘；（3）客户及货源名单，提交证据为天信德安网站公布客户名录；（4）有关人员作为技术秘密的载体，提交证据为相关媒体对沈某及天信外包的报道宣传内容以及天信德安网上招聘信息；（5）经营合同和劳动合同；（6）保密箱制作技术，提交证据为案外人深圳德安信息管理系统有限公司制作的《德安集团凭证/信息管理系统》凭证信息管理解决方案。

在上述上诉人主张的商业秘密中：

（1）和（3）均已在互联网上公开，从公开渠道可以获得，不符合"不为公众所知悉"的商业秘密的构成要件，上诉人主张这两项为商业秘密不能成立。

（2）天信德安员工使用的速递业务管理系统及仓储管理系统，是天信德安委托天商大学独立开发研制，并已支付对价，应认定具有合法来源，不构成对上诉人商业秘密的侵犯。

（4）以有关人员作为技术秘密的载体的商业秘密。人民法院认定因缺乏有形的载体固定涉密信息的内容，故不符合商业秘密的构成条件，上诉人将该项作为商业秘密的主张不能成立。

（5）上诉人主张的天信德安经营合同和劳动合同是否构成商业秘密。人民法院认为，劳动合同是劳动者与用人单位劳动关系的依据，不构成商业秘密中的经营信息。天信德安的经营合同因记载了具体的交易信息，有可能含有商业秘密，但是上诉人承认从未见过天信德安或天信外包的经营合同，无法指明其经营合同中区别于公知信息的秘密点到底是什么。鉴于上诉人对其主张的商业秘密秘密点无法作出充分合理的解释与说明，亦不能提供其他有效证据证明，故上诉人该项主张不能被支持。

（6）天信德安保密箱制作技术，上诉人主张该商业秘密信息体现在案外人深圳德安信息管理系统有限公司制作的《德安集团凭证/信息管理系统》凭证信息管理解决方案上。但是由于此权利主体并非天信德安，且该证据系案外人对外推广业务的宣传材料，即该材料记载的内容已被公开，故该保密箱制作技术不构成该案的商业秘密，上诉人的该项主张不能成立。

3. 人脑或人不能作为商业秘密物质载体

我们从该案最终判决来看，最有争议的就是上诉人千岛公司提出的第（4）条，即有关人员为载体的技术信息类商业秘密，从根本上说其实就是人脑所存储的技术信息能否成为上诉人的商业秘密。

从该案来看，人民法院否认了上诉人的诉讼请求，即：人不能成为商业秘密的物质载体，因为其缺乏有形的载体固定商业秘密具体内容，人脑的商业秘密无法被有效、一贯地被准确感知且无误差，可能这可以作为无法有效固定的基本内涵。但是从法律基本原理来分析，人也不能作为商业秘密的物质载体，因为人是法律关系的主体，人脑作为自然人的一个身体器官，与人这一主体具有不可分割的关系，不能独立成为物质载体。一旦认可人或人脑成为商业秘密的物质载体，无异于认可人是法律关系的客体，也就是法律关系上的"物"，这是违反基本现代文明社会的法理的，不能够成立。

由该案延伸开来，可口可乐配方作为商业秘密分别由不同的人掌管着配方额一部分，就和很多科技公司一样，一个完整的产品所蕴含的技术信息基本都是由3个以上的核心员工掌握，我们可以认为其中的商业秘密是可口可乐的配方，或技术信息体现的图纸、光盘、电脑存储媒介或其他有形载体，但是绝对不可能是掌握这些商业秘密的员工本人或者其大脑，这是严重颠倒了法律关系中的主客体的关系，违背最基本的法理逻辑关系。

当然，该案中上诉人持续败诉的最关键原因除颠倒了商业秘密主客体的关系之外，连最基本的商业秘密的构成要件都没有搞清楚。上诉人列举的六项商业秘密有两项直接就是公开的信息，其他要么主体不符，要么内容不符，要么被合理对抗。商业秘密侵权案件最基本的工作就是在诉讼前对商业秘密法定构成要件有一个明确的认识并对具体的秘密点、经济实用性、合理的保密措施及商业秘密的合法性等有充分的证据支持。只有完成这一基础性的权利认定工作，才能继续诉求是否被侵犯商业秘密。该案上诉人在两审中都没能很好地完成这一基础性的举证工作，因此最终败诉成为必然。

第四节 章节知识点回顾及模拟练习

一、章节应知应会知识点

基本要求：掌握商业秘密法的概念和我国商业秘密法律体系，了解我国《反不正当竞争法》中对商业秘密的有关规定，了解国际上商业秘密保护的三个重要阶段，了解《TRIPS协定》和《北美自由贸易协定》中对商业秘密保护的相关规定，了解美国1979年《统一商业秘密法》对商业秘密保护的相关规定，了解上海合作组织国家商业秘密保护现状及中国可能性方案预测。

重点：商业秘密法的功能，中国商业秘密法的渊源，中国的商业秘密法律体系，中国保护商业秘密的执法体系，中国的商业秘密服务组织等。

难点：中国的商业秘密法律体系。

二、本章节模拟练习

（一）单项选择题

1. 目前我国商业秘密法主要适用的法律是（　　）。

　A.《反不正当竞争法》　　　B.《专利法》

　C.《劳动法》　　　　　　　D.《合同法》

2. 根据《反不正当竞争法》的规定，下列不属于经营者的是（　　）。

　A. 商场　　　　　　　　　B. 理发店

　C. 公立学校　　　　　　　D. 美容院

3. 国际上首先将商业秘密纳入保护范围的条约或协议是（　　）。

　A.《巴黎公约》　　　　　　B.《伯尔尼公约》

　C.《反不正当竞争法》　　　D.《TRIPS协定》

4.在我国，最早将商业秘密作为法律用语的法律是（　　）。

A.1986年《民法通则》　　　　B.1987年《技术合同法》

C.1991年《民事诉讼法》　　　D.1993年《反不正当竞争法》

（二）多项选择题

商业秘密包括（　　）。

A.技术秘密　　　　　　　　B.经营秘密

C.客户名单　　　　　　　　D.国家秘密

（三）判断题

商业秘密法律制度自中国古代开始流传至今。

第三章　商业秘密权

某府乐喜集团公司（重庆）诉重庆万叶某府饮料有限公司案突出反映了商业秘密的法定构成要件的同时，对商业秘密权利人的保密意识提供了很好的反面例证。商业秘密权本身包含了权利主体的"保密意识"因素和"权利行使"因素等不同层面的综合。

第一节　商业秘密权属界定

一、商业秘密权属界定

商业秘密权是商业秘密权利人实现其合法利益的主要价值渊源。

商业秘密权利人对其商业秘密所享有的权利定性，一般将其界定为商业秘密权，优点是直观、通俗易懂，缺点是无法明晰且完整涵盖商业秘密的整体权利。秘密本身作为权利客体是抽象的，应具体到秘密的每一项内容。就我国目前法律规定而言，《反不正当竞争法》第九条规定："本法所称的商业秘密，是指不为公众所知悉、具有商业价值并经权利人采取相应保密措施的技术信息、经营信息等商业信息。"在此条规定中，将商业秘密的主体界定为"权利人"，明确表明了商业秘密权的现实存在。

《反不正当竞争法》第一条规定："为了促进社会主义市场经济健康发展，鼓励和保护公平竞争，制止不正当竞争行为，保护经营者和消费者的合法权益，制定本法。"第二条规定："经营者在生产经营活动中，应当遵循自愿、平等、公平、诚信的原则，遵守法律和商业道德。本法所称的不正当竞争，是指经营者在生产经营活动中，违反本法规定，扰乱市场竞争秩序，损害其他经营者或者消费者的合法权益的行为。本法所称的经营者，是指从事商品生产、经营或者提供服务（以下所称商品包括服务）的自然人、法人和非法人组织。"

从上述表达我们可以发现，商业秘密权的权利主体是"经营者"，而经营者既包括自然人，也包括法人和非法人组织，只要他们从事商品经营或提供服务。但我们从上述商业秘密保护对象可以发现，《反不正当竞争法》的界定并没有完全涵盖现实中的商业秘密及其权利，这一点在未来的商业秘密统一立法中应加以完善。

商业秘密权实际的内涵可以表述为商隐权，是指商业秘密权利人对商业秘密所享有的隐秘信息占用权、适当的商业秘密隐藏权、对他主体使用商业秘密的隐忍处分权，即商业秘密权的三隐性权利。

隐秘信息占用权，主要指对商业秘密权利人自身而言，权利人享有对所持有商业秘密信息的占有、使用、收益等权利。

适当的商业秘密隐藏权，是指权利主体对其占用、知悉的商业秘密在合法的范围内享有依法隐藏不外示的权利。这里的所谓"不外示"可能包括在行业内是"公开秘密"，但行业外的人或组织不知道，那么这个行业成员及其组织没有义务对外公示此秘密；也包括在行业内行业主体之间的秘密隔离。如山东圣罗捷畜禽产业有限公司和吉林正方农牧股份有限公司作为国内著名鹅肥肝生产和供应商，采用"强饲法"喂养鹅并18天出鹅肝的秘密。❶

对他主体使用商业秘密的隐忍处分权，是指权利主体有主动将商业秘密授予一定范围内的其他主体占有、使用、收益的权利，或对其他主体事实上将商业秘密占有、使用、收益现状的隐忍程度及相关法律权利。如美国最大香辛料生产厂家"味好美"，同时是肯德基和麦当劳的生产商，三家以及供应商签订严格保密协议，一旦泄密，处罚足以使其倾家荡产。

商业秘密权的三隐性特质，并不等同商业秘密权是一项绝对权，因为商业秘密权和所有权不同，它不是权利主体一定独占的绝对权利，可能现实中存在两个以上商事主体同时对相同内容的商业秘密拥有商隐权。

---

❶ 章柯. "鹅肥肝"的秘密 [N]. 第一财经日报，2013-03-16.

商业秘密权的三隐性特质，只是说明不同商事主体拥有不同商业秘密的区别，我们应该认识到，商业秘密并不是部分商事主体的特权。所有商事主体都拥有不同的商业秘密，但并不是所有的商事主体对其所有的商业秘密都拥有法定商业秘密权，商事主体只有针对狭义上的商业秘密才享有法定商业秘密权。商事主体对于狭义商业秘密之外的其他商业秘密不享有法定商业秘密权。如上所述三鹿商事主体添加的三聚氰胺，是对消费者知情权的损害和对社会经济秩序的破坏，属于非法的商业秘密，依法应该受到法律的制裁。

商业秘密权所针对的商业秘密范畴，应该包括上述自然状态和法律状态下的商业秘密。很多人将商业秘密简单地分为合法商业秘密与非法商业秘密，犯了非此即彼的逻辑错误，实际商业秘密包括合法商业秘密、非法商业秘密、法定身份待定及自然事实状态下的商业秘密。有的商业秘密从表面易于辨识，如三鹿集团纵容其奶源供应商为增加牛奶蛋白质含量而添加三聚氰胺并保守此商业秘密的行为，而有的商业秘密从表面无法快速辨识，需要严密的法律程序认定，如商事主体存在两类账本的商业秘密。

因此，商业秘密权不单是一项权利，它在法律实践中反映的是一种法律关系：特定的权利主体对特定的秘密信息依法享有的、排除他人非法侵犯的占有、使用、收益、处分的权利，因为这种权利的存在，可能实现特定主体所追求的利益诉求，商业秘密权应运而生。"权"本身就含有权利和利益的内涵，如果把"权益"等同于"权利与利益"，那么就将"权"与"权益"等同。商业秘密权不仅指"权利"，而且包含"利益"，二者本身就是相关联、密不可分的。作者以为，"权利"是一种"手段"，而"利益"是一种"可追求的目的和有预期的结果"，主张"权利"无非是为了特定的"利益"，对这种利益的追求，我们称其为目的；对这种利益的实现，我们称其为完成预期；对这种利益的不可实现，我们称其为超出预期。不存在无利益为追求目标的权利，也不存在无权利为前置手段的利益。从这个角度讲，"权益"等同于"权"，包含手段、目的以及结果，而结果只不过是目的的实现而已。

不管哪一种商业秘密，持有人对其都具有权利，作为其利益实现的前提，这种权利与商业秘密的存续状态相对应，也分为自然权利和法定权利。

法定权利指法律规定每个人依法享有的权利。对于自然权利，西方自然法学派的学者有着典型观点。霍布斯曾经这样认为，一般所称的自然权利，是每一个人用他自己的判断和理性认为最合适的手段去做任何事情的自由。❶洛克认为，自然权利是人的劳动使自然之物脱离原来所处的共同状态，确定了人们对它们的财产权。❷卢梭认为，自然状态的人和社会状态的人完全不同，社会状态本质上违背人的自然本性，在这种状态下，自以为是其他一切的主人的人，反而比其他一切更是奴隶。❸上述哲学家与法学家的观点，很好地说明了自然权利的完美性和实现的高难度性，同时说明了自然权利现实是存在的，只是其实现的可能性有所差异。

西方上述典型哲学家和法学家看到了自然权利的重要性和与社会状态权利的不同，但是对自然权利现实存在的自然认可没有过多涉及。自然权利不管是人类理性规定也好，或是人类的心灵内在需求的外在表现也好，其既然现实存在，就需要社会的自然认可，这种自然认可是自然权利的本质要求，和法律认可不同，指的是在社会大众领域中，某一类自然权利得到本领域大多数人的承认、尊重及执行。

当自然权利与法定权利相冲突，自然权利在司法层面要遵从法律权利，但在社会层面，这种遵从可能需要一个过程，如上述案例中非合法的商业秘密，持有人对其享有自然状态的商业秘密权，包括持有、使用、收益、公开等，这种自然权利存续很正常，也很必须，权利人在这种权利存续过程中更多地关注自身的权利部分，而忽视了其应尽的义务，如三鹿集团的三聚氰胺案件，集团高层明知其供应商的奶源含有三聚氰胺，仍然冒险使用，这个秘密之所以被当作其商业秘密予以保守，一方面是经营压力所致、另一方面是利益的驱动使然，可能还有一个更重要的方面，那就是三鹿集团高层当时并没有认识到所添加的三聚氰胺会造成如此恶劣的严重后果。也就是说，三鹿集团与其奶源供应商之间的这个商业秘密一直到消费者案件爆发、国家司法部门介入而得以公开，否则会一直存续下去，而公开此秘密的后果是三鹿集团高层及其他主要负责人承担刑事责任、三鹿集团破产。假设三鹿集团添

---

❶ [英]霍布斯.利维坦[M].黎思复，黎廷弼，译.北京：商务印书馆，1985：97.
❷ [英]洛克.政府论（下篇）[M].叶启芳，瞿菊农，译.北京：商务印书馆，1996：19-20.
❸ [法]卢梭.社会契约论[M].何兆武，译.北京：商务印书馆，1982：8.

加三聚氰胺不是短时间的事情，而是一个长期持续的非法行为，起初因为添加量小而没有立即产生严重后果，而后因为奶源不足增量添加三聚氰胺导致案发，当初三鹿集团因为添加三聚氰胺而产生的经营收益，早已经被用作其他用途，包括职工工资、商事主体发展、偿还银行贷款、支付供应商欠款等，真实情况也是如此，被三鹿奶粉伤害的众多患儿，其中很多至今因为三鹿的破产而没有得到赔偿。如果三鹿集团及其奶源供应商对此商业秘密没有商业秘密权，那么因为添加三聚氰胺而产生的所有相关商事主体收益都应收缴，事实是随着三鹿的破产，不但无法收缴，更无法向广大患儿合理赔偿。由此，不能不说商业秘密权即使其所对应的是非法商业秘密，在一定时间和区域范围内，也是事实地享受了自然状态的现实法律保护，尽管这种自然状态的保护与法益严重冲突，而最终只能因为法律无法完全追究而默认其自然存在，这就是商业秘密权所针对的商业秘密的自然权属性，这和上面所讲的法定商业秘密权有本质区别。

所以，商业秘密是保证商事主体基础合法权益的关键，如同个人隐私是自然人人格尊严。商业秘密权是商业秘密的主要价值渊源，是对商业秘密的权利归属的认定依据。

二、商业秘密权性质

论述商业秘密权的性质，需要先正确认识商号权的问题。

（一）商号权及其商业秘密性

对商号的内涵有以下观点：一是《德国商法典》中"商事主体名称"的同义词；二是我国台湾地区为代表的"商业主体"的同义语；三是美国法中的商业名称的同义词，包含商业主体名称和产品名称等；四是狭义的商号，与字号同义，指的是商业主体中的核心词。学者中比较典型的观点，如姚新华教授认为，商号与商业名称不是同一概念[1]，程合红认可商号与商业名称同义，但不同意商品名称作为商号使用等。[2]

---

[1] 姚新华. 论商号权[J]. 政法论坛（中国政法大学学报），1994（1）.

[2] 程合红. 商事人格权论：人格权的经济利益内涵及其实现与保护[M]. 北京：中国人民大学出版社，2002：64.

无论哪种观点，都有一个共同点，即商号是所有商事主体都具备的而不是部分商事主体所独占。本书认同商号是一个相对概括的概念，可能是字号（如海尔）、商业名称（如山东富友有限公司）、产品名称（如王致和臭豆腐）、行业或社会约定流传的商事主体简称（如佳宝牛奶、山东富友）等。同时每个商事主体对其商号都拥有商号权，这种商号权也包含商号背后的特定寓意。每一个商事主体的商号背后都有特定的含义，如三鹿集团的"三鹿"商号背后的寓意：逐鹿中原为一鹿、占领全国为二鹿、走向国际为三鹿。从一定意义上而言，商号背后的特定含义，也构成了商事主体的商业秘密，只是有的商事主体将此含义作为商事主体宣传公布于众，商业秘密消失，有的商事主体并没有公布商号背后的特定含义，我们可以认为商业秘密一直存在。

（二）商号权与商业秘密权的共同点

商号权和商业秘密权，同是商事主体的无形财产，具有很强的经济意义，同时具有很强的人身附属性，即不同的商事主体，虽然拥有不同的商号权与商业秘密权，但作为一种权利，商号权和商业秘密权都存在于同一个商事主体之中。商号权和商业秘密权目前从学术角度讨论得多，在法律上的界定并不明确。我国目前尚没有一部法律对商号权与商业秘密权进行明确的界定，因此在学术界引发的讨论众多。无论如何讨论和研究，商号权和商业秘密权存续于所有的商主体，这一点是毋庸置疑的，这一特质可以为二者的法律性质定性奠定基础。

（三）商业秘密权的性质

关于商业秘密权的性质，目前学术观点有人格权、财产权、知识产权的争论。

一般的传统观点认为，人格权和财产权是两种截然不同的权利，但目前这种观点已经逐渐发生变化，一种趋向是包含性融合：人格权与财产权融合成新的财产权，或人格权与财产权交汇成新的人格权；一种趋向是派生性融合：人格权与财产权融合成新型知识产权，或人格权与财产权融合成商事人格权等新型民事权利。

知识产权的观点之所以流行，其原因在于知识产权的范围和内容截至目前尚未有完全权威的最终定论。知识产权英文 Intellectual Property 的来源内涵中，Property 及德文中 Eigentum，本意就是"财产权"，并不是人身权与财产权的组合统一。❶

对商业秘密研究，世界各国，大多侧重从财产权角度进行。我国学术界对商业秘密的性质认识较为一致，将其作为一种无形财产权看待，并将其纳入知识产权的范畴，这和世界范围对商业秘密性质认识差异性较大的现状不同。其实商业秘密本身的特殊性，决定了不能将其简单归为财产权或知识产权。学理上有财产说、契约义务说、信任关系说三种学说。有的学者认为商业秘密是商事人格权的客体，兼具财产权和人格利益双重属性，主张并不是所有的商业秘密都缺失人格属性，在经营信息的层面上还是有很多秘密信息具有人格属性的，应该将其作为商事人格权的客体而不作为知识产权的客体对待。❷

在此基础上，关于商业秘密权属性又有两个不同的观点：

一个是认为界定权利属性的对象应该是商业秘密权而不是商业秘密，如同我们可以说专利权是一种知识产权而不能说专利是一种知识产权一样，专利只是知识产权之一专利权的客体而已。

另一个是商业秘密权不论针对技术信息还是经营信息的权利，均同时兼具人格利益与财产权双重属性。作为一个具体的权利，必须有特定的权利主体相对应，无主体无权利。即使有的商业秘密权享有人可能不止一个，也是有特定的权利主体对应特定的人格利益。当然，基于传统民法理论认为的人格利益与主体紧密相连、不可分割，在市场经济条件下，人格利益财产化是必然的，例如名人的姓名权与肖像权中的使用权、收益权等，但这并不意味着财产化的人格权就不是人格权，只是随着社会的发展，原先仅仅依附于特定主体的人格权内涵得到了一定程度的外延，更好地完善了人格权的基本内涵，使法律更适应社会的发展与人性的完善。但是这种观点面临的最大问题是一旦商业秘密消失，那么商业秘密权也消失，但是商事主体还存在，这和

---

❶ 郑成思. 知识产权论 [M]. 北京：法律出版社，1998：73.
❷ 程合红. 商事人格权论：人格权的经济利益内涵及其实现与保护 [M]. 北京：中国人民大学出版社，2002：47.

一般人格权与人身坚定的依附性有本质区别，所以这也许是目前世界范围内法律文件中将其归入知识产权的一个重要原因。

当然，商业秘密权和商号一样，作为我国学术界通说认可的一种权利，可以考虑将其作为商事人格权看待，而不将其作为知识产权简单归类。知识产权中，无论专利权、著作权、商标权等，都是公开的、具有明确的保护期限，权利人丧失权利的标志是超过法定保护期，在此期间内，受法律强制性保护，而商业秘密权则是在一定范围内隐秘的、只要不泄密即可无限期拥有的一种权利。由于本书是以商事主体商业秘密保护实务为论述重点，因此，这种观点争议仅作阐述，本书按照目前法律规定和学界通说，仍以知识产权属性来论述商业秘密权相关问题。

研究商业秘密，应该对上述商业秘密的基本内涵、构成要件、商业秘密权等基础问题有清晰的定位，才能更好地对商业秘密问题进行更加完善的立法并更好地加以保护。

三、纵深思考1：以客户信息为核心的商业秘密权基本要素的认定标准

如果从知识产权的视角来界定商业秘密权，那么它和专利权、商标权、版权一样，也需要从权利主体、权利客体和权利内容三个方面来分析。

就权利主体而言，是和义务主体相对应的。曾有学者认为商业秘密权是绝对权，因为它和所有权一样，权利主体特定而义务主体不特定。[1]我们认为这种观点有待商榷：传统上权利的分类中，按照权利义务主体是否特定为标准分为绝对权和相对权，但是这种分类本身就太过绝对，绝对权是权利主体特定而义务主体不特定，相对权是权利主体和义务主体都特定。社会实践中存在权利主体和义务主体都不特定的权利，商业秘密权就属于这一类。商业秘密权不具有绝对排他性，这一点和一般的所有权根本不同，某一个商业秘密权主体不能排斥其他主体对相同的商业秘密享有自己的合法权利，只要这个商业秘密还具有秘密性或非公知性。从这个意义而言，同一项商业秘密

---

[1] 张耕，等.商业秘密法[M].厦门：厦门大学出版社，2012：119.

的权利主体可能知道也可能不知道其他一个或几个权利主体的存在，但不影响他们的实际权益，他们在商业秘密被公知之前永远无法知道到底此项商业秘密权有几个权利主体，他只是其中之一而已，因此说商业秘密权的权利主体与义务主体都不是特定的，但不影响在特定的区域范围内和一定的权利义务主体间的商业秘密的存续。

（一）问题导入

客户信息作为一般商事主体最重要和最普遍的经营信息，对商事主体的发展具有至关重要的意义，符合什么样的标准才能认定客户名单成为商事主体的法定商业秘密客体？前雇主作为商业秘密的客户名单被雇员非法使用但未泄密造成公开，前雇主可以有哪些权利与义务？雇员应该承担什么样的责任？因为举证不力应该承担的不利法律后果重点有哪些？

（二）前雇员恶意使用前雇主客户信息侵犯商业秘密案

1. 案件名称与案由

朋福软件股份有限公司上海分公司诉上海名佑商事主体管理咨询有限公司等擅自使用他人商事主体名称及侵犯商业秘密等纠纷案。[1]

2. 基本案情

原告：朋福软件股份有限公司上海分公司。

被告：上海名佑商事主体管理咨询有限公司（以下简称名佑公司）。

被告：张某。

原告朋福软件股份有限公司上海分公司的诉讼请求、事实和理由：

被告张某与被告名佑公司恶意利用原告客户名单从事经营活动，构成不正当竞争，侵犯了原告的商业秘密。理由如下：

自1997年9月开始被告张某在原告处负责技术工作，双方于2001年6月27日签订《知识产权及商业秘密保密协议》，并于2004年7月1日签订补充协议，约定客户名单是原告的商业秘密，被告张某在职及离职后应保守此商业秘密，不得将其泄露给任何其他第三方，直到这些商业秘密信息在本行业被公知为止。同时被告张某在未经原告同意的情况下亦不得利用原告的

---

[1] 案件来源：（2008）沪一中民五（知）初字第5号。

商业秘密进行生产和经营,一旦违约,应该承担一次性向原告支付其年收入2倍的违约金并赔偿原告经济损失等违约责任。

2007年7月13日,被告张某从原告处办理了离职手续,在离职保证书中承诺已将含有公司商业秘密的所有文档、磁盘、照片及其他不同媒介形式的资料全部交还给了原告,否则被告张某愿意承担一切责任,并赔偿原告因此受到的全部经济损失。后经原告调查取证发现,被告张某其实早在离职前就成立了被告名佑公司,经营范围包括计算机网络工程、计算机与网络领域的技术咨询、服务及开发等。

2007年8月下旬开始,原告陆续收到有原告标志的信封邮寄的退回信件共计83封,信件内均有关于被告名佑公司的宣传材料,经原告派人到合作的邮局查询,发现类似的已寄出信件达611封。从信件的内容及信件的封面特点可以综合判断,这些信件均为被告张某代表被告名佑公司所寄,两被告擅自使用了原告特有标志的信封包装,并且在其宣传材料内使用原告特有的"朋福"字号,构成对原告的不正当竞争,给原告造成恶劣影响及损失。同时,被告张某在未经原告书面同意的情况下擅自利用其在原告处工作过程中掌握的客户名单,并借此为被告名佑公司提供经营帮助,违反了保密义务。

据此,原告请求判令:(1)两被告立即停止对原告的不正当竞争行为;(2)两被告收回和销毁已发出的和尚未使用的有原告标志的信封;(3)两被告在《文汇报》或《新民晚报》上刊登声明,消除影响,声明内容须经法院审定;(4)被告张某支付原告经济损失人民币279620元。

被告名佑公司、张某共同答辩:被告从未实施原告指控的不正当竞争行为,原告的诉讼请求缺乏事实和法律依据,应依法驳回。

3. 判决结果

依照《反不正当竞争法》第五条第(三)项,第九条第一款,第十条第一款第(三)项、第二款、第三款之规定,判决如下:

一、被告上海名佑商事主体管理咨询有限公司立即停止在经营活动中使用原告朋福软件股份有限公司上海分公司的信封,并在广告中作引人误解的虚假宣传,损害原告朋福软件股份有限公司上海分公司合法权益的不正当竞争行为；

二、被告上海名佑商事主体管理咨询有限公司、被告张某停止侵犯原告朋福软件股份有限公司上海分公司的商业秘密（客户名单，名单另附），直至原告的商业秘密被公开为止；

三、原告朋福软件股份有限公司上海分公司的其余诉讼请求不予支持。

本案案件受理费人民币6294元，由原告朋福软件股份有限公司上海分公司负担人民币3147元，被告上海名佑商事主体管理咨询有限公司负担人民币1573.50元，被告张某负担人民币1573.50元。

如不服本判决，可在判决书送达之日起15日内向本院递交上诉状，并按对方当事人的人数提出副本，上诉于上海市高级人民法院。

（三）法理思考

从该案原被告双方的诉求和答辩内容以及法院最终判决结果来看，问题的焦点包括：一为83封信件是否由两被告所寄；二是原告主张的611项客户信息（该案发生时还将其称为"客户名单"）是否都构成其商业秘密；三是两被告是否侵犯原告商业秘密权以及诉讼费用应该由谁承担，法律依据何在。

（1）关于焦点一：根据人民法院查明的事实显示，有人利用原告和上海市邮政局市南区局合作签署的整付零寄的合作协议，在2007年8月15日以原告的名义寄出了包括83封退信在内的611封信件。83封信件内的宣传材料主要是对"名佑商事主体朋福事业部"进行宣传，并宣称"名佑商事主体朋福事业部由原朋福分公司区域经理张某担任总监"，同时宣传材料中均留有被告张某的联系电话。综合上述两方面内容可以认定，83封信件中的行为人和受益人为两被告。

（2）关于焦点二：客户名单构成商业秘密的法定依据在《最高人民法院关于审理不正当竞争民事案件应用法律若干问题的解释》第十三条中规定得很明确："商业秘密的客户名单，一般是指客户的名称、地址、联系方式以及交易的习惯、意向、内容等构成的区别于相关公知信息的特殊客户信息，包括汇集众多客户的客户名册，以及保持长期稳定交易关系的特定客户。客户基于对职工个人的信赖而与职工所在单位进行市场交易，该职工离职后，能够证明客户自愿选择与自己或者其新单位进行市场交易的，应当认定没有采用不正当手段，但职工与原单位另有约定的除外。"这条规定说明客户名单成为商业秘密的基本条件：从积极方面说，客户名单不是简单的客户名称和联系电话，而是包含了客户业务所需要的特有内容的特殊客户信息，这些特殊客户信息是商业秘密权利人投入了一定的人力、物力或财力等建立起来，能够彼此保持长期稳定交易关系，能持续为商事主体发展提供效益支持的特定对象，排除偶发性的或不需要付出一定特别代价即获得的，以及其他非正常客户名单；从消极方面说，客户名单作为商业秘密不能抗辩客户自愿与离职职工所在单位进行交易的情况，除非双方另有约定。

由上述法律规定来分析该案原告主张的611家客户名单，根据人民法院查明的庭审事实和原告举证实际情况显示：原告提供了所属的"朋福客户数据库系统"中78家有业务往来的商事主体对应情况，经过庭审进一步确认发现，其中有22家商事主体为原告的流失客户，有2家商事主体为原告的休眠客户，其余54家商事主体为原告的正常客户。由于流失客户和休眠客户虽然是原告曾经付出努力的客户，但由于它们都无法为原告的商事主体发展继续提供持续性效益支持服务，因此不属于原告商业秘密。其他客户名单，原告仅凭被告名佑公司寄了611封信件的事实，既未提供这些客户的具体信息，也未提供其与这些客户发生业务往来的证据，因此其主张缺乏事实和法律依据，因此只有54家客户名单符合商业秘密的"四性"，可以认定为商业秘密。这里对于"客户名单是否需要付出一定代价作为其商业秘密法定构成要件"问题，应该分开来看，有的客户名单在获取时可能没有代价，例如客户自己找来的或客户主动电话联系等，但是在客户维护时产生了一定的代价，例如商事主体为采取保密措施所付出的有形或无形代价等。这样的客户名单只要符合商业秘密"四性"，当然应该算作商业秘密。

（3）关于焦点三：两被告是否侵犯原告商业秘密权以及诉讼费用应该由谁承担，法律依据何在。通过人民法院查明的事实显示，被告张某在原告处担任技术经理期间，有机会接触原告的客户名单，其违反保密规定，将上述客户名单披露给被告名佑公司使用，应被认定为该行为违反了我国

《反不正当竞争法》第十条的规定,侵犯了原告的商业秘密。同时,人民法院查明,被告张某是被告名佑公司法定代表人,被告名佑公司在明知被告张某有上述违法行为的情况下,仍使用原告的商业秘密,擅自以原告名义向原告客户寄发宣传材料,被告名佑公司的行为当然侵犯了原告的商业秘密。

但是由于通过人民法院查明的事实表明,原告未能提供其商誉因此造成不良影响以及因此遭受其他经济损失的相关证据,因此法院无法支持其要求两被告登报声明消除影响以及赔偿损失的诉讼请求,但两被告停止侵犯原告商业秘密的诉讼请求应该得到支持。由于原告的诉讼请求没有被完全支持,因此人民法院在判决时按照原被告各自的法律责任分比例让他们承担诉讼费用。

(4)在上述三个焦点之外,还要思考商业秘密权的权利主体的特殊性。

1)商业秘密权的本质属性:该案在诉讼过程中反映出来的客户名单构成商业秘密的基本要素,同时虽然该案判决两被告停止侵犯原告的商业秘密,但是无法阻止两被告知晓这些商业秘密的现实性,只要他们不将其外泄或非法使用,就不会影响原告的商业秘密权。因此两被告在判决生效后,虽然不是这些商业秘密的权利主体,但是他们在事实上对这些商业秘密和原告一样同时也存在占有关系,只是不能使用或外泄,这和一般物的所有权是根本不同的。商业秘密权的这一独特特征,造就了商业秘密权的第三极属性,即它既不属于绝对权,也不属于相对权,而是属于权利和义务主体都可能不确定的动态权。

2)商业秘密权与权利主体是否能够分离。商业秘密权和专利权、著作权以及商标权的根本不同之处是商业秘密权为所有商事主体所必备的权利,从抽象视角看,即使某一商事主体转让或公开了它的某一项或几项商业秘密,只要这个商事主体继续存续,那么它一样要有其他的商业秘密,因此我们不能说商事主体转让了商业秘密后,商事主体就和商业秘密分离了,分离的只是某种具体形式的商业秘密而不是商业秘密这一权利本身。

3)商业秘密权的权利主体是否为所有的公民、法人或其他组织?有学者支持这种观点,并认为一般的公民个人也可以成为商业秘密权利人,对于我国《反不正当竞争法》规定的"经营者",有学者认为只要实际从事商品经营或营利性质的服务，无论是否经过工商登记注册都可以被称为"经营者"。❶ 我们认为商业秘密权与专利权、商标权以及著作权有所不同，它是商事主体在营利活动或与营利活动相关的活动中相伴而生的一项基础性的权利，从《反不正当竞争法》及相关司法解释精神来看，权利主体只能是商事主体，而不能是一般的自然人。尽管《民法总则》《民法典》明确表明我国实行民商合一的立法态度，但是在实践中民事和商事主体并不是完全一致的，商业秘密作为商事主体特有的权利更符合我国的法律实践。一般的自然人所有的个人隐私性质的权利与商业秘密权根本不同。

四、纵深思考2：侵犯商业秘密诉讼案件需要首先对商业秘密确权

商业秘密及其权利主体在我国目前没有外在的法定表现形式固定，基本都是自认的商业秘密权利人，其中有的商业秘密权利人是法律能够确认的，有的是法律直接否定的，还有的需要其他相关证据继续证明的。

因此，商业秘密诉讼案件与其他专利等知识产权诉讼案件不同，无论哪一类侵犯商业秘密案件，民事诉讼、行政诉讼或是刑事诉讼，都需要首先对商业秘密进行确权，只有对商业秘密的构成要素的确认完成，才能确定其法定权利主体、客体与内容，才能进一步审理侵犯商业秘密的情形以及相应法律责任的问题。

在某种程度上，商业秘密确权是否成功直接关系到诉讼当事人最终的诉讼结果和责任承担。

（一）问题导入

在商业秘密诉讼过程中，原告对于自己拥有商业秘密权的客体对象认知是否清晰和明确，关系到诉讼的最终胜败。与之相关的举证责任应如何围绕这个认知合理合法地进行才能更好地维护好原告的合法权益？

（二）司法鉴定过程中商业秘密的认定与证明纠纷案件

1. 案件名称与案由

华艺技术有限公司与陕西喜联知识产权司法鉴定中心、张某侵犯商业秘

---

❶ 张耕，等.商业秘密法（第二版）[M].厦门：厦门大学出版社，2012：120，127.

密纠纷案。❶

2. 基本案情

原告：华艺技术有限公司（以下简称华艺公司）

被告：陕西喜联知识产权司法鉴定中心（以下简称喜联鉴定中心）

被告：张某

原告华艺公司的诉讼请求、事实和理由：

被告喜联鉴定中心、张某依职务行为取得原告的保密文档后，未经其许可擅自将其中的保密信息泄露给与原告有诉讼纠纷的第三方中兴公司，并允许他人非法使用，侵犯了原告华艺公司的商业秘密，理由如下：

在中兴公司诉华艺公司侵犯其发明专利权纠纷案中，中兴公司申请对涉案的专利进行司法鉴定。为了证明自产的手机设备在实现其具体功能方面与中兴公司的专利方案不同，华艺公司向主审法院委托的喜联鉴定中心提交了手机充电设备类型检测流程图文档，并且特别注明："华艺机密仅用于喜联中院充电案件，未经许可不得扩散。"鉴定专家提出需就华艺公司现场提供的该产品流程图进行检测，并由张某负责拿出具体检测方案。在2013年5月20日喜联鉴定中心向华艺公司发送的附件为"充电专利检测实验测试内容（二检）"的电子邮件中，华艺公司发现"充电专利检测实验测试内容（二检）"Word文档的属性中显示有中兴公司的英文缩写"ZTE"，虽然喜联鉴定中心发送的"充电专利检测实验测试内容（二检）"中没有华艺公司提交的产品流程图，但该检测实验测试内容中将该产品流程图的核心内容进行了描述。由此可以证明被告喜联鉴定中心与被告张某将华艺公司在专利权纠纷案件中提交的流程图文档泄露给了中兴公司。

华艺公司据此请求法院判令：

（1）被告喜联鉴定中心、张某立即停止侵犯华艺公司商业秘密的行为；

（2）被告喜联鉴定中心向华艺公司赔偿损失及为制止侵权所支付的合理开支100万元。

被告喜联鉴定中心和张某共同答辩：被告发给原告华艺公司的"充电专

---

❶ 案件来源：（2014）西中民四初字第00409号。

利检测实验测试内容（二检）"方案属性里显示"ZTE"，是由于被告喜联鉴定中心预先将此方案发给了中兴公司，中兴公司复制到本公司的Word模板里修改后再发回给被告喜联鉴定中心，喜联鉴定中心最后将此方案转发给原告华艺公司，因此原告华艺公司的电脑属性里才显示"ZTE"。而且华艺公司主张产品流程图为其商业秘密，但是被告的检测实验测试方案中并未包含此流程图，因此没有侵犯原告华艺公司的商业秘密。

3. 判决结果

判决：驳回华艺公司的诉讼请求。

宣判后，华艺公司提起上诉，陕西高院经审理后判决驳回上诉，维持原判。

（三）法理思考

从该案原被告双方的诉求和答辩内容以及法院最终判决结果来看，主要涉及以下问题：一是华艺公司主张的商业秘密是什么？二是该诉讼是否应该就华艺公司主张的商业秘密进行审理并依法判决？三是本案最终的判决结果显示的启示有哪些？

关于华艺公司主张的商业秘密内容及是否应该依法审理方面。该案原告华艺公司主张两被告侵犯其商业秘密"手机充电设备类型检测流程图文档"，并且本商业秘密是通过被告发给原告华艺公司的"充电专利检测实验测试内容（二检）"方案进行泄露的。那么人民法院需要审理的首先是"充电专利检测实验测试内容（二检）"方案包含原告华艺公司主张的商业秘密，才能继续审理其主张是否真正构成商业秘密，但是从实际审理过程来看，"充电专利检测实验测试内容（二检）"方案并未包含"手机充电设备类型检测流程图文档"，而且根据人民法院审理过程中认定的事实来看，尽管原告华艺公司认为"充电专利检测实验测试内容（二检）"中有对"手机充电设备类型检测流程图文档"核心内容的描述，但是原告华艺公司始终没有能够明确"充电专利检测实验测试内容（二检）"中哪些内容是对"手机充电设备类型检测流程图文档"核心内容的描述。也就是说，原告华艺公司虽然主张有商业秘密被侵犯，但是其主张被侵犯的商业秘密并未在案件审理的侵犯证据中真正出现并支撑原告华艺公司的诉讼主张，这个基础依托关系的缺失，以及原告华艺公司继续举证义务的瑕疵不能补足这个缺失，造成人民法院无法审理其商业秘密的构成问题。原告商业秘密的依法认定在该案中无法实现，也就不存在后续的侵犯商业秘密的法律责任问题。该案很好地说明了原告方在诉讼过程中诉求的描述的准确程度直接影响到了其诉讼结果的成败。如果原告方不能准确描述涉案被告通过何种途径侵犯原告的何种商业秘密，就会造成诉讼过程中举证的混乱导致败诉。

该案的判决结果是驳回了华艺公司的诉讼请求。从该案最终判决结果分析，我们可以得出以下结论：

第一，诉讼请求要准确。这里"准确"的含义包括：知道自己希望通过这次诉讼想要达到什么目的。这一点其实华艺公司做得不错，一共有两项诉讼请求，让被告停止侵权并赔偿损失。

第二，要看自己的证据是否能够与诉讼请求相对应，起到有效支撑的作用。诉讼中有准确的诉讼请求还只是最基础的一步，说明找对了方向，但最重要的在证据方面是否能有效支持这些诉讼请求。如果二者之间产生了错位，那么诉讼结果一定不乐观。该案中华艺公司要主张被告侵犯商业秘密，就需要举证自己的商业秘密是什么，对方通过一定的途径未经权利人许可将权利人的商业秘密泄露了；如果还要被告赔偿损失，那么原告还需要举证自己确实因此遭受了经济损失。然而在该案中，华艺公司确实举证了，对于自己的商业秘密是什么以及被告泄露自己商业秘密的方式和载体等都提供了证据，但是华艺公司提供的证明自己商业秘密载体的证据并没有出现在其提出的被告泄密方式和载体中，也就是华艺公司无法证明被告泄露了自己的商业秘密（且不论商业秘密是否真实存在），被告发送的检测方案没有出现华艺公司提出的商业秘密载体，而且华艺公司也没能很好说明被告的检测方案中是如何将其商业秘密转化为检测方案的核心内容的，更无法指出这些核心内容在哪里，因此原告的诉讼请求和被告的行为成为两条平行线，不存在任何交叉，当然不存在继续审理是否侵权的必要。至于华艺公司主张的100万元损失问题，一是没有提供相应证据支持，二是失去被侵犯的基础，所以在法律上被否定，由此产生的诉讼费、律师费等都由华艺公司自行承担。可以说在该案中，华艺公司输在了举证错位上。

第三，原告华艺公司准确的举证原则是：一是要明确自己的秘密点，有别于该案中华艺公司提出的商业秘密是一个流程图文档，华艺公司可以将这个流程图文档再细分成不同的秘密点，对比被告发送的检测方案，是否包含流程图中的秘密点，只要有一个以上秘密点相同或相似，因为被告之前接到了原告的流程图文档，符合"接触＋相同或相似"原则。二是对自己的损失做出准确合理的预估，一切损失都应建立在证据充分的基础上，原告缺乏证据支撑的损失额，最终导致只能自己承担相应的诉讼费，造成额外不必要的损害。

第四，华艺公司是目前我国信息技术领域的龙头商事主体，这样的大商事主体在商业秘密纠纷案件中尚且不能做到充分、准确、合理举证以致败诉，其他中小商事主体可想而知更不乐观。这种现状其实是我国商业秘密立法分散、简单不充分等法律现实所对应的结果，尽管一个案例不能说明全局，但是如果商业秘密统一立法完成，法律规范比较完善，举证义务与责任规定明确，相信商事主体律师也好，商事主体也好，会更好地掌握法律的武器去维护好自己的合法权益。

第二节 商业秘密相关合同

一、劳动合同性质商业秘密保护合同

劳动合同性质商业秘密保护合同主要包括保密合同和竞业限制合同。

（一）保密协议

1. 拓展合同

（1）案情介绍。

甲方与乙方签订了如下保密合同。

根据《反不正当竞争法》第十条及国家颁布的有关知识产权法律、劳动法律、法规，甲乙双方本着公平、合理和诚实信用的原则，经过双方协商就以下条款达成一致意见。

第一条 保密的内容和范围

本合同所指的保密内容以甲方确定的商业秘密范围为依据，具体包括：技术秘密与经营秘密。

技术秘密包括但不限于：技术方案、主要设备的配制和性能、工程设计、电脑设计、制造方法、配方、工艺流程、技术指标、计算机软件、试验结果、图纸、样品、模型、模具、操作手册、技术文档、相应的传真、函电等。

经营秘密包括但不限于：客户名单、销售渠道与网络、采购资料、定价政策、财务资料、进货渠道、质量控制资料及生产操作指南。

第二条 保密期限

保密期限为劳动合同有效期内和乙方离开甲方以后3年内。

第三条 双方的义务

甲方的义务：应当制定商业秘密保密管理制度，确定保密期限；应当定期审查商业秘密的保密管理制度和保密期限，若有变更，应及时通知乙方。

乙方的义务：应当严格遵守公司商业秘密保密管理制度，不得获取与本职工作或本身业务无关的秘密信息，不得泄露（包括口头与书面）甲方的任何商业秘密；非经甲方书面同意，不得利用甲方商业秘密进行生产与经营活动，不得利用商业秘密进行新研究与开发，在合同期内，不得在外兼职使用甲方的商业秘密；如发现商业秘密被泄露或自己过失泄露秘密的，应当采取有效措施防止泄密进一步扩大，并及时告知甲方；无论是在职还是离职，不得以任何方式泄露甲方商业秘密；乙方承诺，在离开甲方三年内，不到生产同类产品或经营同类业务具有竞争关系的单位任职，也不生产与甲方有竞争关系的同类产品或经营同类业务；保证在到甲方以前的单位未承担任何保密义务和竞业限制义务，在现单位所使用的知识技能与原单位无关。

第四条 违约责任

乙方不履行第三条所列任何一项义务的，由乙方承担违约责任，应当一次性支付甲方违约金，违约金以乙方年工资的70%计算；如果乙方不履行第三条第五项的义务，侵犯甲方商业秘密，甲方有权要求乙方支付年保密费15倍的违约金，造成甲方经济损失的，应予赔偿；乙方违反本协议，甲方取消乙方本年度奖金及要求乙方支付年保密费20倍的违约金，并有权解除与乙方的劳动聘用合同。

第五条 因本合同引起的纠纷，如果协商不成，任何一方均有权提起诉讼。

第六条 本合同自双方签字或盖章完成之日起生效。

甲方（盖章）： 乙方（签名）：

法人代表（签名）： 身份证号码：

签订日期： 年 月 日 签订日期： 年 月 日

（2）案例问题。

第一，如果乙方作为甲方公司员工，在职期间违反了该保密合同，甲方公司是否有权利要求乙方承担年工资的70%的违约金及年保密费20倍的违约金？

第二，如果乙方离职后第三年到与甲方公司生产同类产品或经营同类业务具有竞争关系的单位任职，或经营与甲方公司有竞争关系的同类产品或经营同类业务，甲方公司是否有权利要求乙方承担支付年保密费15倍的违约金？

第三，该保密合同是否有需要修改或完善之处？

第四，本案中如果不能追究违约金，乙方确实泄密了，如何保障甲方公司合法利益？

2. 保密合同的要点把握

（1）明确基本概念。

劳动合同性质的保密合同是指协议当事人之间就一方告知另一方的、书面或口头的、属于一方当事人商业秘密的商业信息，约定另一方不得向其他任何第三方以任何形式泄露该信息而签订的协议。

（2）保密合同不以支付保密津贴为对价。

很多人都有一个误区，认为法律里有"权利义务相一致原则"，要求员工承担保密义务，就必须向员工支付保密津贴。这种误解往往导致一些员工在没有取得公司支付保密津贴的情况下，想当然地认为自己不承担保密义务。

商业秘密和其他知识产权一样，是一项绝对权。在我国所有的法律条文中，只规定了接触商业秘密的人有保守他人商业秘密的义务，而没有要求对保守商业秘密支付费用的规定。

根据法律的基本理论，义务的来源要么是法律的明文规定，要么是合同约定。在我国法律没有规定，当事人也没有约定支付保密费用的前提下，任何要求公司支付保密津贴的行为是缺乏法律依据的，保守公司的商业秘密的义务是单方义务，不是双方义务。

现在有些单位愿意对员工支付保密津贴，因为这对公司也会有一些好处：首先，可以提高员工保密的自觉性；其次，如果员工违反保密协议，公司举证责任降低，员工的违约行为更加容易被法院确认。

（3）保密义务不以保密合同为前提。

《最高人民法院关于审理侵犯商业秘密民事案件适用法律若干问题的规定》第十条规定了保密义务类别："当事人根据法律规定或者合同约定所承担的保密义务，人民法院应当认定属于反不正当竞争法第九条第一款所称的保密义务。"保密义务确定标准：保密义务源自我们法律的诚实信用原则，也就是权利人在实施商业秘密的过程中，如果不可避免地使他人接触到自己的商业秘密，即使没有保密协议，接触者也具有保密义务。

因此，保密义务的确定需要具备三个前提条件：接触到商业秘密，了解商业秘密的内容；明知要保密；保密义务要针对具体人、具体事。一旦具备这三个条件，接触者就应该根据诚实信用原则履行保密义务，以保护权利人的权利。《最高人民法院关于审理侵犯商业秘密民事案件适用法律若干问题的规定》第十条也规定了当事人未在合同中约定保密义务，但根据诚信原则以及合同的性质、目的、缔约过程、交易习惯等，被诉侵权人知道或者应当知道其获取的信息属于权利人的商业秘密的，人民法院应当认定被诉侵权人对其获取的商业秘密承担保密义务。

（4）违反保密义务是否需要支付违约金，应视不同情形而定。

1）现行法律规定。

《劳动合同法》第二十二条规定了服务期："用人单位为劳动者提供专项

培训费用，对其进行专业技术培训的，可以与该劳动者订立协议，约定服务期。劳动者违反服务期约定的，应当按照约定向用人单位支付违约金。违约金的数额不得超过用人单位提供的培训费用。用人单位要求劳动者支付的违约金不得超过服务期尚未履行部分所应分摊的培训费用。用人单位与劳动者约定服务期的，不影响按照正常的工资调整机制提高劳动者在服务期期间的劳动报酬。"

《劳动合同法》第二十三条规定了保密义务和竞业限制："用人单位与劳动者可以在劳动合同中约定保守用人单位的商业秘密和与知识产权相关的保密事项。对负有保密义务的劳动者，用人单位可以在劳动合同或者保密协议中与劳动者约定竞业限制条款，并约定在解除或者终止劳动合同后，在竞业限制期限内按月给予劳动者经济补偿。劳动者违反竞业限制约定的，应当按照约定向用人单位支付违约金。"

《劳动合同法》第九十条规定了劳动者的赔偿责任："劳动者违反本法规定解除劳动合同，或者违反劳动合同中约定的保密义务或者竞业限制，给用人单位造成损失的，应当承担赔偿责任。"

2）结论。

第一，违反一般保密义务，劳动者不需要承担违约金。

《劳动合同法》第二十五条规定："除本法第二十二条和第二十三条规定的情形外，用人单位不得与劳动者约定由劳动者承担违约金。"

第二，保密协议中约定违约金，属于无效条款。

第三，在用人单位举证劳动者泄密，且属于用人单位的商业秘密情况下，劳动者应赔偿相应损失。

（5）保密义务的期限问题。

1）现行法律规定。

《劳动合同法》第二十三条规定了保密义务和竞业限制："用人单位与劳动者可以在劳动合同中约定保守用人单位的商业秘密和与知识产权相关的保密事项。对负有保密义务的劳动者，用人单位可以在劳动合同或者保密协议中与劳动者约定竞业限制条款，并约定在解除或者终止劳动合同后，在竞业限制期限内按月给予劳动者经济补偿。劳动者违反竞业限制约定的，应当按照约定向用人单位支付违约金。"第二十四条规定了竞业限制的范围和期限："竞业限制的人员限于用人单位的高级管理人员、高级技术人员和其他负有保密义务的人员。竞业限制的范围、地域、期限由用人单位与劳动者约定，竞业限制的约定不得违反法律、法规的规定。在解除或者终止劳动合同后，前款规定的人员到与本单位生产或者经营同类产品、从事同类业务的有竞争关系的其他用人单位，或者自己开业生产或者经营同类产品、从事同类业务的竞业限制期限，不得超过二年。"

2）结论。

首先，一般保密协议期限由权利人自主决定或双方约定；

其次，涉及竞业限制，最长2年。

（二）竞业限制合同

1. 竞业限制合同的拓展问题

张某是某科技有限公司的高级研发工程师，2013年2月8日与公司签订了5年期限的劳动合同，月薪6000元。2016年公司要求包括张某在内的所有高级研发工程师与公司签订竞业限制合同，约定双方在劳动合同结束后连续3年内，不得到与公司生产同类产品或经营同类业务且有竞争关系的其他单位任职；并约定工资6000元中包括竞业限制补偿金3000元（或竞业限制补偿金已含在工资中，公司不再另行支付），如高级研发工程师违反竞业限制约定，双倍返还竞业限制补偿金。

2018年2月8日劳动合同到期终止，张某应聘到同行业有竞争关系的另一家科技公司任职，原公司十分不满，申请仲裁，要求马某承担违约责任。

问题：公司的主张成立吗？

2. 竞业限制合同的要点把握

（1）明确竞业限制合同的基本内涵。

竞业限制，一般是指用人单位和对负有保密义务的劳动者在劳动合同或者保密协议中与劳动者约定的、在解除或者终止劳动合同后的一定期限内，该劳动者不得到与本单位生产或者经营同类产品、从事同类业务的有竞争关系的其他用人单位，或者自己开业生产或者经营同类产品、从事同类业务，用人单位按月给予该劳动者经济补偿而签订的协议或合同条款。

按照《中华全国律师协会律师办理商业秘密法律业务操作指引》的规定，竞业限制，是指企事业单位与知悉商业秘密实质性内容的员工签订协议，约定员工在离开本单位后一定期限内不得在生产同类产品或者经营同类业务且有竞争关系或者其他利害关系的单位从事与原单位任职相同或者类似的工作，或者自行生产、经营与原单位有竞争关系的同类产品或者业务，商事主体以向员工支付一定数额的补偿金为代价，限制员工的就业范围，以防止原单位商业秘密泄露的一种预防措施。

（2）签订竞业限制合同的两个基础。

1）商事主体拥有符合法定条件的商业秘密；

2）签订竞业限制合同的人员应当是与商事主体签署劳动合同的员工。

（3）《中华人民共和国公司法》的竞业避让属于广义的竞业限制（在职竞业限制或竞业避让）。

对符合《中华人民共和国公司法》第一百四十七条至第一百四十九条规定的董事、监事、高级管理人员的竞业限制义务属于法定义务：

第一百四十七条 董事、监事、高级管理人员应当遵守法律、行政法规和公司章程，对公司负有忠实义务和勤勉义务。董事、监事、高级管理人员不得利用职权收受贿赂或者其他非法收入，不得侵占公司的财产。

第一百四十八条 董事、高级管理人员不得有下列行为：……（五）未经股东会或者股东大会同意，利用职务便利为自己或者他人谋取属于公司的商业机会，自营或者为他人经营与所任职公司同类的业务；……（八）违反对公司忠实义务的其他行为。董事、高级管理人员违反前款规定所得的收入应当归公司所有。

第一百四十九条 董事、监事、高级管理人员执行公司职务时违反法律、行政法规或者公司章程的规定，给公司造成损失的，应当承担赔偿责任。

（4）《劳动合同法》对竞业限制的限制。

原雇主的利益固然重要，但是员工的自由择业权也应该得到保护，所以，为了防止竞业限制的滥用，法律规定了竞业限制原则的运用条件，并在《劳动合同法》中作了具体规定：商事主体有商业秘密；竞业限制的时间不能太长；仅适用于负有保密义务的员工；应当给予适当合理的补偿。具体而言：

1）竞业限制的认定，要以商事主体确实有商业秘密的存在为基本前提，并按照《劳动合同法》第二十四条的规定，要求同类（包括经营同类产品或从事同类业务）且有竞争关系，只生产经营同类产品而没有竞争关系的商事主体不形成竞业限制的前提条件。

2）竞业限制的期限应当取决于商事主体的商业秘密在市场竞争中所具有的竞争优势存续的时间及雇员掌握该商业秘密的程度，一般不超过离职后2年。

3）商事主体应当给予竞业限制员工适当合理的补偿。竞业限制使员工所掌握的技能不能有效发挥，影响到员工的再次择业，收入降低在所难免，因此应当获得一定的经济补偿。《劳动合同法》第二十三条明确了竞业限制经济补偿金的给付时间应当在解除或终止劳动合同后，并且须在竞业限制期限内按月支付。

4）经济补偿金及违约金均按双方约定执行，隐含着合理的标准要求。虽然《劳动合同法》仅规定了竞业限制的范围、地域、期限由用人单位与劳动者约定，竞业限制的约定不得违反法律、法规的规定，没有规定经济补偿约定与实际支付不合理的规制措施，但是基于诚信原则、员工择业自由及补偿原则，竞业限制补偿的约定应在合法范围内达到合理要求，以保障竞业限制员工在竞业限制期间正常的生活水平。

5）竞业限制人员限于商事主体高级管理人员、高级工程师和其他有保密义务的人员。

（5）如果单位没有支付约定的经济补偿金，是否就可以当然地不遵守竞业限制协议，主张协议无效？

司法实务认为，法律允许商事主体与劳动者设立竞业限制合同，用双方共同的意思表示平衡双方之间的利益关系。

我国法律并未将竞业限制条款没有约定合理经济补偿金的情形明确规定为整个合同无效。经济补偿规定的本意，是对劳动者的择业权受到限制的补偿，应以被竞业限制者的生活水平是否受到影响为标准，而不应单纯以是否实际约定经济补偿与否作为合同是否有效的要件。

（三）脱密

负有保密义务的员工在离职前或转岗前都有脱密问题。目的是降低权利人商业秘密泄密的风险，并保证员工的再就业或其他在岗利益。

早在1996年，劳动部《关于企业职工流动若干问题的通知》第二点就规定："用人单位与掌握商业秘密的职工在劳动合同中约定保守商业秘密有关事项时，可以约定在劳动合同终止前或该职工提出解除劳动合同后的一定时间内（不超过六个月），调整其工作岗位，变更劳动合同中相关内容。"上述通知将劳动合同期满员工或离职员工的脱密问题与竞业限制并列规定，说明脱密和竞业限制可以作为商事主体的可选项或并选项。职工的上述通知没有就劳动合同履行过程中的正常转岗的脱密问题进行专门规制，不过从商业秘密保护视角，职工正常转岗时，如有必要，商事主体经过评估，也可以在必要之时进行脱密工作。

二、一般民商事合同性质商业秘密保护合同

（一）一般民商事合同性质的保密合同基本内涵

平等主体之间签订的相关保密合同属于一般民商事合同性质。如《民法典》第八百六十八条规定："技术秘密转让合同的让与人和技术秘密使用许可合同的许可人应当按照约定提供技术资料，进行技术指导，保证技术的实用性、可靠性，承担保密义务。前款规定的保密义务，不限制许可人申请专利，但是当事人另有约定的除外。"

一般民商事合同性质商业秘密保护合同的相关条款主要包括：商业秘密的范围、附着物的返还、双方权利义务、违约金或损失赔偿的约定和计算、争议解决方法、术语解释等。

（二）典型合同——技术秘密合同（开发、转让、使用许可）

1. 技术秘密合同基本内涵

技术秘密合同属于技术合同的一类。技术合同是申请人就技术开发、转让、许可、咨询或者服务订立的确立相互之间权利和义务的合同。

2. 拓展思考❶

A 委托 B 合作开发区块链商业应用技术，开发周期 3 个月，开发报酬 28 万元，技术使用权归属于 A，基于该项技术产生的算法、数据应用等技术秘密归属权、转让权没有约定。

问题：

（1）B 是否有转让权和所有权？

（2）双方对该技术后续改进权益没有约定，B 是否有权独自享有？

（3）后续改进的技术成果的分享办法。

三、课程思政拓展：诚信义务及其相关责任

（一）拓展 1：合作伙伴侵犯商业秘密的法律责任

在商事主体运营过程中，商业秘密被侵犯的法律风险来自各个方面，有来自商事主体内部员工的泄密，又有来自商事主体自身的无意间泄密，还有来自离职员工的泄密，更有来自商事主体之外其他第三方的泄密。为了商事主体的顺利发展，商事主体需要将商业秘密分配给适当的员工或其他合作伙伴，同时为了能够使商业秘密不外泄，商事主体一般会通过签订保密协议等方式与掌握商业秘密的主体协议保密，但是因为商业秘密的经济实用性会不可避免地对商业秘密授权持有人产生一定的诱惑力，当这种诱惑力超出或突破了商业秘密授权持有人的控制底线，就可能发生非法泄密。

1. 问题导入

商业秘密泄密在任何一个商事主体都是大概率事件，这不仅因为商业秘密的授权持有人的个人贪欲，也不仅是因为商业秘密隐含的经济实用性所产生的竞争优势或现实利益，还因为商业秘密本身的属性就姓"商"，"商"就有"营利"和"盈利"的内涵，"营利"代表赚钱的动机和过程，"盈利"则代表赚钱的结果。相比商事主体员工泄密，来自合作伙伴的泄密更因为接近于"商"的本质而有更大的泄密可能。因此，当有来自合作伙伴的商业秘密泄密之时，商事主体应该以何种有效措施来保护自己的商业秘密呢？

---

❶ 具体可参考《民法典》技术合同一章及《最高人民法院关于审理技术合同纠纷案件适用法律若干问题的解释（2020 修正）》相关规定。

2. 合作伙伴违反保密约定侵犯商业秘密案

（1）案件名称与案由。

洪洞县向阳商贸有限公司与山西淑莹干果食品有限公司侵犯商业秘密纠纷上诉案。[1]

（2）基本案情。

上诉人（原审被告）：洪洞县向阳商贸有限公司（以下简称向阳公司）。

被上诉人（原审原告）：山西淑莹干果食品有限公司（以下简称淑莹公司）。

该案是上诉人向阳公司因侵犯商业秘密纠纷一案，不服山西省太原市中级人民法院（2005）并民初字第323号民事判决而提起的上诉程序。

上诉人向阳公司的诉讼请求、事实和理由：

上诉人要求二审法院撤销原判。主要理由包括：

1）一审程序违法，一审判决违背法定程序，应予撤销。在一审的管辖权异议中，上诉人提出了地域管辖和级别管辖两个异议，但是一审法庭在判决中，仅就其中的地域管辖作出了裁判，但没有对上诉人提出的级别管辖给予任何答复，因此，一审判决违反法定程序，应予撤销。

2）一审实体错误，一审判决没有事实和法律依据。上诉人与被上诉人客户合同行为并未完成，合同也未实际履行。一审过程中被上诉人也未能证明其与外方客户的合同不能续签是由于上诉人所造成。因此，被上诉人损失无从产生。一审判决将上诉人的行为认定侵权明显不当。同时一审判决上诉人承担被上诉人5万元赔偿款也缺乏事实和法律根据。

被上诉人淑莹公司答辩认为一审判决准确，应驳回上诉。

一审、二审共同认定的事实：

2004年9月14日，向阳公司与淑莹公司签订《承包水果出口业务的协议》，约定由向阳公司负责为淑莹公司收购、加工符合约定质量的出口级水果。协议第五条规定："外商为甲方（淑莹公司）所有。水果客户相关资料属商业秘密，乙方（向阳公司）有义务保密。承包协议终止后，不经甲方同

---

[1] 案件来源：（2006）晋民终字第00178号。

意,三年内乙方不得使用该客户。"协议第八条规定:"协议承包期限暂为一年。甲方每年收取乙方承包费用5万元整。"

荷兰 TBOT 公司为淑莹公司的长期合作客户,淑莹公司每年向 TBOT 公司出口 100—200 个货柜的苹果。在上诉人向阳公司与被上诉人淑莹公司的协议中止后,上诉人向阳公司未经被上诉人淑莹公司同意,擅自与淑莹公司的客户荷兰 TBOT 公司签订销售合同。同时为了便于顺利出口水果,该案上诉人向阳公司与山西通达包装彩印有限公司签订加工合同,将淑莹公司对荷兰 TBOT 公司出口纸箱的图样中出口商"山西淑莹"改为"山西向阳",由山西通达包装彩印有限公司印刷了纸箱。人民法院同时查明,该案被上诉人淑莹公司原总经理杨某某现在上诉人向阳公司处供职,杨某某在淑莹公司处任职时负责代表被上诉人淑莹公司与荷兰 TBOT 公司签订过水果出口的协议。

被上诉人淑莹公司在公司内部已经建立了保密制度,对职工进行了保密培训,淑莹公司在 1999 年 7 月 16 日制定的保密制度《山西淑莹干果食品有限公司内部制度规范》规定,对总经理及以下所有职员均进行了保密培训,对电脑等采取了加密等技术处理,对经营信息等商业秘密采取了保密措施。被上诉人淑莹公司对外还和向阳公司等有业务关系的单位签订了保密条款。

(3)判决结果。

一审判决:依照《反不正当竞争法》(1993)第十条第一款第三项、第二款、第二十条,《中华人民共和国民事诉讼法》第一百二十八条的规定,判决如下:

一、被告洪洞县向阳商贸有限公司在本判决生效后三年内不得利用原告山西淑莹干果食品有限公司的经营信息、销售网络销售与原告相同类的产品;

二、被告洪洞县向阳商贸有限公司在本判决生效后十日内一次性赔偿原告山西淑莹干果食品有限公司经济损失人民币 5 万元;

三、驳回原告山西淑莹干果食品有限公司的其他诉讼请求。案件受理费 7010 元,由被告洪洞县向阳商贸有限公司负担 6000 元,原告山西淑莹干果食品有限公司负担 1010 元。

二审根据《中华人民共和国民事诉讼法》第一百五十三条第一款第

(一)项之规定,判决如下:

驳回上诉,维持原判。

本案一审诉讼费用承担情况不变。二审诉讼费用7010元由上诉人洪洞县向阳商贸有限公司承担。

本判决为终审判决。

3. 法理思考

商事主体商业秘密是否应该对合作伙伴设置合理有效的界限?

该案上诉人向阳公司作为被上诉人淑莹公司的出口水果加工商,本没有机会知晓淑莹公司的客户名单这类商业秘密,因此,该案中淑莹公司的此类商业秘密是如何泄露给向阳公司,这是问题的关键,虽然案件本身没有明确交代,但我们可以作相关分析和理解。

第一种情况是被上诉人合理合法掌握被上诉人的客户名单这类商业秘密,这一点可以在案情中得到印证:在2004年9月14日双方签订的《承包水果出口业务的协议》中约定"外商为甲方(淑莹公司)所有。水果客户相关资料属商业秘密,乙方(向阳公司)有义务保密。承包协议终止后,不经甲方同意,三年内乙方不得使用该客户",说明上诉人是知晓被上诉人的客户名单的,只是要根据本协议约定保密并在协议终止后3年内不得擅自使用。如果真是这样,那么上诉人是明知故犯,应该依法承担法律责任。但在这种情况下,上诉人淑莹公司应该从该案中深刻反思,对方作为自己的水果供应商,自己只是中间商,在这种关系中,客户名单就是自己生存的关键性商业秘密,不到万不得已是不能泄露给上端客户的。即使再完善的保密协议,也无法完全有效阻止怀有非法心态的侵权人的侵犯行为,保密协议只能阻止与之签订协议的上游客户,但是一旦上游客户将此信息转卖他人或自己另外寻找代理方注册公司与被上诉人的客户发生义务关系,被上诉人根本无法阻止,所以最有效的办法是对于上诉人这样的供应商严格保密。从这个视角,该案的发生与被上诉人没有妥善保护自己的商业秘密有根本性的联系。

第二种情况是被上诉人淑莹公司没有将此商业秘密告诉上诉人,而是被上诉人原总经理杨某某现在上诉人向阳公司处供职期间泄密的,根据法院查明的事实显示杨某某在淑莹公司处任职时负责代表被上诉人淑莹公司与荷兰

TBOT 公司签订过水果出口的协议。也就是说这种情况在案件中也有交代，也有这种可能。如果在这种情况下，说明被上诉人的保密工作做得很好，其原总经理跳槽到竞争对手任职这是被上诉人无法阻止的。那么为何该案没有将杨某某列为侵犯商业秘密的责任人呢？一种情况是因为杨某某案发时是上诉人向阳公司的员工，其行为是职务行为。这种假设不能成立，因为根据法律规定，关键看杨某某是否与被上诉人签订合法的保密协议和竞业限制协议，同时他是否实际违反了这些协议并因此给被上诉人造成实际损失。从该案案情来看，杨某某与被上诉人之间只是接受了保密教育，但没有交代是否签订了保密协议和竞业限制协议。当然保密问题是员工离职后的法定义务，高级管理人员的竞业限制义务是约定义务，如果发生相关法律责任，由于竞业限制责任是我国《劳动合同法》规定的，因此，一旦发生纠纷，应以劳动仲裁为前置要件要求杨某某赔偿损失和支付违约金，和上诉人的不正当竞争责任分案进行。当然，如果被上诉人和杨某某签订了保密协议和竞业限制协议，但是没有约定合理的竞业限制补偿金或者约定的竞业限制补偿金合理但没有按时支付，那么杨某某到上诉人处任职是合法的。

无论哪种情况发生，我们认为以被上诉人为代表的商业秘密权利人应该从中很好地吸取教训：

（1）对本商事主体的商业秘密分好等级，并严格按照不同等级的知悉对象进行商业秘密的授权，其中要充分考虑到本商事主体健康发展和存续的实际需要。该案中，上诉人作为被上诉人的产品供应商，被上诉人应该将客户名单作为严禁其知晓的商业秘密范围，否则就是被上诉人严重缺乏保密意识导致的商业秘密被侵犯。

（2）对于本商事主体员工的离职和到竞争对手任职的问题。商事主体应该按照法律的规定对于需要保密的人员和竞业限制的人员有清晰的定位并分别签订保密协议和竞业限制协议，否则一旦商业秘密被侵犯，而商事主体没有依法签约或没有按约支付竞业限制补偿金，那么商事主体商业秘密即使被侵犯商事主体也无能为力。试想该案如果上诉人没有和被上诉人签订保密协议，也没有和杨某某签订保密及竞业限制协议，发生客户信息被泄密的损失是无法挽回的。

（二）拓展2：公民个人是否可以成为商业秘密权主体

商事主体等可能因为在职或离职员工，也或因外在合作伙伴的关系，导致商业秘密泄密，使商事主体成为侵犯商业秘密的受害者。在司法实践中，很多非经营实体，并不是为经营而准备的实体或个人，而是一般自然人，他们自认为拥有没有公开的商业秘密，他们是否可以成为商业秘密的适格主体并合法拥有商业秘密以及因此获取收益，成为一个研究的课题。

1. 问题导入

按照《反不正当竞争法》规定，商业秘密拥有者应该是"经营者"。正如前述，其实商业秘密的适格主体除了合法经营者之外，为合法经营而准备过程中产生的机密信息一样属于商业秘密。如果一旦有一般自然人主张商业秘密及其损失，应该如何界定此行为？

2. 一般自然人诉微软公司侵犯商业秘密案

（1）案件名称与案由。

冯某诉微软（中国）有限公司侵犯商业秘密纠纷案。[1]

（2）基本案情。

原告：冯某。

被告：微软（中国）有限公司（以下简称微软公司）。

原告冯某的诉讼请求、事实和理由：

被告微软公司侵犯了原告"关于微软拼音输入法中的错误和瑕疵及其正确的注音方法"商业秘密。理由如下：

原告将在使用电脑过程中发现的微软拼音输入法1.5版、2.0版、3.0版的诸多错误经过系统整理后形成成熟的技术成果。为完善微软拼音输入法，同时便于原告的技术成果实现其应有的经济价值，双方从2001年9月底起就原告的知识产权——关于微软拼音输入法中的错误和瑕疵及其正确的注音方法——进行交涉与谈判，其间原告分几次向被告发送传真，将原告技术成果中的35个汉字的相关信息发送给被告。后来原告又传真了10个汉字相关信息，同时作出保留权利的声明。双方多次接触后，被告同意给付报酬但是

---

[1] 案件来源：（2003）武知初字第70号。

仅"愿意参照国内大学教授做类似工作的费用"支付，原告认为不能体现原告的技术成果的经济价值，因此双方始终未能达成一致。在这种情况下，被告擅自违法使用原告的知识产权成果，即用补丁形式在网上使用原告指出的35个汉字的正确的方法（被告微软公司在文件中却只承认使用了10个汉字）修改和掩盖其错误，使其产品质量得以完善和提高。原告认为一般人无法发现微软拼音输入法的错误并提出适当的改正和完善方法，因此原告成果具有秘密性的特点，其实用价值和经济利益更是顺理成章，通过双方传真也显示原告对这些技术成果采取了应有的保密措施，因此原告的技术成果应该属于我国法律所保护的商业秘密范畴。被告微软公司在与原告谈判过程中知悉该商业秘密中的一部分并且违法使用，对原告的合法权利造成了严重损害，应当承担损害赔偿责任。为此原告请求人民法院判令微软公司承担损害赔偿责任10000元（每个字1000元），赔礼道歉并承担本案诉讼费用。

被告微软公司答辩：原告冯某的诉求没有任何事实和法律依据。微软拼音输入法由被告微软公司向社会公众公布，每个字的注音也具有社会公知性，原告冯某也因此才能知悉其中每个字的注音并对其中某些注音提出异议，所以原告所谓的技术成果不是商业秘密。此外被告微软公司与原告冯某之间不存在订立合同的意愿和具体过程，原告主张被告承担合同缔约过失责任缺乏有效法律依据。被告请求人民法院依法驳回原告的全部诉讼请求。

3. 判决结果

依据《反不正当竞争法》第十条第三款、《中华人民共和国合同法》第四十三条、《中华人民共和国民事诉讼法》第一百二十八条之规定，判决如下：

驳回原告冯某的诉讼请求。

本案案件受理费410元由冯某负担。

4. *法理思考*

该案的主要争议焦点是原告冯某的"微软拼音输入法的错误的发现和改正方法"是否构成商业秘密。至于被告微软公司是否构成缔约过失责任则是在确认原告冯某属于商业秘密权利人才有继续探讨的空间。

原告冯某用了大量的时间，查阅了大量资料，对被告微软公司公开的汉字输入法进行了错误修正，可以说付出了一定的代价。该案主审法院认为：

原告的修正工作即使工作量再大，也是简单的智力活动，没有任何创造性的智力劳动。尽管原告冯某诉称其已掌握微软拼音输入法错误的规律性，但是原告冯某并未对此进一步举证。商业秘密应该具有一定的新颖性和创造性，并且与已有的智力成果相比，必须具有一定的进步性，不是本专业的一般技术人员不经研究就能够得出，也不是借助简单的推理和实验即可必然获得。因此，原告冯某主张的商业秘密不成立。

我们认为，该案的判决结果没有问题，但是判决的理由有值得商榷之处。主审法院认为商业秘密应该具有一定的新颖性，应该比已有的智力成果进步，并以此否定原告冯某的"关于微软拼音输入法中的错误和瑕疵及其正确的注音方法"不具有新颖性，不属于技术信息，只是简单的智力劳动，这是值得商榷的。

商业秘密与专利不同，专利的特征中必须包含"新颖性"，以此突出专利技术的先进性。但是商业秘密的独特之处在于它属于所有商事主体的必备要素，既然每一个商事主体都有商业秘密，那么这些商业秘密也就存在同类与不同类的问题，也存在同类之间新颖性强弱甚至没有新颖性的问题，但是这些都不影响商业秘密的有效构成。商事主体的商业秘密按照其功能分，可以分为积极性的商业秘密和消极性的商业秘密。积极性的商业秘密指的是对于商事主体经营发展起到直接促进作用的秘密信息，商事主体利用这些商业秘密可以创造出自己的效益，保证自身的良性发展；消极性的商业秘密指的是虽然对于商事主体的经营发展不能起到直接促进作用，也就是说这类商业秘密对于商事主体本身而言因为有更先进的秘密信息在发挥作用而显得没有直接营利的价值，但是其存在可以有效阻止其他同类商事主体在产品属性、市场占有率以及经济效益方面对商事主体本身造成威胁，为其经营发展提供防御任务。因此，新颖性并不是商业秘密的特有属性，有的商业秘密可能有新颖性，但有的商业秘密不具有新颖性一样可以成为商事主体经营发展的强大武器，尤其对于那些非技术信息的商业秘密，例如客户名单、薪酬制度等经营信息，不同的商事主体各有不同，无所谓新颖性问题，但都是每个商事主体的必备商业秘密。

那么去掉新颖性和先进性这个前提，该案中原告冯某对其主张的"微软拼音输入法的错误的发现和改正方法"不存在商业秘密权的主要依据是什么呢？

如前所述，商业秘密的基本前提是"商"，即有"营利"的本质和"盈利"需求。而"营利"和"盈利"只能在商事主体这一群体中才可以存在，冯某作为一般自然人，拥有的秘密可以纳入隐私的范畴，充其量因为有类似被告微软公司的商事主体支付一定的报酬，可以将其纳入一般民事合同交易的标的，但不是商事的范畴，因为"营利"要求一定商事主题身份在一定期间内具有相对的稳定性，而冯某则不是以"营利"作为其日常活动标准，对于"微软拼音输入法的错误的发现和改正方法"只是业余、偶发性的活动，对于其所产生的收益也只是按照一般的个人所得税的方法解决，而不涉及营业税等其他相关法律关系。

因此，该案中原告冯某败诉的直接原因是主体不适格，不符合商业秘密基本要素，因此无权就此进行诉求。

（三）拓展3：第三方恶意串通侵犯商业秘密的法律责任承担

商事主体在日常经营过程中产生的商业秘密包含技术信息和经营信息等，技术信息因为其不公示性、内容的复杂性以及短期模仿成功的低效性，所以如果不是商事主体自身员工或其他自身原因，即使被第三方意外窥见，发生泄密的概率相对较小，而经营信息在商事主体经营过程中最主要的就是非公示性，经营信息中例如客户名单等，一旦被第三方窥见，相关的核心内容随之会被第三方掌握，即使签订保密协议，在巨大经济利益的诱惑下往往使他们铤而走险，寻求各种办法去披露、使用或允许他人使用，从而获利。在这种情况下，商业秘密权利人面临着对泄密途径的查找求证以及追究对方何种法律责任的选择。

1. 问题导入

合作方通过合法途径获知商业秘密，进而通过"曲线救国"的模式将此商业秘密非法使用，给商业秘密权人造成巨额损失，在这种情况下，商业秘密权人的权利有哪些？如何选择最有利？

2. 合作方恶意串通侵犯商业秘密案

（1）案件名称与案由。

国典石油天然气集团股份有限公司等与北京新城投资管理有限公司侵犯

商业秘密纠纷上诉案。❶

（2）基本案情。

上诉人（原审被告）：国典石油天然气集团股份有限公司（以下简称国典公司）。

上诉人（原审被告）：陈某。

上诉人（原审被告）：李某。

被上诉人（原审原告）：北京新城投资管理有限公司（以下简称新城公司）。

上诉人的诉讼请求、事实和理由：

上诉人国典公司的上诉理由：新城公司主张的商业秘密不符合法定构成要件；《石油钻机销售合同》内容属于五风公司与伊朗 AHAY 公司的商业秘密，与新城公司无关；原审法院拒绝追加五风公司参加诉讼，程序上有错误。

上诉人陈某的上诉理由：陈某没有任何保密义务的约束，未损害新城公司的涉案商业秘密。

上诉人李某的上诉理由：李某、陈某二人的行为都是职务行为，不应该与国典公司承担连带责任；原审判决确定的巨额赔偿没有法律依据。

被上诉人新城公司服从原审判决。

（3）裁判结果。

一审判决内容：

北京市第二中级人民法院依照《反不正当竞争法》第二条第一款、第二款，第十条第一款第（三）项、第三款，《最高人民法院关于审理不正当竞争民事案件应用法律若干问题的解释》第十六条第一款之规定，判决：

一、国典公司、陈某、李某立即停止侵犯新城公司涉案商业秘密的行为；

二、国典公司、陈某、李某共同赔偿新城公司经济损失 43504470.4 元以及诉讼合理支出 40 万元；

三、驳回新城公司的其他诉讼请求。

---

❶ 案件来源：(2015)高民（知）终字第 22 号。根据问题论述的需要，作者将案例内容作了概括和删减。

二审判决内容：

原审判决部分认定事实认定错误，应予改判。国典公司、陈某、李某的部分上诉主张成立，法院予以支持。依照《反不正当竞争法》第十条第一款第（三）项、第二款、第三款、第二十条，《最高人民法院关于审理不正当竞争民事案件应用法律若干问题的解释》第九条第一款、第十条、第十一条第一款、第十六条第一款，2012年修订的《中华人民共和国民事诉讼法》第一百七十条第一款第（二）项之规定，判决如下：

一、撤销北京市第二中级人民法院（2014）二中民（知）初字第7791号民事判决；

二、国典石油天然气集团股份有限公司、李某于本判决生效之日起十日内共同赔偿北京新城投资管理有限公司经济损失2256万元以及诉讼合理支出10万元；

三、驳回北京新城投资管理有限公司的其他诉讼请求。

如果未按本判决指定的期间履行给付金钱义务，应当依照《中华人民共和国民事诉讼法》第二百五十三条之规定，加倍支付迟延履行期间的债务利息。

一审案件受理费261572.35元，由北京新城投资管理有限公司负担10万元（已缴纳），由国典石油天然气集团股份有限公司、李某共同负担161572.35元（于本判决生效后七日内缴纳）；二审案件受理费261572.35元，由北京新城投资管理有限公司负担10万元（于本判决生效后七日内缴纳），由国典石油天然气集团股份有限公司、李某共同负担161572.35元（已缴纳）。

本判决为终审判决。

3. 法理思考

（1）该案一审、二审的关键性焦点。

该案的焦点在于新城公司主张的外商在国内购买钻机的经营信息是否构成新城公司的商业秘密、三上诉人的涉案行为是否侵犯了新城公司的商业秘密、原审判决确定的民事责任是否于法有据。三个焦点的基础就是第一个，只有新城公司主张的商业秘密成立才存在后面两个焦点的进一步审理。

该案的复杂性在于最终和伊朗 AHAY 公司签署钻机购买协议并履行完毕的国典公司,而并非新城公司提供居间服务的五凤公司,新城公司需要证明五凤公司非法披露商业秘密给国典公司、国典公司有接触此商业秘密并非法使用的事实。

这些事实在二审法院认定的事实中得到了印证。

1)二审法院首先查明了新城公司商业秘密的产生过程:

一是新城公司经营信息的获得:2007 年 9 月 29 日,伊朗 AHAY 向新城公司伊朗代表处的马某辉发出主题为"访问中国"的函("访问中国函"),载明了要到中国查看生产 1000HP、1500HP 及 2000HP 钻机的制造厂,并请新城公司安排落实。同月,具有外交部授予的外事权的中国船舶重工集团公司向伊朗 AHAY 代表团发出邀请函。这个过程证明新城公司是伊朗 AHAY 在中国购买钻机的居间人。

二是新城公司居间五凤公司签订相关协议的过程:2007 年 11 月 15 日,五凤公司在新城公司居间下与伊朗 AHAY 在北京宁夏大厦签订《石油钻机销售合同》和《谅解备忘录》。该《石油钻机销售合同》涉及型号 2000HP 的石油钻机二台。《谅解备忘录》载明伊朗石油勘探作业公司将从五凤公司另购 8 台 2000HP 钻机(ZJ70DE)。李某作为五凤公司的签约代表参加了合作签约仪式,新城公司总经理张某忠及国典公司总裁陈某参加了合作签字仪式。同日,作为甲方的五凤公司与作为乙方的新城公司签订《协议书》,约定:新城公司利用自身与伊朗政府及其他中东国家的关系优势为五凤公司协调与外方公司签订成套石油钻机设备和部件合同。若新城公司促成五凤公司同外方公司签订成套石油钻机设备和部件合同,五凤公司同意向新城公司支付合同金额 6% 的佣金。《协议书》第三条甲方的权利和义务第 3 项载明:"保守因履行本协议所获知的乙方的商业秘密。"这个过程说明在新城公司居间下,李某代表五凤公司与伊朗 AHAY 签约,国典公司总裁陈某作为见证方了解了新城公司的经营信息。并且新城公司为保密,和五凤公司签订了居间协议和保密条款,充分说明此类经营信息的秘密性、经济实用性和为此采取的保密措施。至于国典公司总裁陈某作为见证方理应为此承担保密义务。

2）二审法院同时对于国典公司与伊朗 AHAY 签约的过程进行了全面查证，形成证据链：

一是五凤公司先为协议履行设置障碍，使得协议解除：2007 年 12 月 18 日，五凤公司与伊朗 AHAY 在伊朗德黑兰签订《石油钻机销售合同》，涉及型号 2000HP 的石油钻机 6 台。2008 年 4 月 5 日，伊朗 AHAY 与五凤公司签订《解除石油钻机销售合同的协议》，即时解除了 2007 年 11 月 15 日和 2007 年 12 月 18 日签订的二份《石油钻机销售合同》。五凤公司的高明之处就是将担保函的不能按时出具作为解除合同的合法条件，顺利解除合同，这样表面看来新城公司的居间业务失败，五凤公司自认为可以免除对新城公司应该支付的佣金。

二是国典公司随后登场，接下五凤公司的业务：2008 年 5 月 11 日，伊朗 AHAY 与国典公司签订《石油钻机销售合同》，合同涉及型号 2000HP 的石油钻机 6 台，合同总金额 6720 万欧元，陈某以总裁身份在合同上代表国典公司签字。该《石油钻机销售合同》合同格式、条款设置、涉及设备型号、数量、价格等内容与伊朗 AHAY 与五凤公司签订的 2007 年 12 月 18 日《石油钻机销售合同》基本相同。国典公司认可该合同已全部履行完毕。这个过程中国典公司几乎套用了五凤公司的合同模板顺利签约并履行完毕和伊朗 AHAY 的合同，暂且不说国典公司总裁陈某曾经作为五凤公司和伊朗 AHAY 的签约见证方，但如果没有五凤公司的配合，国典公司无法顺利完成协议签约到履行。

三是查明了五凤公司签约代表李某和国典公司总裁陈某的双重身份，解开了五凤公司和国典公司共同偷梁换柱的内幕：李某目前系五凤公司破产清算组负责人。签订涉案《石油钻机销售合同》时李某系五凤公司执行董事兼总经理，同时是国典公司下属商事主体国典石油燃气技术有限公司法定代表人。此外，李某在 2007 年 10 月 10 日进行股份转让之前是国典公司的股东。陈某曾任五凤公司董事长、法定代表人。2008 年 5 月 11 日，陈某代表国典公司与伊朗 AHAY 签订《石油钻机销售合同》时合同中记载其身份为国典公司总裁。李某和陈某二人身份的特殊性决定了五凤公司和国典公司在这场商战中利益的一致性，新城公司被无情地抛弃。

3）新城公司在知悉真相后积极维权：

一是首先向侵权方发送催告函：2009年11月11日，新城公司在得知五凤公司与伊朗AHAY签订的石油钻机合同已经解除，国典公司与伊朗AHAY签订了石油钻机合同后，向国典公司、陈某和五凤公司以公证形式发出催告函，阐明侵权事项并主张侵权赔偿。2011年11月8日，新城公司向国典公司、陈某发催告函再次阐明侵权事项并主张侵权赔偿。2011年11月10日，新城公司委托律师向李某发催告函阐明侵权事项并主张侵权赔偿。这样新城公司通过两次催告函积极地表明了自己的维权态度和坚定的决心。

二是新城公司通过法律途径首次维权成功：2012年11月26日，中国国际贸易仲裁委员会就新城公司与五凤公司之间就《协议书》产生的合同纠纷作出〔2012〕中国贸仲京裁字第0687号裁决，最终裁决五凤公司按8套钻机设备合同总额的1.5%向新城公司支付佣金，金额为1338000欧元，该裁决书已执行完毕。通过这次维权，新城公司部分实现了居间合同的目的，让五凤公司为此付出了应付的代价。

（2）利益为先的商战，要预防合作伙伴的倒戈。

在该案二审审理期间，曾经委托新城公司居间的伊朗AHAY公司却为国典公司提交了不利于新城公司的新证据，即伊朗AHAY公司经过公证认证的书面宣誓证词，证词中伊朗AHAY公司否认了向新城公司发送过居间委托函。面对曾经的委托方如此证言，新城公司只能运用法律武器，认为伊朗AHAY公司与该案有重大的利害关系，其证词应当无效。

"没有永远的朋友，只有永远的利益"。因此在经营过程中，商事主体要维护好自己的商业秘密，一定不要"以义行走天下"，更重要的是做好合同约束工作和实际的保密工作，以及必要的风险预防措施，一旦发生纠纷能够拿出相应的证据支持自己的诉讼请求。

（3）关于商业秘密的泄密途径和风险防控问题，尤其要注意间接性侵犯行为。

所谓间接性侵犯行为，指不是窃密人或泄密人直接使用商业秘密进行侵害，而是将商业秘密通过主体转换的模式让与表面看来与泄密人或窃密人毫无关系的第三方。在这种情况下，商业秘密权人要去举证第三方"接触＋实质性相似或相同"是很困难的。该案如果国典公司不是因为陈某参与五凤公司的签约见证,如果不是李某和陈某二人在五凤公司和国典公司的双重身份可查,新城公司很难进行进一步取证。当然该案的举证责任分配也为新城公司提供了很大的帮助,二审法院在国典公司无法对其与伊朗 AHAY 公司在五凤公司解约后一个月内火速签约相同项目并快速执行完毕作出合理解释的时候,认定国典公司举证不力承担不利后果。

(四)拓展4:对保守商业秘密的法定性与约定性的探讨

1. 问题导入

商业秘密作为商事主体的知识产权,应该受到完善的保护才能避免被侵犯的风险。在保守商业秘密方面,出现的主体往往具有多样性,例如商事主体之间对商业秘密的保守、个人对商事主体商业秘密的保守等,主体不同,保守商业秘密的法律基础也有很大差别。保密义务对有些商业秘密权的义务人而言是一项法定义务,而对另一些商业秘密权的义务人而言是一项约定义务。

2. 违反约定保密义务引发的侵犯商业秘密案

(1)案件名称与案由。

上海万光时尚科技股份有限公司诉陈某楠等侵犯商业秘密纠纷案。❶

(2)基本案情。

原告:上海万光时尚科技股份有限公司(以下简称万光公司)。

被告:陈某楠。

被告:武某。

被告:兴隆国际贸易(北京)有限公司(以下简称兴隆公司)。

原告万光公司的诉讼请求、事实和理由:

原告万光公司专门从事提花面料的设计、研发及销售。武某与陈某楠系夫妻关系。2009年1月,万光公司与陈某楠签订《经营授权书》,任命其为北京分公司经理,负责北京地区业务开发。2009年5月,公司又与陈某楠签订《保密与竞业限制协议》,约定员工不论离职还是在职均不得对外泄露

---

❶ 案件来源:(2014)京知民初字第67号。

公司客户及工厂相关机密，不得与万光公司有合作关系的工厂及客户进行非万光合作形式的业务往来。2012年2月，万光公司与武某签订了《万光员工保密及禁止条例》，约定对公司的经营信息和技术信息负有保密义务，不得以任何形式与公司进行业务竞争。2011年9月，武某在万光公司工作期间出资成立了兴隆公司，营业范围：提花面料、针织品、服装的销售。陈某楠后来也成为该公司股东。武某与陈某楠利用曾在原告工作之机，违反约定擅自使用本属于原告的客户名单，以兴隆公司的名义与其进行提花面料、针织品的业务交易，给原告造成巨大经济损失。三被告的行为构成对原告商业秘密的侵犯。万光公司据此请求：①判令陈某楠、武某、兴隆公司停止侵权行为；②陈某楠、武某、兴隆公司共同赔偿万光时尚公司经济损失151.73万元；③陈某楠、武某、兴隆公司共同赔偿万光时尚公司因诉讼支出的合理费用34951元。

被告陈某楠答辩：万光公司不存在商业秘密。万光公司主张受保护的客户名单通过百度随时可以查询到，不构成商业秘密。陈某楠从未与万光时尚公司签订过《保密与竞业限制协议》，请求驳回原告的全部诉讼请求。

被告武某答辩：武某从未与万光公司签订《万光员工保密及禁止条例》，万光公司主张的客户信息、价格等在百度等公开渠道都可以查询到，不属于商业秘密，原告滥用诉权。请求驳回原告全部诉讼请求。

被告兴隆公司的答辩：理由同陈某楠、武某一致。

该案判决结果：

综上，依照《中华人民共和国民法通则》第一百三十条、第一百三十四条第（一）、（七）项，《反不正当竞争法》第二条、第十条第一款第（三）项、第二款、第三款之规定，判决如下：

一、陈某楠、武某、兴隆公司于本判决生效之日起，立即停止侵犯万光公司商业秘密的涉案行为。

二、陈某楠、武某、兴隆公司于本判决生效之日起十日内，共同赔偿万光公司经济损失50万元，以及因诉讼支出的合理费用2万元。

三、驳回万光公司的其他诉讼请求。

案件受理费 18771 元，由万光公司负担 5771 元（已缴纳），由陈某楠、武某、兴隆公司共同负担 13000 元（于本判决生效之日起七日内缴纳）。

3. 法理思考

（1）原告商业秘密的构成。

人民法院查明的事实确认了涉案客户名单构成原告的商业秘密：第一，原告万光公司提供的客户东方绮丽公司，虽然其名称、联系方式都可以从公开渠道查到，但对于该客户的交易习惯、合同意向、具体需求内容等信息无法从公知渠道获知，具有"不为公众所知悉"的秘密性特点。第二，从原告万光公司提供的与东方绮丽公司履行完毕的《服装面料订货合同》可以看出，万光公司长期与该客户发生业务往来，从中赚取了较大数额的提花面料加工费；另外，鉴于双方存在长期稳定的交易关系，所有合同中关于货物的交付、检验、封样方式、付款方式、违约责任等条款的约定都是一致的，说明双方之间业已存在的交易信赖和已经形成的交易习惯使交易更加简捷便利，大大节省了交易时间，也给原告万光时尚公司带来了竞争优势，这是其他一般客户不能比拟的，故原告万光公司主张的客户名单具有"能为权利人带来经济利益、具有实用性"的特点。第三，原告万光公司在经营过程中制定了《保密制度》，要求员工保守包括技术信息、经营信息在内的各项信息。万光公司还在与员工签订的《竞业限制条例》中要求员工保护本公司在经营过程中形成的商业秘密。结合原告万光公司在该案中主张的经营信息价值，与其采取的上述防护手段相适应，可以证明原告万光公司对其主张的经营信息采取了符合法律规定的保密措施。因此，客户名单上述特性决定了原告对其拥有法定的商业秘密。

（2）保密义务的法定属性与约定属性。

被告陈某楠与武某同为原告职工，并且和原告签署了《保密与竞业限制协议》。尽管两被告否定此协议上签字是其本人所签，但是经过依法鉴定，确定了签字的真实性，说明此协议的真实性，证明了两被告约定性保密义务的存在。

需要思考的问题是：商业秘密中的保密义务一定是约定的吗？还是可以约定也可以法定？如果该案两被告没有与原告签署所谓的保密与竞业限制协

议，是否依然需要承担法定的保密义务呢？除了员工和商事主体之间的保密义务，在商事主体与商事主体之间是否也存在大量的商业秘密需要保密呢？这些商业秘密是必须约定还是可以法定呢？

根据《劳动合同法》第二十三条规定："用人单位与劳动者可以在劳动合同中约定保守用人单位的商业秘密和与知识产权相关的保密事项。对负有保密义务的劳动者，用人单位可以在劳动合同或者保密协议中与劳动者约定竞业限制条款，并约定在解除或者终止劳动合同后，在竞业限制期限内按月给予劳动者经济补偿。劳动者违反竞业限制约定的，应当按照约定向用人单位支付违约金。"第九十条规定："劳动者违反本法规定解除劳动合同，或者违反劳动合同中约定的保密义务或者竞业限制，给用人单位造成损失的，应当承担赔偿责任。"

从上述法律规定可以看出，劳动者与商事主体之间的保密义务是以约定为主的，并构成双方的权利和义务。

《反不正当竞争法》第九条规定："经营者不得实施下列侵犯商业秘密的行为：（一）以盗窃、贿赂、欺诈、胁迫、电子侵入或者其他不正当手段获取权利人的商业秘密；（二）披露、使用或者允许他人使用以前项手段获取的权利人的商业秘密；（三）违反保密义务或者违反权利人有关保守商业秘密的要求，披露、使用或者允许他人使用其所掌握的商业秘密；（四）教唆、引诱、帮助他人违反保密义务或者违反权利人有关保守商业秘密的要求，获取、披露、使用或者允许他人使用权利人的商业秘密。经营者以外的其他自然人、法人和非法人组织实施前款所列违法行为的，视为侵犯商业秘密。第三人明知或者应知商业秘密权利人的员工、前员工或者其他单位、个人实施本条第一款所列违法行为，仍获取、披露、使用或者允许他人使用该商业秘密的，视为侵犯商业秘密。"这一条款说明作为经营者对其他商业秘密权人的商业秘密负有法定的保密义务。

比较上述法律规定可以发现，劳动者对商业秘密权利人的保密义务是约定的，经营者对其他商业秘密权利人的保密义务是法定的。很多人主张劳动者的保密义务也是法定的，但是目前我国法律并未将保密义务作为劳动法或劳动合同法必备的法定要求，那么如果劳动者没有和商事主体约定保密义务，就没有保密义务吗？这也不绝对。如果劳动者和商事主体签订的劳动合同中就在职期间的保密问题作了约定，但没有约定离职之后的保密义务，那么员工在职期间的保密义务是约定的，离职之后的员工依法负有保密义务，这就是隐含的、附随的法定义务，我们称之为后合同义务。但是如果劳动者与商事主体没有签订劳动合同，或者在劳动合同中没有约定保密义务，那么劳动者就不存在法定保密义务。

作为经营者保守其他商业秘密权利人的要求则是法定的，无论是否约定都应该是法定存在的。因此，笼统地说保密义务的法定性或约定性是失之偏颇的。主张所有保密义务的法定性的学者其实混淆了一般自然人主体和经营者主体的身份辨识。该案被告兴隆公作为受益方所使用的商业秘密是由被告陈某楠和武某将约定保密事项泄露后形成的。

（3）竞业限制案件的引发程序分析。

与保密义务相比较，竞业限制义务则分为法定竞业限制义务和约定竞业限制义务两大部分。法定竞业限制义务主要针对的是公司的高管等群体，例如我国《公司法》第一百四十七条规定："董事、监事、高级管理人员应当遵守法律、行政法规和公司章程，对公司负有忠实义务和勤勉义务。"同时第一百四十八条规定，董事、高级管理人员不得"违反公司章程的规定或者未经股东会、股东大会同意，与本公司订立合同或者进行交易"；"未经股东会或者股东大会同意，利用职务便利为自己或者他人谋取属于公司的商业机会，自营或者为他人经营与所任职公司同类的业务。"这些禁止自营或与他人经营与所任公司同类的业务本身即是对公司的忠实义务的体现，也是竞业限制义务的体现，因此属于法律所规定的竞业限制义务。

约定竞业限制义务则是根据劳动合同的约定为准。

在司法实践中，因为违反竞业限制义务而引发的纠纷往往面临着是先申请劳动仲裁，还是可以直接进行民事诉讼的程序问题。

《劳动和社会保障部办公厅关于劳动争议案中涉及商业秘密侵权问题的函》（劳社厅函〔1999〕69号）规定："劳动合同中如果明确约定了保守商业秘密的内容，由于劳动者未履行，造成用人单位商业秘密被侵害而发生劳动争议，当事人向劳动争议仲裁委员会申请仲裁的，仲裁委员会应当受理，并依据有关规定和劳动合同的约定作出裁决。"此函规定了违反保密义务案件应以申请劳动仲裁为前置程序。

商业秘密民事诉讼纠纷在新修订的《民事案件案由规定》中共分布在两处,其中一处是第五部分知识产权与竞争纠纷中"商业秘密合同纠纷",其下共分为四类:"(1)技术秘密让与合同纠纷;(2)技术秘密许可使用合同纠纷;(3)经营秘密让与合同纠纷;(4)经营秘密许可使用合同纠纷"。第二处是第五部分之不正当竞争纠纷中"侵害商业秘密纠纷",其下共分为两类:(1)侵害技术秘密纠纷;(2)侵害经营秘密纠纷。第六部分将竞业限制纠纷作为劳动合同纠纷案件的一类。

上述规定意味着如果以竞业限制纠纷为案由,则必须将劳动争议作为民事诉讼的前置要件。如果以侵犯商业秘密纠纷为案由,则可以直接向人民法院起诉。

在该案中,三被告的行为可以分别定性:两个自然人被告的行为属于《反不正当竞争法》第九条第三项规定的情形:"违反保密义务或者违反权利人有关保守商业秘密的要求,获取、披露、使用或者允许他人使用其所掌握的商业秘密。"第三个法人被告的行为属于《反不正当竞争法》第九条最后一款的规定范畴:"第三人明知或者应知商业秘密权利人的员工、前员工或者其他单位、个人实施本条第一款所列违法行为,获取、使用或者允许他人使用该商业秘密的,视为侵犯商业秘密。"

但是以上条款适用的基本前提是侵犯商业秘密主体的特定性:经营者。根据《反不正当竞争法》第二条规定:"本法所称的经营者,是指从事商品生产、经营或者提供服务(以下所称商品包括服务)的自然人、法人和非法人组织。"因此该案的两个自然人被告属于劳动者,不属于经营者,对他们的主张权利无法单独适用《反不正当竞争法》,只能以《劳动合同法》为依据,提起劳动争议。但是该案中第三个被告可以依法适用《反不正当竞争法》,另两个被告作为侵犯事件的引发者,可以作为该案共同被告,这是出于节约诉讼资源的考量,也是便于解决问题的考量。如果单独向两个自然人主张权利,则应以劳动争议为前置程序。

（五）拓展 5：未约定保密及竞业限制义务的法律后果

1. 问题导入

商业秘密是所有商事主体必备的知识产权。商业秘密的保护效果会直接影响商事主体的发展。大多数商事主体能够认识到自身具有商业秘密，只是在如何更好地保护商业秘密方面差异性较大，还有一部分商事主体认识不到自身的商业秘密及其重要性，因此在劳动合同及其他经营性合同方面没有体现出保守商业秘密的意识和行为，从而导致一系列不利法律后果的发生。

2. 未约定保密及竞业限制义务引发的侵犯商业秘密案

（1）案件名称与案由。

浙江味美食品有限公司与石某等商业秘密侵权纠纷上诉案。❶

（2）基本案情。

上诉人（原审原告）：浙江味美食品有限公司（以下简称味美公司）。

被上诉人（原审被告）：石某。

被上诉人（原审被告）：兰溪市味优食品有限公司（以下简称味优公司）。

上诉人味美公司的上诉请求和理由：一审法院认定事实错误。根据《反不正当竞争法》第十条第三款及国家工商行政管理局《关于禁止侵犯商业秘密行为的若干规定》第三条第二款规定，侵犯商业秘密的行为，不仅可以是违反合同约定的行为，也可以是违反要求的行为，不能因为双方的劳动合同没有书面约定，就认定上诉人没有要求被上诉人石某保守商业秘密。

被上诉人石某答辩：其与味美公司既未在劳动合同中约定保密事项，也无有关公司的规章制度对保密的要求。本案侵权事实不存在，损害结果也不存在。一审判决事实清楚，证据确凿，适用法律正确。请求二审法院维持原判，驳回味美公司的上诉。

被上诉人味优公司未作答辩。

（3）判决结果。

一审判决结果：

依照《中华人民共和国民事诉讼法》第六十四条第一款之规定，判决：

---

❶ 案件来源：（2000）浙经终字第 360 号。

驳回味美公司的诉讼请求。案件受理费15089元,由味美公司负担。

二审判决结果:

依据《中华人民共和国民事诉讼法》第一百五十三条第一款第(一)项之规定,判决如下:

驳回上诉,维持原判。

二审案件受理费15089元,由味美公司负担。

本判决为终审判决。

3. 法理思考

一般的在职员工对没有约定保密义务的客户名单是否承担保密义务?是否对任职单位承担竞业限制义务?

根据该案人民法院查明的事实显示:该案中被上诉人石某曾经是上诉人味美公司的职工,双方于1996年5月31日签订劳动合同,其中未包含保密条款。1997年被上诉人石某成为味美公司的董事,并被任命为销售一部的部长。1998年后被上诉人石某不再担任上诉人味美公司的董事。1999年9月30日,被上诉人石某与曲某共同投资设立了被上诉人味优公司,味优公司的经营范围与上诉人味美公司类似,但是味优公司产品包装袋上的标识、图案与味美公司不同。2000年1月12日,上诉人味美公司停止了被上诉人石某的销售一部部长职务,并将此变动函告了其各业务单位。

由此事实我们可以发现,被上诉人石某曾经担任过上诉人的董事,在此期间,按照我国《公司法》的规定,被上诉人石某依法应该承担竞业限制义务。但是在被上诉人石某不再担任上诉人董事之后,和他人成立与上诉人同类经营范围的公司,在法律上是不被禁止的,此时的被上诉人石某无须承担竞业限制义务。在这种情况下,上诉人味美公司如果对客户名单采取了保密措施,能够构成商业秘密,而被上诉人石某在成立自己的公司后使用了这些客户名单,是否侵犯了上诉人味美公司的商业秘密呢?

根据《反不正当竞争法》第九条规定分析,该案被上诉人石某是上诉人味美公司的职员,虽然不担任上诉人味美公司董事,但是还掌握着其客户名单。假设此客户名单是上诉人味美公司商业秘密,但是其没有和被上诉人石某签订保密协议,也不能提供要求其保密的证据,则被上诉人石某使用这些客户名单不构成侵犯上诉人味美公司的商业秘密。当然这种可能性很小，因为上诉人味美公司如果能证明客户名单是其商业秘密，必然能证明采取了合理的保密措施，其合理的程度必然包含着对被上诉人石某等员工的保密要求。该案最终的判决结果也显示了，上诉人味美公司败诉的最终原因是无法有效证明其对客户名单构成商业秘密，这意味着包括被上诉人石某等公司内外的人或单位都可以无限制地使用，均不会构成对其商业秘密的侵犯，因为商业秘密不存在。

这个案例很好地说明了保密义务的约定性和法定性的结合。当双方约定好保密义务时，以约定为准评判其行为是否侵犯保密义务；当双方没有约定保密义务时，如果商事主体通过制度等提出了对员工的保密要求，此时员工应该依法承担法定的保密义务。当然上述的约定或法定的保密要求都要有证据证明确实存在并有传达和知情的要求已经实现。

竞业限制义务在该案中没有得到判决的确认，主要是因为被上诉人石某因为身份的变化不承担法定竞业限制义务，同时双方也没有约定竞业限制义务，当然也不会有竞业限制的期限问题。

该案很好地说明了商事主体对于商业秘密的准确把握程度大小对其经营利益的影响。实践中存在反向工程、强制披露等对商业秘密的合理限制，但也存在因为商事主体对自身商业秘密认识不清而导致将本属于商业秘密范畴的信息变为非商业秘密的严重失误，该案就是一个典型的判例。

第三节　章节知识点回顾及模拟练习

一、章节应知应会知识点

基本要求：了解商业秘密的财产属性，了解商业秘密的权利自动取得，了解商业秘密的权利无时间和地域的限制，了解商业秘密与技术秘密的区别。

重点：商业秘密的财产属性，商业秘密的权利自动取得，商业秘密的权利无时间和地域的限制。

难点：商业秘密的知识产权属性。

二、本章节模拟练习

（一）单选题

保密义务属于（　　）。

A. 仅是法定义务

B. 法定义务，合法约定优先

C. 仅是约定义务

D. 法定义务，约定优先

（二）多选题

1. 保密义务的确定需要具备以下（　　）前提条件。

A. 劳动合同中制定统一的保密条款

B. 接触到商业秘密，了解商业秘密的内容

C. 明知要保密

D. 保密义务因具体人、具体事而不同

2. 如果单位没有支付约定的经济补偿金：（　　）

A. 离职员工就可以当然地不遵守竞业限制协议，主张协议无效

B. 离职员工有权选择不遵守竞业限制协议，主张协议无效。

C. 如果单位没有支付经济补偿金，雇员可以另行起诉要求其支付补偿金，而不能绝对地导致竞业限制合同无效

D. 离职员工不能当然地不遵守竞业限制协议，也不能主张协议无效

3. 当事人主张参照知识产权许可使用费的合理倍数确定赔偿数额的，人民法院可以考量下列因素对许可使用费证据进行审核认定：（　　）

A. 被许可人与许可人是否存在利害关系

B. 许可使用的权利内容、方式、范围、期限

C. 国家许可的通常标准

D. 许可使用费是否实际支付及支付方式，许可使用合同是否实际履行或者备案

4. 依据《民法典》的规定，民事主体就下列（　　）客体依法享有知

识产权：

A. 书法作品、算法、数据、计算机程序等信息

B. 发明、实用新型、外观设计

C. 商标、地理标志、商业秘密

D. 集成电路布图设计、植物新品种

5. 商业秘密权的三隐性权利包括（　　）。

A. 商业秘密权利人对商业秘密所享有的隐密信息占用权

B. 适当的商业秘密隐藏权

C. 正当的他人商业秘密使用权

D. 对他主体使用商业秘密的隐忍处分权

（三）判断题

1. 竞业限制补偿金可以在职期间按月给付或离职后一次性给付。

2. 用人单位与掌握商业秘密的职工在劳动合同中约定保守商业秘密有关事项时，可以约定在劳动合同终止前或该职工提出解除劳动合同后的一定时间内（不超过六个月），调整其工作岗位，变更劳动合同中相关内容。

3. 员工在离职竞业限制期限之后利用掌握的雇主商业秘密与原单位竞争不属于竞业禁止的范围。

4. 竞业限制期限最长不得超过三年。

（四）名词解释

1. 保密协议

2. 商业秘密权

（五）简答题

1. A 委托 B 合作开发区块链商业应用技术，开发周期 3 个月，开发报酬 28 万元，技术使用权归属于 A，基于该项技术产生的算法、数据应用等技术秘密归属权、转让权没有约定。

问题：

（1）B 是否有转让权和所有权？

（2）双方对该技术后续改进权益没有约定，B 是否有权独自享有？

2. 简述竞业限制人员的范围。

（六）论述题

1. 甲公司与工程师刘某签订了保密协议。刘某在劳动合同终止后应聘至同行业的乙公司，帮助乙公司生产出与甲公司相同技术的产品。甲公司认为保密义务理应包括竞业限制义务，刘某不得到乙公司工作，乙公司和刘某共同侵犯其商业秘密。

（1）关于此案，下列（   ）选项是正确的？

A. 如保密协议只约定保密义务，未约定支付保密费，则保密义务无约束力

B. 如双方未明确约定刘某负有竞业限制义务，则刘某有权到乙公司工作

C. 如刘某违反保密协议的要求，向乙公司披露甲公司的保密技术，则构成侵犯商业秘密

D. 如乙公司能证明其未利诱刘某披露 A 公司的保密技术，则不构成侵犯商业秘密

（2）请对上述四个选项分别进行辨析，说明你选择的具体依据和理由。

2. 保密协议与竞业禁止协议分析。

甲方：   乙方：

根据《反不正当竞争法》第十条及国家颁布的有关知识产权法律、劳动法律、法规，甲乙双方本着公平、合理和诚实信用的原则，经过双方协商就以下条款达成协议。

第一条　保密的内容和范围

本协议所指的保密内容以甲方确定的商业秘密范围为依据，具体包括：技术秘密与经营秘密。技术秘密包括但不限于：技术方案、主要设备的配制和性能、工程设计、电脑设计、制造方法、配方、工艺流程、技术指标、计算机软件、试验结果、图纸、样品、模型、模具、操作手册、技术文档、相应的传真、函电等。经营秘密包括但不限于：客户名单、销售渠道与网络、采购资料、定价政策、财务资料、进货渠道、质量控制资料及生产操作指南。保密内容及范围见附件一。

第二条　保密期限

保密期限为劳动合同有效期内和乙方离开甲方以后三年内。

第三条 双方的义务

甲方的义务：

1）应当制定商业秘密保密管理制度，确定保密期限；

2）应当定期审查商业秘密的保密管理制度和保密期限，若有变更，应及时通知乙方。

乙方的义务：

1）应当严格遵守公司商业秘密保密管理制度，不得获取与本职工作或本身业务无关的秘密信息，不得泄露（包括口头与书面）甲方的任何商业秘密。

2）非经甲方书面同意，不得利用甲方商业秘密进行生产与经营活动，不得利用商业秘密进行新研究与开发，在合同期内，不得在外兼职使用甲方的商业秘密。

3）如发现商业秘密被泄露或自己过失泄露秘密的，应当采取有效措施防止泄密进一步扩大，并及时告知甲方。

4）无论是在职还是离职，不得以任何方式泄露甲方商业秘密。

5）乙方承诺，在离开甲方三年内，不到生产同类产品或经营同类业务具有竞争关系的单位任职，也不生产与甲方有竞争关系的同类产品或经营同类业务。

6）保证在到甲方以前的单位未承担任何保密义务和竞业限制义务，在现单位所使用的知识技能与原单位无关。

第四条 违约责任

乙方不履行第三条所列任何一项义务的，由乙方承担违约责任，应当一次性支付甲方违约金，违约金以乙方年工资的70%计算；如果乙方不履行第三条第五项的义务，侵犯甲方商业秘密，甲方有权要求乙方支付年保密费15倍的违约金，造成甲方经济损失的，应予赔偿；乙方违反本协议，甲方取消乙方本年度奖金及要求乙方支付年保密费20倍的违约金，并有权解除与乙方的劳动聘用合同。

第五条 因本协议引起的纠纷，如果协商不成，任何一方均有权提起诉讼。

第六条 本协议自双方签字或盖章完成之日起生效。

甲方（盖章）： 乙方（签名）：

法人代表（签名）： 身份证号码：

签订日期： 年 月 日 签订日期： 年 月 日

问题：

（1）如果 A 作为乙方公司员工，在职期间违反了该保密协议，乙方公司是否有权利要求 A 承担年工资的 70% 的违约金及年保密费 20 倍的违约金？

（2）如果 A 离职后第三年到与乙方公司生产同类产品或经营同类业务具有竞争关系的单位任职，或与乙方公司有竞争关系的同类产品或经营同类业务，乙方公司是否有权利要求 A 承担支付年保密费 15 倍的违约金？

（3）如果 A 确实泄密了，如何保障乙方公司合法利益？

第四章　侵犯商业秘密行为的形式与审查标准

随着人工智能、互联网、大数据等新兴技术的勃兴，人才、技术、知识等的流动加剧，商业秘密被侵犯的行为日益猖獗，给企业带来了巨大的损失，甚至出现了手段隐蔽性、多样性的特点和发展趋势，严重破坏了公平竞争的市场环境。国家出台了相关的法律，对侵犯商业秘密行为的形式与审查标准进行明确的界定，为企业商业秘密提供相应的行政和刑事救济，力求实现维护市场公平竞争之目的。

第一节　商事主体商业秘密法律风险防控概述

一、商事主体商业秘密风险防控的重要性

商业秘密是企业知识产权的重要组成部分，是企业竞争优势的重要砝码，甚至关乎企业的生死存亡。根据《反不正当竞争法》的规定，商业秘密涵盖技术信息和经营信息等诸多要素，企业只要存在，就在一定程度上具有商业秘密。随着市场竞争的日益加剧，对商业秘密的保护与争夺逐步成为企业间没有硝烟的"战争"。但是与专利、商标、著作权等其他侵权案件不同，商业秘密具有很强的隐形性，很多泄密行为很难被发现，因此商业秘密维权具有一定的难度，更需要作为商业秘密源头的企业强化主体责任意识，采取事前的防范，提升企业自我保护意识和能力。据统计，侵犯商业秘密罪的案件起诉率非常低，胜诉率也不是特别高。

企业商业秘密风险时刻存在，但风险是可以通过防控措施降低发生概率的。如果商事主体风险防范意识强，就会在商业秘密保护方面的物理隔离、软隔离、制度制定与执行等方面做得比较周全，从而将商业秘密泄密风险与

侵权风险降至最低；如果商事主体负责人缺乏应有的风险防范意识或商事主体缺乏专门部门，商业秘密风险发生的概率就很高，甚至可能将商事主体拖入破产境地。可以说，商事主体商业秘密风险防控工作至关重要，关系到商事主体的生死存亡。加强企业商业秘密风险防控是维护企业合法权益的需要，是提高商业秘密法律保护整体效果的需要。

二、商事主体商业秘密风险防控的现状、误区及泄密方式

（一）风险防控现状

当前我国商事主体商业秘密风险防范工作总体特点是基础较差，处于渐进完善中，整体风险防控能力有待加强，这与商业秘密保护的社会氛围不足有很大关系，需要充分普及与推广商业秘密保护的相关理论与实务知识。2021年，山东济宁对全市企业商业秘密保护进行调研，发放调查问卷970份，收回600份，从企业规模看，涵盖大型企业47家、中小型企业462家、微型企业91家；从业务类别看，涵盖制造业企业341家、互联网科技类企业78家、生物医药类企业48家，其他133家。调查显示，54%的企业尚未对员工开展过保密培训，12%的企业不清楚自己企业商业秘密的类型；仅有22%的企业制定了商业秘密保护制度，9%的企业与员工签署了保密协议并发放保密费，41%的企业管理层及重要技术岗位员工虽然签署了竞业禁止协议，但协议条款缺乏规范性，17%的企业进行过商业秘密价值的计算；18%的企业能够做到严格限定知密范围，44%的企业对自身的商业秘密界定不清，22%的企业未设置保密管理机构或让专人负责，16%的企业未采取任何商业秘密保护措施。❶这充分说明目前很多企业商业秘密风险防控意识不强、保密协议不规范、防控措施不完善。

（二）风险防控误区

在社会实践中，企业关于商业秘密保护的认知存在一定的误区，直接影响企业的商业秘密保护程度。常见的误区主要包括以下几个方面。

（1）本企业没有商业秘密。很多企业认为，自己的企业刚成立，还处于

---

❶ 齐鲁网·闪电新闻. 为企业"护航"济宁市构建"五位一体"商业秘密保护工作格局［EB/OL］.［2022-04-18］.https://baijiahao.baidu.com/s?id=1730446309526725106.

模仿其他企业的阶段，自己根本就没有商业秘密，或者商业秘密离他们太过遥远。事实上，所有企业，不论大小都有商业秘密。商业秘密与是否高科技企业无关，与企业的规模无关。

（2）落后的东西不需要保密。大多数人认为只有高端先进的技术才涉及商业秘密，需要保护，落后的技术就不需要保护了。事实上，技术一直未有突破或创新的企业更需要保密，确保不被其他企业掌握核心技术、产品性能、流程等，从而处于不利地位。

（3）保护范围扩大化。有的企业不知道自己的商业秘密在哪里，盲目扩大商业秘密的保护范围，将已经处于公开状态的、事实上无私密的信息当作商业秘密也加以保护，这不仅增加了企业的保护成本，而且阻碍了与外界正常的信息交流和交易往来，甚至令真正重要的商业秘密得不到有力的保护，甚至由于认知不清导致将真正有价值的商业秘密公之于众。

（4）重技术秘密，轻经营信息及其他商业信息保护。目前大多数企业都比较重视技术信息，采取了相对周全的保护措施。如对技术开发人员和知晓其技术信息的合作伙伴提出保密要求、签订保密协议、竞业禁止等，但是往往忽视了对经营信息及其他商业信息的保护，未能将了解其经营信息的管理人员或相关信息纳入保密管理范畴，最常见的是对市场计划和营销人员、财会人员、秘书人员、保安人员等管理较为松散。事实上市场开拓计划、供销渠道、营销战略、财务状况、管理方法等一旦泄露，会给企业带来不可估量的损失。

（5）缺乏综合保护措施。企业的信息根据类别、载体、涉及人员的不同，面临的泄密风险程度是不一样的。对这些重要信息的保护，商事主体应该根据信息的等级，明确具体的知晓范围，分区域、分范围、分等级采取不同的保护措施，而且应与其他的权利保护结合，借助专利法、著作权法、商标法等多种保护方法，形成综合性的保护措施。如可以针对产品开发过程的创新点进行专利保护，对核心技术或工艺采取商业秘密保护，对开发过程的图纸、实验报告等文件申请著作权保护。

（6）过分信赖制度和合同的约束力。很多企业认为只要确立了保密制度、签订了保密合同，商业秘密就处于安全状态。事实上，制度与合同约束很难保证所有员工的忠诚，也不能忽略一些合作伙伴、谈判对手、重要客户、服务提供单位不守信用的可能。因此在制度和合同约束的情况下，还应经常进行检查监督，及时发现泄密隐患，堵塞泄密漏洞，采取补救措施。

（三）商事主体商业秘密的泄密方式

企业商业秘密虽然处于严格保护过程中，但是仍然不可避免会有泄露的风险，常见的泄密方式主要有如下几种。

1. 权利人泄密

因为权利人本人主观故意、疏忽大意或意外事故等而导致商业秘密丧失秘密性，成为公开信息。

权利人的主观故意泄露，往往指商业秘密权利人对外信息发布把关不严所造成的商业秘密泄露，如因专利申请、技术宣传而泄露。申请专利要求公开内容，商业秘密持有人在申请专利的过程中，可能就将全部技术秘密或者核心技术要点予以公开，从而导致商业秘密被泄露。因此专利申请信息公开范围的选择一定要比较慎重。技术宣传活动是指商业秘密持有人在演讲中、学术交流会、技术展览会、新闻采访等过程中将商业秘密作了披露，从而成为公众悉知的商业信息。技术宣传是指对新开发的技术进行说明和描述，在向公众披露的过程中损害了企业的商业秘密。因此，企业必须加强信息发布的管理，严格审查对外发布信息的内容以防止泄密。

权利人的疏忽泄露，则是指因商业秘密权利人自己的管理疏忽而导致商业秘密泄露的现象。比如在接待外来人员的过程中，在采访、参观、考察过程中不经意导致商业秘密泄露；或者在与他人或他企合作谈判时，为了展现自己技术的价值和实力，有时会无意透漏商业秘密；或者不重视废旧秘密载体的管理，忽视对电脑、硬盘等废旧存储设备、办公过程中产生的废纸、研发过程的废旧设计图纸等垃圾载体的再处理，致使商业秘密泄露。

2. 合同当事人泄密

此类泄密是指与企业有合同业务往来但又不是企业直接竞争对手的个人或组织造成的泄密。合同当事人比较常见的主要有生产商、销售商、供应商、广告商、上级单位、律师、会计和审计机构、咨询公司等❶，特别是供应商、制造商、销售商等，既与本企业有着重要的业务往来，同时也可能与该企业的竞争对手之间也有业务关系，因此属于企业商业秘密泄露的重要途径。

事实上，我国法律法规对在合同约定当事人泄密的行为方面作出了多种明文禁止。

《快递市场管理办法》第二十八条规定快递从业人员不得违法提供从事快递服务过程中知悉的用户信息："快递从业人员不得实施下列行为：（一）扣留、倒卖、盗窃快件（邮件）；（二）违法提供从事快递服务过程中知悉的用户信息；（三）法律、法规禁止的其他行为。"

《快递暂行条例》第三十四条规定经营快递业务的企业及其从业人员不得出售、泄露或者非法提供快递服务过程中知悉的用户信息："经营快递业务的企业应当建立快递运单及电子数据管理制度，妥善保管用户信息等电子数据，定期销毁快递运单，采取有效技术手段保证用户信息安全。具体办法由国务院邮政管理部门会同国务院有关部门制定。经营快递业务的企业及其从业人员不得出售、泄露或者非法提供快递服务过程中知悉的用户信息。发生或者可能发生用户信息泄露的，经营快递业务的企业应当立即采取补救措施，并向所在地邮政管理部门报告。"

《中华人民共和国律师法》第三十八条规定律师应当保守在执业活动中知悉的国家秘密、商业秘密，不得泄露当事人的隐私。律师对在执业活动中知悉的委托人和其他人不愿泄露的有关情况和信息，应当予以保密；律师泄露商业秘密或者个人隐私的，由设区的市级或者直辖市的区人民政府司法行政部门给予警告，可以处一万元以下的罚款；情节严重的，给予停止执业三个月以上六个月以下的处罚。

《民法典》第五百零一条规定，当事人在订立合同过程中知悉的商业秘密或者其他应当保密的信息，无论合同是否成立，不得泄露或者不正当地使用；泄露、不正当地使用该商业秘密或者信息，造成对方损失的，应当承担

---

❶ 刘敏榕.竞争情报实务［M］.福州：福建科学技术出版社，2008：241.

赔偿责任。

3. 国家机关工作人员泄密

国家机关及其公务员、其他工作人员等在执行公务的过程中有可能接触企业的商业秘密，也有可能故意或疏忽导致泄密事件的发生。

我国《反不正当竞争法》第三十条规定："监督检查部门的工作人员滥用职权、玩忽职守、徇私舞弊或者泄露调查过程中知悉的商业秘密的，依法给予处分。"

《中华人民共和国进出口商品检验法》第三十五条规定："国家商检部门、商检机构的工作人员违反本法规定，泄露所知悉的商业秘密的，依法给予行政处分，有违法所得的，没收违法所得；构成犯罪的，依法追究刑事责任。"

《中华人民共和国促进科技成果转化法》第四十八条第二款规定："科技中介服务机构及其从业人员违反本法规定泄露国家秘密或者当事人的商业秘密的，依照有关法律、行政法规的规定承担相应的法律责任。"

《中华人民共和国商业银行法》第五十三条规定："商业银行的工作人员不得泄露其在职期间知悉的国家秘密、商业秘密。"

《最高人民法院关于适用〈中华人民共和国民事诉讼法〉的解释》第一百四十六条规定："人民法院审理民事案件，调解过程不公开，但当事人同意公开的除外。调解协议内容不公开，但为保护国家利益、社会公共利益、他人合法权益，人民法院认为确有必要公开的除外。主持调解以及参与调解的人员，对调解过程以及调解过程中获悉的国家秘密、商业秘密、个人隐私和其他不宜公开的信息，应当保守秘密，但为保护国家利益、社会公共利益、他人合法权益的除外。"

《政府采购货物和服务招标投标管理办法》（财政部令第18号）第六十六条第二款规定："有关人员对评标情况以及在评标过程中获悉的国家秘密、商业秘密负有保密责任。"

（四）商业间谍

所谓商场如战场，有些企业为了获取商业情报，不顾职业道德和法律，安排商业间谍非法获取商业秘密。我国经济的持续发展，也吸引了不少国外经济间谍的关注，商业秘密面临的威胁大大增加。特别是伴随着高科技和现代网络的发展，商业间谍窃密手段更让人防不胜防。安装窃听器、黑客入侵、偷看电子邮件、非法下载文件、植入木马程序、垃圾寻宝、打入内部等都是惯用手段。

《刑法修正案（十一）》第二十三条规定：在刑法第二百一十九条后增加一条，作为第二百一十九条之一：“为境外的机构、组织、人员窃取、刺探、收买、非法提供商业秘密的，处五年以下有期徒刑，并处或者单处罚金；情节严重的，处五年以上有期徒刑，并处罚金。”

（五）雇员泄密

雇员泄密是商业秘密泄露的最常见形式，因为雇员在工作中往往很容易获取企业的商业信息和商业资料。再加上人才流动日益频繁，员工在多个公司间跳槽、兼职的情况已经非常普遍，故意或无意侵犯权利人商业秘密的行为也日趋增多，这对企业商业秘密的风险防范提出了新要求。雇员泄密突出表现为：（1）在职人员在从事兼职或第二职业工作时导致企业秘密泄露；（2）在职员工的保密意识不强、追逐私利等导致企业商业秘密的泄露；（3）知悉秘密的员工跳槽、自主创业等导致企业商业秘密泄露；（4）掌握秘密的退休员工被其他企业事业聘任导致商业秘密的泄露。而其中对企业威胁最大的应该是高级负责人如总经理等携带商业秘密"跳槽"的行为。

相关的法律法规，如《中华人民共和国促进科技成果转化法》第四十二条第二款规定，企业、事业单位可以与参加科技成果转化的有关人员签订在职期间或者离职、离休、退休后一定期限内保守本单位技术秘密的协议；有关人员不得违反协议约定，泄露本单位的技术秘密和从事与原单位相同的科技成果转化活动。

《公司法》第一百四十八条规定，董事、高级管理人员不得有下列行为：……（五）未经股东会或者股东大会同意，利用职务便利为自己或者他人谋取属于公司的商业机会，自营或者为他人经营与所任职公司同类的业务；……（七）擅自披露公司秘密；（八）违反对公司忠实义务的其他行为。《中华人民共和国合伙企业法》第三十二条规定，合伙人不得自营或者同他人合作经营与本合伙企业相竞争的业务。《中华人民共和国中外合资经营企业法实施条例》第三十七条第四款规定：总经理或者副总经理不得兼任其他经济组织的总经理或者副总经理，不得参与其他经济组织对本企业的商业竞争。

三、商事主体商业秘密风险防控的措施

对企业而言，要想保障自己的核心竞争力，就必须重视自己的商业秘密，从内外两个方面实施风险防控。对内来说，强化自身风险防控意识，建立保密机制，构建多层次、多环节的保密防控体系。对外来说，营造泄密必究的防控意识，定期巡查保密风险点，积极寻求民事、刑事等相关救济，真正维护自身商业秘密。

（一）基础性的风险预防措施

商事主体对商业秘密的基础性的风险预防措施主要体现为对商业秘密的保密，商业秘密的构成要件之一就是企业是否采取了保密措施。根据《市场监管总局关于印发全国商业秘密保护创新试点工作方案的通知》，必须强化商业秘密保护的企业主体责任意识，提升企业自我保护能力，必须建立符合行业特点和自身技术要求的内部管理制度，完善企业商业秘密保护管理的组织架构，建立自身合规体系，必须通过网络信息化手段，加强企业生产经营全过程管理，强化对自身密点的保护，必须加强教育与管理，强化员工的保密责任和保密义务，必须强化企业维权意识，敢于维权，善于维权。企业可以根据商业秘密及载体的性质、商业价值、可识别程度等因素选取合理保密措施。

深圳市服务贸易协会 2022 年发布的《企业商业秘密管理规范》规定："企业应按照 GB/T 22080—2016、GB/T 19001—2016 和本文件的要求建立、实施、持续改进商业秘密管理体系，将商业秘密管理贯彻到企业的全部经营活动中，包括但不限于生产、研发、销售、采购、财务、人事、行政、商业合作等。"该规范提出对商业秘密保护贯彻于全经营活动中。

《最高人民法院关于审理侵犯商业秘密民事案件适用法律若干问题的规定》第六条采取列举的方式明确了企业应采取的有效保密措施。结合该规定，商事主体商业秘密风险防控的保密措施可以分为如下四个方面。

1. 机构措施

企业需要确定商业秘密的组织机构。一般而言，规模较大或者商业秘密较多的企业可以组建专门机构，也可以由其他部门兼管，如法务部门、知识产权部门等。规模不大或者商业秘密较少的企业，也可以指定专人负责管理。不论采取何种组织管理模式，都应当突出以下原则：一是权力相对集中，明确赋予保密的统一管理权；二是设定职责权限，明确规定保密管理责任人、保密管理机构及人员的管理责任；三是创造管理条件，维护其管理权威。保密机构的主要职责是：制定商业秘密的管理规划、保密规章制度；检查各项保密制度措施的有效执行，发现漏洞和问题，及时修订、补充和完善；对具体部门的商业秘密管理、保护工作进行指导、监督、检查；负责企业经济往来、合作研究与开发、技术转让、合资与合作等经济活动中的商业秘密管理；对技术合作、对外交流、新产品试用、对外宣传报道、发表论文等实行保密审查；与员工签订商业保密保护合同，与离职人员签订竞业限制合同；开展经常性的保密宣传、保密教育；在发生商业秘密的侵权纠纷时，代表企业参加商业秘密诉讼。❶

2021年11月10日山东省市场监督管理局印发《山东省商业秘密保护示范企业商业秘密管理工作指南（试行）》规定，企业可根据实际经营情况，设置商业秘密管理部门或依托相关部门作为办事机构，配备专（兼）职人员，承担企业商业秘密管理工作。其具体职责如下：贯彻落实国家有关商业秘密保护的法律、法规和规章；执行企业商业秘密管理领导机构的决策决议；研究制定企业商业秘密管理制度；研究确定企业商业秘密保护的信息范围、密级划分、保密期限、涉密部门（涉密岗位、涉密人员）、涉密区域以及生产经营各环节保护商业秘密的技术防护措施等事项；在涉密部门配备保密员，对涉密区域、涉密岗位和涉密人员实行分级管理；组织监督检查业务部门落实商业秘密管理制度情况；组织对企业员工进行商业秘密保护教育培训；组织处理企业内部商业秘密泄露事件；开展法律维权，协助有关部门做好商业秘密侵权事件的调查举证等工作；评估改进企业商业秘密管理制度及

---

❶ 刘振刚.企业知识产权管理理论与实务［M］.北京：北京教育出版社，2007：216.

体系建设。

2021年12月31日，由中国专利保护协会、中知（北京）认证有限公司、中国冶金科工集团有限公司、中国标准化研究院、北京黑马企服科技有限公司等共同起草的《企业商业秘密管理规范》（T/PPAC 701-2021）团体标准正式公开发布。

2022年4月27日公布的上海市闵行区人民检察院《企业商业秘密合规管理指引》第六条规定："企业应根据经营规模，设置商业秘密合规管理部门或者岗位统一管理商业秘密。商业秘密合规管理部门或岗位应当吸纳法律、研发、经营、财务、人事等部门的相关人员。商业秘密合规管理部门或岗位负责组织开展商业秘密的评定、确定和调整商业秘密的范围、制定和更新商业秘密保密制度、开展商业秘密日常管理、组织保密教育培训和保密检查、查处泄密事件等工作。"第七条还规定："企业应提供必要的基础设施和经费，以保障商业秘密合规管理体系的有效运行。"

2. 制度措施

企业要保护商业秘密，必须建立完备的保密制度。这是组织机构落实保密管理权的一项重要内容，也是保密工作能否成功的核心内容。保密制度的制定一般遵循商业秘密产生、传递、使用、保管等运行轨迹，以有效控制接触范围、消除泄密隐患为主要目的。[1]企业保密制度主要涉及的内容有：一是合理划定保密的范围，如商业秘密的保密范围确定、保密等级的厘定、保密时间长短等。二是明确相关责任部门和人员的保密守则，如保密要害部门及部位管理制度、涉密人员管理制度、涉密活动管理制度、重点事项保密管理制度、涉密载体和涉密文件管理制度、离职人员保密约束制度等。三是明确监督检查制度。从针对的对象来看，制度措施主要包括两类，一是对涉密人员的制度措施，二是检查监督的制度措施。

（1）涉密人员的制度措施。

保密制度的核心是对涉密人员的管理，既包括企业内部涉密人员，也包括企业外部人员。《最高人民法院关于审理侵犯商业秘密民事案件适用法律

---

[1] 刘振刚. 企业知识产权管理理论与实务 [M]. 北京：北京教育出版社，2007: 217.

若干问题的规定》第六条提及的措施一、二、六着重强调的都是对涉密人的管理。

措施一：签订保密协议或者在合同中约定保密义务。这是企业商业秘密保护中最基本、最常用的保护措施，也是最必要的措施。涉及的人员涵盖企业中的所有内部员工及能接触到企业商业秘密的外部企业或人员。保密协议可以是《员工保密协议书》《技术保密协议书》等形式，也可以是劳动合同中的保密条款，都需要明确保密内容和范围、双方保密义务、保密时效、违约责任等。对一些涉密较强的人员，则必须增加竞业限制义务。《最高人民法院关于审理侵犯商业秘密民事案件适用法律若干问题的规定》第十条第一款明确提出："当事人根据法律规定或者合同约定所承担的保密义务，人民法院应当认定属于反不正当竞争法第九条第一款所称的保密义务。"

措施二：通过章程、培训、规章制度、书面告知等方式，对能够接触、获取商业秘密的员工、前员工、供应商、客户、来访者等提出保密要求。这是在措施一的基础上，进一步明确保密范围和保密义务的有效方式。企业秘密需要确保员工了解公司保密政策和保密制度，确认方式包括：加盖保密标识；用专门的企业文件加以确认，并将文件送达负有保密责任的有关人员；保密责任人认可的其他确认方式。[1]

措施六：要求离职员工登记、返还、清除、销毁其接触或者获取的商业秘密及其载体，继续承担保密义务。在涉密人员离岗离职时，企业应再次强调需要继续履行相应保密义务的重要性，同时要严格审查、督促涉密人员登记、返还、检查、清除、销毁其接触或者获取的商业秘密及相关载体。具体包括：文件资料（纸质、电子）、涉密存储介质（移动硬盘、光盘等）、涉密设备（计算机、打印机、扫描仪等相关信息处理设备等）、涉密部门或系统访问权（账号、工作群、门禁权）等。涉密载体移交、清除和销毁等记录，应作为员工办理离岗离职程序的前置条件。需要特别说明的是，企业应明确离职员工的保密义务。在要求离职员工继续承担保密义务的情况下，可以通过书面约定离职保密义务，并视情况签订竞业限制协议。对于一般性商业秘

---

[1] 吴琼，等.行政管理实战全案[M].厦门：鹭江出版社，2011：177.

密，很多企业为离职员工设置 2—3 年的脱密期，对于核心商业秘密，很多企业采取的是无限期约定。

山东省市场监督管理局印发的《山东省商业秘密保护示范企业商业秘密管理工作指南（试行）》规定，企业应根据员工岗位涉密的密级确定脱密期限，同时采取相应措施，确保涉密员工在脱密期内继续按照规定履行保密义务，不得以任何方式泄露商业秘密。

（2）检查监督的制度措施。

除了强化对涉密人员的保密制度之外，企业的保密制度中还必须注重检查监督制度。通过经常性检查确保保密制度的执行效果，及时查找保密漏洞并加以完善，避免出现以下情况：①标有保密标志的文件仍可随意复制；②加设的密码形同虚设，密码过于简单、通用密码或密码长期不变；③知密范围疏于管理，员工以客户需要为名大量获取保密信息，或高级员工超越范围获取保密信息。❶

山东省市场监督管理局印发的《山东省商业秘密保护示范企业商业秘密管理工作指南（试行）》规定，企业应建立完善商业秘密管理有关制度，根据本企业经营活动实际制定 10 个制度：企业商业秘密管理制度、企业涉密文件资料（物资）管理制度、企业涉密设备（计算机）管理制度、企业互联网运行涉密信息管理制度、企业涉密区域（场所）管理制度、企业涉密档案管理制度、企业涉密员工管理制度、企业涉密商务活动（会议）管理制度、企业商业秘密泄露事件处置管理制度、其他有关商业秘密管理的制度。

3. 物理隔离措施

企业商业秘密保护的基本原则就是有效控制秘密的知悉范围。商业秘密接触范围的控制原则是：一是需要原则，即根据生产经营需要限定接触范围。二是分割原则，即把涉及商业秘密的完整事项，根据不同的岗位、不同的生产流程部分、不同的技术研究环节、不同的工程设计的层次，进行分割管理。三是隔离原则，即把商业秘密信息有效封闭或隔离起来，使这一部分

---

❶ 徐胜源.企业行政管理理论与实务［M］.北京：中国经济出版社，2012：200.

生产流程的人员没有机会接触到另一部分生产流程的商业秘密，从而增加窃取商业秘密的难度系数，有效降低泄密风险，达到阻断窃密、泄密渠道的目的。其具体方法有物理区间间隔与数据隔离。

（1）物理区间间隔。

这主要包括两种：一是对涉密的厂房、车间等生产经营场所限制来访者或者进行区分管理；二是以标记、分类、隔离、加密、封存、限制能够接触或者获取的人员范围等方式，对商业秘密及其载体进行区分和管理。常见的隔离措施主要有门禁、监控、权限控制等。门禁主要是把好入门关，查验来访身份、来访事由，禁止无关人员特别是竞争对手随便进出公司。监控主要是通过内部监控系统，禁止无关人员随便进出高度涉密场所或区域。企业还可对存放商业秘密载体的区域进行单独区分，如将存放商业秘密载体的房间上锁、贴警示标语、限制进入人员等。权限控制是企业对于"谁"能对企业资源进行操作的一种设计，能有效避免商业秘密被众人知悉。

上海市闵行区人民检察院发布的《企业商业秘密合规管理指引》第二十三条规定："企业应通过警报、安防、门禁等措施加强对涉密区域的空间管理，设置明显的警示隔离标志，同时建立来访人员管理制度，登记来访人员的身份、去向、活动范围、逗留时间等。企业可设置必要监视系统，对涉密区域的入口和主要通道等实行控管。"

山东省市场监督管理局印发的《山东省商业秘密保护示范企业商业秘密管理工作指南（试行）》规定，企业应按照涉密信息及其载体的密级、性质等，将办公场所划分为涉密区域、办公区域、外部接待区域三级。下列部门或场所应列为涉密区域：产品研发设计、实验室、重要生产场所、信息存储的数据中心；信息管理、财务、人力资源等部门；涉密档案室，涉密产品、物品、载体等存放场所；企业认为其他应列为涉密区域的场所。所有涉密区域应采用门、墙、隔断等物理措施进行防护隔离，形成独立封闭的办公区域；在涉密区域的入口处，应张贴非授权勿入、禁止携带违禁品、禁止拍摄等禁止性警示标识；有条件的企业，根据经营活动实际，可在涉密区域出入口配备安保人员或配置安防设备等，加强对涉密区域的安全防护。

（2）数据隔离。

该项措施主要是对商业秘密的数据隔离。通过对电子数据或已经数据化并录入企业电子化管理平台的商业秘密，包括企业信息管理系统、电子邮箱等，企业可以针对性地设置访问、复制、外部存储等权限。相关的法律法规也进行了数据隔离措施方面的规定。

《最高人民法院关于审理侵犯商业秘密民事案件适用法律若干问题的规定》（法释〔2020〕7号）第六条规定："对能够接触、获取商业秘密的计算机设备、电子设备、网络设备、存储设备、软件等，采取禁止或者限制使用、访问、存储、复制等措施的"，人民法院应当认为权利人采取了相应保密措施。

山东省市场监督管理局印发的《山东省商业秘密保护示范企业商业秘密管理工作指南（试行）》规定，企业应对涉密信息载体及相关物品的制作、收发、传递、使用、存管、销毁等全过程实施控制，确保安全。如对涉密计算机等设备、数据库和各类应用系统，落实账户权限管理，加密存储数据信息，设置保密义务提醒，电子信息传输实行加密管理；设备维修报废实行销密管理。

上海市闵行区人民检察院发布的《企业商业秘密合规管理指引》第二十二条规定："企业应对商业秘密载体的制作、收发、传递、使用、保存、销毁实施全流程管理，确保涉密载体的安全，并设立涉密载体台账，保留相关信息。"第二十四条规定："企业应加强涉及商业秘密的计算机信息系统、通讯及办公自动化等信息设施、设备的保密管理，保障商业秘密的信息安全。"

《商业秘密保护规定（征求意见稿）》第八条第（三）项："对该信息载体采取了加密、加锁、反编译等预防措施或在相关载体上加注保密标志或加密提示。"第（四）项："对于涉密信息采用密码或者代码等"。

4. 教育与关怀措施

（1）对在职人员、包含即将退休与离职人员的日常保密教育。企业应进一步加强对员工的保密教育活动，让员工充分了解企业秘密的范围、保密规则、泄密的后果等，使员工认识到保密工作的重要性，时刻注意保守公司的机密，时刻保持警惕意识，以防在外来参观、咨询或洽谈业务中泄露企业秘密。

山东省市场监督管理局印发的《山东省商业秘密保护示范企业商业秘密管理工作指南（试行）》规定，企业应制订年度员工保密教育培训计划，组织新入职员工、重点岗位、重要涉密人员以及全体员工参加有针对性的保密教育培训。员工保密教育培训应包括以下内容：国家有关商业秘密的法律、法规、规章规定，企业制定的商业秘密保护管理制度，员工泄露或侵犯企业商业秘密的行为表现及应承担的法律责任，典型案例以及其他与商业秘密保护有关的内容。

浙江省市场监督局 2020 年 9 月发布的《商业秘密保护管理与服务规范》之"培训管理"部分规定："商业秘密保护培训宜列入企业年度培训计划，使在职员工对商业秘密可能泄露的异常状态及承担法律后果保持足够警觉"；"应对新入职涉密岗位的人员进行商业秘密保护培训"；"可采取发放资料、集中培训、网络培训或相结合的方式开展培训，保存培训记录"；"签订员工保密合同／协议的人员在培训结束后宜进行考核，保存相关考核材料"。

（2）对退休、离职人员的跟踪与人文关怀措施。企业可以定期组织退休、离职涉密人员参加各类会议，以座谈学习、交流体会等形式，继续对他们进行保密知识教育，进一步提升保密责任心和自觉性。同时，要对离退人员进行长期跟踪，注重对其人文关怀和心理指导。

山东省市场监督管理局印发的《山东省商业秘密保护示范企业商业秘密管理工作指南（试行）》规定，应定期掌握涉密离职员工在竞业限制期限内的任职去向，如发现离职员工存在竞业限制情形的，视情启动竞业限制，维护企业权益。如发现离职员工涉嫌侵犯企业商业秘密的，应及时收集并固定证据，按照商业秘密泄露事件管理规定处置。应及时通知与离职员工有关的供应商、客户、合作单位，告知工作交接情况。对涉密员工离岗或离职实行脱密期管理。企业应根据员工岗位涉密的密级确定脱密期限，同时采取相应措施，确保涉密员工在脱密期内继续按照规定履行保密义务，不得以任何方式泄露商业秘密。

5. 典型案例分析：姜某某、张某某等侵犯商业秘密案

（1）基本案情。

青岛某技术有限公司（以下简称青岛公司）是一家专业从事电磁元器件及软磁材料研发和生产经营的国家重点高新技术商事主体，其部分技术填补了国内空白，达到国际先进水平，是全国最大的非晶带材生产和行业领军商事主体。被告人姜某某是该公司员工，参与该公司设备研发，掌握公司非晶带材生产线中核心设备的涉密技术资料，与公司签订保密协议并领取保密津贴。

2016年7月，姜某某违反青岛公司保密规定，同与青岛公司有竞争关系的浙江某有限公司（以下简称浙江公司）总经理助理兼副总工程师张某某达成协议，约定以120万元的价格将其掌握的青岛公司非晶带材生产线核心设备喷包车、结晶器、结晶器修磨机构相关技术秘密出卖、披露给浙江公司，并帮助该公司搭建新的非晶生产线。2016年7月6日，在收取对方人民币60万元后，姜某某将掌握的涉密技术图纸拷贝给浙江公司。2016年10月，浙江公司使用上述技术秘密图纸非法搭建了一期非晶生产线并投产。经价值评估，涉案技术商业秘密研发费用的评估值为人民币4007万元，被侵犯技术商业秘密对该公司造成许可费损失为人民币1926万元。

2018年6月13日、8月21日，青岛市即墨区人民检察院先后以被告人姜某某、张某某侵犯商业秘密罪向青岛市即墨区人民法院提起公诉。同年11月29日，青岛市即墨区人民法院以侵犯商业秘密罪判处被告人姜某某有期徒刑四年，并处罚金人民币100万元；同年12月10日判处被告人张某某有期徒刑三年，并处罚金人民币100万元。上述判决均已生效。

（2）检察办案。

商业秘密是商事主体的财产权利，它关乎商事主体的竞争力，对商事主体的发展至关重要，有的甚至影响到商事主体的生存。依法严厉打击侵犯商业秘密的行为，加强知识产权保护，有利于鼓励创新精神，激励人们创造无形财产。在办理涉及侵犯新产业、新技术、新业态犯罪时，检察机关立足本职工作，把司法办案作为服务保障新旧动能转换重大工程的基本途径和主要手段，多措并举保护知识产权和商业秘密，探索建立"证据保密箱"制度，特别注意涉商业秘密证据的调取和保护；准确认定商业秘密权利人的损失数额，切实维护涉案商事主体的合法权益，运用政治智慧和法律智慧为新技术产业发展保驾护航，为加快建设新时代现代化事业营造良好法治环境。

（3）案情反思：商事主体商业秘密保护措施。

通过此案，拥有高新科技的商事主体在商业秘密保护方面应更为严谨地设计保密制度，如：

1）加强保密区域的管理。建立内部监控系统，不让无关人员随便进出保密区域，在公司内部严禁串岗，将涉密人员数量控制在最小范围内。

2）加强信息管理。对储存资料的电脑及相关纸质文件的使用建立管理制度，专人保管资料，借用、复制必须登记批准。对公司内部的电脑设立分级操作口令，防止信息通过互联网传输。

3）与协作方签订保守商业秘密合同。阻止协作方利用商务合作往来便利掌握商业秘密成为竞争对手，同时阻止其向第三方泄密。

（二）救济性的风险预防措施

基础的风险预防措施并不能完全保证商业秘密不被泄露，一旦保密义务被破坏，对于泄露的保密信息的责任人的破坏证据的搜集、给商事主体造成损失的证据的搜集，我们可以称为救济性的风险预防措施，也属于商事主体商业秘密风险防控措施的有机组成部分，可以为商事主体商业秘密被侵犯后提起劳动仲裁或诉讼做好准备工作。

1. 侵犯商业秘密的证据梳理工作

《反不正当竞争法》第三十二条规定，"在侵犯商业秘密的民事审判程序中，商业秘密权利人提供初步证据，证明其已经对所主张的商业秘密采取保密措施，且合理表明商业秘密被侵犯"。企业的商业秘密权一旦被侵犯，首先要证明自身商业秘密的客观存在，而且商业秘密权已处于应知状态，这是"侵权判定"的重要基础。企业在日常活动中要格外注意保存以下四种证据材料：

（1）就技术资料及专有信息文件类别、保密级别、控制方式的书面公司政策文件；

（2）涉密信息内部管理（如申请、接触、发放等）的书面记录；

（3）公司书面保密政策和保密管理制度确保发放到员工手里，组织员工学习，并保存相应的培训记录的证据。

（4）搜集梳理上述破坏这些书面文件或记录的证据，在商业秘密侵权现象发生时，才有可能举证证明这些政策和制度所涉信息范围为商业秘密。

2. 侵犯商业秘密给商事主体造成的损失证据梳理工作

企业因被侵权导致经济利益受损，因此还必须搜集损失证据，即是否给权利人造成重大损失。这是区分侵犯商业秘密罪是否立案的标准。且以商业秘密权利人因侵权行为遭受的损失作为定罪量刑和实际赔偿的依据。在实践中，应按照权利人因被侵权所受到的损失进行计算，权利人的损失难以计算的，可以认定侵权人在侵权期间因侵权所获得的利润。若是商业秘密已全部为公众所知悉，可以考虑该商业秘密的商业价值。

相关的法律规定有《最高人民法院关于审理侵犯商业秘密民事案件适用法律若干问题的规定》（法释〔2020〕7号）第二十条规定：

权利人请求参照商业秘密许可使用费确定因被侵权所受到的实际损失的，人民法院可以根据许可的性质、内容、实际履行情况以及侵权行为的性质、情节、后果等因素确定。

人民法院依照反不正当竞争法第十七条第四款确定赔偿数额的，可以考虑商业秘密的性质、商业价值、研究开发成本、创新程度、能带来的竞争优势以及侵权人的主观过错、侵权行为的性质、情节、后果等因素。

3. 典型案例分析：韩某某、田某某、刘某某等侵犯商业秘密案❶

（1）基本案情。

信阳某新型材料有限公司系一家生产、研发发泡陶瓷保温装饰板的企业，该公司制定了保密制度。被告人韩某某自2011年6月起任职该公司技术总监，与公司签署保密协议，离职后公司继续向其支付相应保密费用，对公司相关商业秘密负有保密义务。

---

❶ 河南省检察院典型知识产权案例之①｜侵犯商业秘密检察院立案监督［N］. 河南法制报，2022-04-26.

2016年9月，安徽省某公司法定代表人田某某为获取信阳某新型材料有限公司的生产技术，经人介绍结识韩某某并承诺高薪聘请。韩某某遂利用职务便利，通过邮箱向在安徽省某公司任技术员的刘某某邮箱内发送含技术信息等文件，田某某安排刘某某参照文件内容设计中试窑炉生产线，并多次接受韩某某技术指导。经鉴定，信阳某新型材料有限公司生产装置中的相关秘点不为公众所知悉，韩某某通过邮箱发送的设计概要、安徽省某公司窑炉生产线实物所含技术信息与权利人相关技术信息相同或实质相同。经审计，安徽省某公司销售相关产品利润达人民币1600余万元。

信阳市公安局直属分局于2020年10月22日，报请审查逮捕韩某某，平桥区检察院以侵犯商业秘密罪批准逮捕，建议追捕田某某。2021年3月12日，平桥区检察院以侵犯商业秘密罪批准逮捕田某某。2021年4月21日，报请审查逮捕刘某某，平桥区检察院以侵犯商业秘密罪批准逮捕。审查起诉期间，检察机关推动涉案人员认罪认罚、积极赔偿1060万元并获得权利人和解。通过开展羁押必要性审查，依法对田某某变更强制措施。

信阳市浉河区人民检察院分别于2021年7月12日以侵犯商业秘密罪对韩某某提起公诉，于2021年9月7日对田某某、刘某某提起公诉。信阳市浉河区人民法院将两案并案审理，2021年10月20日以侵犯商业秘密罪分别判处被告人田某某有期徒刑三年，缓刑四年，并处罚金八十五万元；被告人韩某某有期徒刑三年，缓刑三年，并处罚金十五万元；被告人刘某某有期徒刑七个月，并处罚金五万元。上述判决已生效。

（2）检察办案。

商业秘密侵权案件尤其是侵犯技术秘密案件审理难度较高，原告所主张的密点是否具体明确，是否符合秘密性、保密性、价值性等构成要件，是该类案件审理的难点。在该案件中，充分发挥检察一体优势，省、市、县三级检察机关共同研讨案件疑难问题，审查认定公安机关不予立案理由不成立。省检察院多次派员指导，市检察院从全市抽调办案人员成立专案组，提前介入引导公安机关调查取证，确保证据体系完备，追捕遗漏的犯罪嫌疑人，将监督工作贯穿始终。充分发挥鉴定意见和专家证人作用，鉴定了权利人技术信息和被泄露技术信息的同一性，以及权利人技术信息和被告人实际使用技术信息的同一性，综合主客观证据，构建了泄密行为——使用行为——损害结果三者之间的因果逻辑链条。

（3）法条依据。

第一，《反不正当竞争法》第三十二条第二款规定：

商业秘密权利人提供初步证据合理表明商业秘密被侵犯，且提供以下证据之一的，涉嫌侵权人应当证明其不存在侵犯商业秘密的行为：

（一）有证据表明涉嫌侵权人有渠道或者机会获取商业秘密，且其使用的信息与该商业秘密实质上相同；

（二）有证据表明商业秘密已经被涉嫌侵权人披露、使用或者有被披露、使用的风险；

（三）有其他证据表明商业秘密被涉嫌侵权人侵犯。

第二，《最高人民法院关于审理侵犯商业秘密民事案件适用法律若干问题的规定》第十三条规定：

被诉侵权信息与商业秘密不存在实质性区别的，人民法院可以认定被诉侵权信息与商业秘密构成反不正当竞争法第三十二条第二款所称的实质上相同。

人民法院认定是否构成前款所称的实质上相同，可以考虑下列因素：

（一）被诉侵权信息与商业秘密的异同程度；

（二）所属领域的相关人员在被诉侵权行为发生时是否容易想到被诉侵权信息与商业秘密的区别；

（三）被诉侵权信息与商业秘密的用途、使用方式、目的、效果等是否具有实质性差异；

（四）公有领域中与商业秘密相关信息的情况；

（五）需要考虑的其他因素。

四、纵深思考：如何举证在职员工以他人名义设立商事主体侵犯商业秘密

（一）问题导入

商业秘密权利人为了商事主体的运营和正常发展，需要将商业秘密授权给其他主体掌握和使用，这就不可避免导致商业秘密在一定范围内公开。为了将商业秘密更好地规范在适当的范围内，商业秘密权利人往往会采取和掌握与使用商业秘密的主体签署保密协议，甚至支付保密费的形式来保护商业秘密。但是在实践中，商业秘密的掌握和使用人并不一定会安于保密协议及仅仅接受保密费的现状，一旦有更大的利益引诱或自己有基于此商业秘密的其他想法，可能会做出有悖于保密协议约定及商业秘密权利人利益的行为。他们或者向其他有竞争关系的商事主体泄露秘密贩卖情报；或者自行设立与现任职商事主体有竞争关系的经营实体并非法利用现任职商事主体的商业秘密牟利；或者采取更隐蔽的方式，例如利用第三方的名义去设立与现任职商事主体有竞争关系的经营实体，从而在表面上造成商业秘密未泄露的假象，等到任职的商事主体发现并进行责任追究的时候，往往需要商事主体进行大量的证据准备。在这一过程中，如果商业秘密掌握与使用主体的准备工作做得非常完善，就会造成商业秘密权利人举证的困难及胜诉的困难，但是再完善也往往是百密一疏，只要商业秘密权利人拥有好的耐心、完善的责任追究措施和合理的工作流程以及负责任的风险防控人员，最终发现并能实现责任追究的概率大大增加。

（二）在职员工以他人名义设立商事主体侵犯商业秘密案

1. 案件名称与案由

鹤壁市明浩有限公司与被告蔡某、李某、被告鹤壁瑞文科技有限公司侵犯商业秘密纠纷案。[1]

2. 基本案情

原告：鹤壁市明浩有限公司（以下简称明浩公司）。

---

[1] 案件来源：（2015）鹤民初字第96号。

被告：蔡某。

被告：李某。

被告：鹤壁瑞文科技有限公司（以下简称瑞文公司）。

原告明浩公司的诉讼请求、事实和理由：

蔡某是明浩公司负责东北三省和其他部分地区的销售经理，掌握着明浩公司在东北三省的全部客户资料及其他省份的部分客户资料。这些客户资料涉及明浩公司的特定业务的成交价格、特定客户的联系方式等商业秘密。明浩公司与蔡某在签订的劳动合同中包含保密条款和保密费用，明浩公司一直严格依照保密条款的约定按时每月给蔡某约定的保密费用，蔡某应依法承担相应的保密义务。

但是，蔡某（在侵犯商业秘密过程中一直是借用"蔡明"的名义）自2006年起借用其亲属的名义先后注册了鹤壁市山城区广贤明浩经营部（以下简称广贤经营部，为瑞文公司前身）、2011年6月注册了鹤壁市广贤商贸有限公司（以下简称广贤公司）。蔡某利用在明浩公司任职的便利条件，将其掌握的明浩公司客户资料非法用于上述两经营实体的运营。由于被告瑞文公司经营销售的产品与原告明浩公司的产品同属一类，导致原告明浩公司销售收入损失数百万元。

原告据此请求判令被告：（1）立即停止侵权行为；（2）公开赔礼道歉，消除影响；（3）赔偿因调查侵权行为支出的合理费用及损失50万元；（4）返还明浩公司的SIM卡（1303389×××）；（5）案件的诉讼费用由三被告承担。

被告蔡某答辩：（1）原告所称的价格、联系方式等客户资料都是面向大众公开，通过互联网可以查到，并非原告特有，不享有商业秘密。（2）被告从未借用任何人名义成立广贤经营部，也未注册成立广贤公司。（3）号码为1303389×××的SIM卡非原告所有，其请求返还没有依据。请求驳回原告起诉。

被告李某答辩：广贤经营部系李某自主成立注册，与蔡某无任何关系，请求驳回原告对被告李某的起诉。

被告瑞文公司辩称：瑞文公司历届股东及法定代表人在工商局都有备

案,不是被告蔡某,不存在被告蔡某实际控制公司的情况;瑞文公司不清楚原告的商业秘密,也不存在侵犯原告的商业秘密的情况。请求驳回原告对被告瑞文公司的起诉。

3. 判决结果

依照《反不正当竞争法》第十条、《最高人民法院关于审理不正当竞争民事案件应用法律若干问题的解释》第十一条、第十三条、第十六条、第十七条、《中华人民共和国专利法》第六十五条、《中华人民共和国民事诉讼法》第六十四条第一款"当事人对自己提出的主张,有责任提供证据"的规定,判决如下:

一、被告蔡某、被告瑞文公司立即停止对原告明浩公司商业秘密的侵权行为并在两年内不准使用明浩公司所拥有的商业秘密;

二、被告蔡某、被告瑞文公司于本判决生效后十日内赔偿明浩公司经济损失35万元;

三、驳回原告明浩公司的其他诉讼请求。

如果未按本判决指定的期间履行给付金钱义务,应当依照《中华人民共和国民事诉讼法》第二百五十三条之规定,加倍支付迟延履行期间的债务利息。

案件受理费8800元,财产保全费5000元,共计13800元,由被告蔡某、被告瑞文公司共同负担。

如不服本判决,可在本判决书送达之日起十五日内向本院递交上诉状,并按对方当事人的人数提出副本,上诉于河南省高级人民法院。

(三) **法理思考**

1. 原告明浩公司胜诉的关键

能够充分证明被告蔡某披露、使用原告商业秘密,以及被告瑞文公司在明知的情况下使用原告商业秘密,这是原告明浩公司最终胜诉的关键。

在庭审中,原告提交的关于商业秘密构成的证据非常充分。这在一般的商业秘密诉讼案件中很难得。因为一般商业秘密诉讼案件的基础证据就是关于商业秘密构成要件的内容,很多原告最终败诉正是因为缺乏最基础的证据证明其所拥有的商业秘密的四要件。

对侵犯商业秘密案件来说,仅证明商业秘密成立还远远不够,因为如果不能提供证据证明被告具有《反不正当竞争法》第十条规定的四类侵犯商业秘密之一情形的，还是不能胜诉。

因此，该案原告又提交了关于被告蔡某违反保密义务违法披露和使用掌握的商业秘密并由第三被告瑞文公司非法使用的相关证据。

第一份证据是原告申请人民法院调取的蔡某（实际是以蔡明为发货人，根据法院查明的事实显示：蔡某的身份证号码与蔡明的身份证号码为同一人，联系电话也是同一个电话，即原告诉讼请求中的号码1303389××××，此SIM卡由蔡某使用。因此确认蔡某和蔡明为同一个人）的发货记录共计18页，证明蔡某利用掌握的原告商业秘密私自与原告的客户进行交易，说明被告蔡某在为原告工作外的场合违反约定，实际使用了其所掌握的商业秘密并从中谋取了个人私利，严重损害了原告的合法利益。

第二份证据是原告明浩公司申请人民法院保全的存放在安阳佳吉快运有限公司鹤壁分公司货号为41129-57103920-0001-9411-××，收货人为蔡明的反光布14件，证明被告蔡某实际经营与明浩公司相同类型的产品。

第三份证据是原告明浩公司申请法院调取的瑞文公司银行往来账户明细一组48页，其中包含被告蔡某频繁支取款项的多项记录，证明被告蔡某是瑞文公司的实际经营者，瑞文公司利用蔡某提供的原告经营秘密信息与原告客户进行交易，侵犯了原告的商业秘密。

第四份证据是广贤经营部（瑞文公司前身）工商登记资料3页。资料显示该经营部成立于2006年4月3日，经营者为李某，但联系电话为蔡某使用的涉案号码的手机，因此能够证明该经营部实际经营者是蔡某。瑞文公司工商公司登记资料43页，用以证明蔡某是瑞文公司的实际经营者，其允许瑞文公司使用原告的商业秘密，与原告客户进行交易对原告构成侵权。

因此，该案原告能够最终胜诉的关键是能够对被告侵犯商业秘密的法定形式要件依法举证清楚，例如对被告蔡某泄露和使用原告商业秘密的证据的认定、对被告瑞文公司明知涉案商业秘密来源不合法但仍然使用，侵犯了原告的商业秘密。虽然三被告对于上述证据一一否认，但是人民法院依法予以认定。说明原告的举证工作确实在形式上和内容上做到了内外一致。当然法院在审理时因为被告李某及其广贤经营部与该案无关，因此驳回了原告对被告李某的起诉。

2.对经验丰富的侵犯商业秘密的侵犯人如何应对？

如果该案中被告蔡某没有以蔡明的名义而是以其他真实的第三人名义使用原告商业秘密，没有使用涉案手机，而是另外使用新的号码，也没有参与被告瑞文公司的注册，与瑞文公司的资金往来也没有直接使用自己的姓名及信息而是通过第三人的信息，即被告蔡某虽然违反了保密约定，泄露和实际使用了原告的商业秘密，但都是通过第三人进行，而第三人与原告、蔡某之间没有任何直接的联系。这种情况下，原告的自行举证及申请人民法院调取证据都可能无法容易证明被告侵犯其商业秘密的情况。当然这只是假设，完成这些条件，也需要被告之间、被告和第三人之间具有很强的彼此信任关系和平衡的利益分配机制，否则容易导致内讧，从而造成破绽，有利于真相的查明。

但这些也仅仅是假设，法律的魅力就是从来不相信假设，只相信实实在在的证据。我们认为商业秘密权利人在遇到侵犯商业秘密的情形时，尤其是第三方涉嫌侵犯商业秘密这样极端困难的情况，要在以下几个方面做好准备和应对工作。

第一，梳理并整理好所泄露商业秘密的来源。在该案中，被告蔡某作为原告的大区销售经理，掌握着原告东北区域的客户名单，而在原告上述举证的材料基本前提就是被告蔡某有机会接触原告的客户名单并且客户名单和被告的业务范围有重合或交叉。这就是所泄露商业秘密的来源，即被告蔡某。

第二，根据来源查找商业秘密对应的"盈利"对象。上述四组证据有顺序地对应了被告蔡某是如何借助虚拟的蔡明的名义和新注册的被告瑞文公司的名义来使用其所掌握的原告商业秘密进行盈利的。第一步来源证明工作的作用是证明原告的商业秘密被侵犯，这一步查找盈利对象的工作作用是证明被告所泄露和使用商业秘密是能够并且已经产生经济利益。

第三，根据"盈利"对象估算被侵犯商业秘密的损失总额。原告通过申请人民法院调取被告业务资金来往的明细单很好地说明了被告实际使用了原告的作为商业秘密的客户名单并且不断产生盈利。这些资金业务来往明细证明了被侵犯期间的业务发生额，如果原告不能证明自己的损失，被告也不提供据此的盈利数额，那么人民法院调取的此份证据则为最终判决侵犯赔偿总额提供了很好的法律依据,只需要法官在本行业的平均利润率的基础上进行估算即可。原告按照行业15%的利润率提出了50万元的损失要求,人民法院则根据两被告侵权行为的性质、主观过错、交易时间、交易的数量,明浩公司以往的同类产品交易价格以及为获取客户经营信息付出的努力等因素,酌情确定蔡某、瑞文公司的赔偿额为35万元,符合《最高人民法院关于审理不正当竞争民事案件应用法律若干问题的解释》第十七条规定的"确定反不正当竞争法第十条规定的侵犯商业秘密行为的损害赔偿额,可以参照确定侵犯专利权的损害赔偿额的方法进行"原则精神。因为根据《中华人民共和国专利法》(2008年修正版)第六十五条规定:"侵犯专利权的赔偿数额按照权利人因被侵权所受到的实际损失确定;实际损失难以确定的,可以按照侵权人因侵权所获得的利益确定。权利人的损失或者侵权人获得的利益难以确定的,参照该专利许可使用费的倍数合理确定。赔偿数额还应当包括权利人为制止侵权行为所支付的合理开支。权利人的损失、侵权人获得的利益和专利许可使用费均难以确定的,人民法院可以根据专利权的类型、侵权行为的性质和情节等因素,确定给予一万元以上一百万元以下的赔偿。"35万元在这个区间之内,而且被侵权人的实际损失、侵权人的实际获益、许可使用费的数量三个前置赔偿标准均无法确定,人民法院根据侵犯的类型、侵权行为的性质及其他综合情节进行的自由裁量符合法律精神。

第四,一定找准被侵犯的秘密点以及本商事主体内掌握这个(些)秘密点的主体有哪些。该案原告在诉讼中根据市场出现的瑞文公司的业务实际情况,倒推到被告蔡某掌握的商业秘密实际情况,再通过申请人民法院调取相关的证据,证明上述二者的必然联系,逻辑思维非常清晰,证据链条非常完整。原告在该案中很好地找准了被侵犯的商业秘密秘密点——被告蔡某掌握的东北地区的客户名单以及被告瑞文公司业务与此重合的部分,从而也将侵犯和掌握这些商业秘密的主体很好地联系在一起,为后续的侵犯商业秘密纠纷奠定了一定的基础。

第五,在违反保密义务人(泄密人)—使用人(或授权使用人)—受益人之间寻找商业秘密被侵犯的线索,并及时固定为诉讼的证据。该案原告的

第四章　侵犯商业秘密行为的形式与审查标准

最大亮点就是对于被告蔡某如何借助第三方名义来使用其掌握的商业秘密这方面的取证原则，没有贸然自己去取证，因为类似查银行账户、资金业务流水等环节是原告本身甚至原告律师所无法自行完成的，而如果这些证据不能掌握，即使证明被告瑞文公司使用了原告的商业秘密，但如果这些商业秘密的使用缺乏被告蔡某这一泄密来源，就无法证明被告瑞文接触商业秘密的事实和蔡某泄密给被告瑞文公司的事实，也就无法胜诉。

总之，在侵犯商业秘密诉讼中，商业秘密权利人要掌握一个基本宗旨：侵犯商业秘密行为本身低劣，行为人以利益而不是诚信为重，因此在商业秘密产生利益的过程中，相关利益人一定会以某种形式登场或显露身份，而这往往是商业秘密权利人胜诉的关键点。只要有耐心，总会找到这些明显的"露点"之处。在这个过程中，商业秘密权利人不要仅仅委托给律师就感觉万事大吉，暂且不说有些律师本身对于商业秘密业务生疏，就是律师的商业秘密诉讼经验丰富，也需要商业秘密权利人的积极配合，才能更好完成任务。同时，适当时候依法申请人民法院调取证据，则是商业秘密权利人维护自身合法权益的制胜法宝。

第二节　侵犯商业秘密行为的类型及其标准认定

保护商业秘密、制止侵犯商业秘密行为是商业秘密法律制度的核心，主要涉及侵犯行为的认定、侵犯行为的类型和侵犯行为的例外。❶侵犯行为的认定主要是基于两大原则：一是被告不正当地获取、披露、使用或允许他人使用了原告的商业秘密，二是被告获取、披露、使用或允许他人使用的信息与原告商业秘密相同或实质性相同。对于商业秘密侵犯行为的界定则是判定某个行为是否属于侵害商业秘密行为的重要前提，为此国家法律采取列举的形式明确了侵犯商业秘密的主要行为方式，也明确排除了一些例外情形，这些法律成为我们维护商业秘密权益和寻求法律救济的重要依据。

---

❶ 刘继峰. 竞争法［M］. 北京：对外经济贸易大学出版社，2007：155.

一、侵犯商业秘密行为的类型

随着商业秘密价值的增大,总有一些人或者企业采取不正当手段的形式获取、披露、使用他人或他企的商业秘密,给商业秘密的权利人造成重大损失,也扰乱了正常的市场秩序。伴随着商业秘密的泄密渠道和泄密手段的增多,正确认定和识别侵犯商业秘密行为,增强维权意识和维权准备,是企业维护商业秘密利益的重要内容。根据我国《刑法》《反不正当竞争法》等相关法律规定,禁止性侵犯商业秘密的行为方式总共有五种。

(一)以盗窃、贿赂、欺诈、胁迫、电子侵入或者其他不正当手段获取权利人的商业秘密

该类行为是其他侵犯行为成立的前提和基础,以获取手段的非正当性为判断标准,而不论行为人获取秘密是否使用或公开。除了常见的盗窃、贿赂、欺诈、胁迫、电子侵入等五种手段之外,现实生活中还有通过业务洽谈、参观学习、协同开发等形式借机套取权利人的商业秘密,具有很强的隐蔽性,但都违背了权利人的主观意愿。根据《刑法》第二百一十九条第三款规定:"本条所称权利人,是指商业秘密的所有人和经商业秘密所有人许可的商业秘密使用人。"

关于采用不正当手段获取权利人的商业秘密认定标准:

(1)消极标准:客户基于对员工个人的信赖而与该员工所在单位进行交易,该员工离职后,能够证明客户自愿选择与该员工或者该员工所在的新单位进行交易的,人民法院应当认定该员工没有采用不正当手段获取权利人的商业秘密。

(2)积极标准:被诉侵权人以违反法律规定或者公认的商业道德的方式获取权利人的商业秘密的,人民法院应当认定属于《反不正当竞争法》第九条第一款所称的以其他不正当手段获取权利人的商业秘密。

相关的法律依据有最高人民法院、最高人民检察院《关于办理侵犯知识产权刑事案件具体应用法律若干问题的解释(三)》(法释〔2020〕10号)第三条规定:"采取非法复制、未经授权或者超越授权使用计算机信息系统

等方式窃取商业秘密的，应当认定为刑法第二百一十九条第一款第一项规定的'盗窃'。以贿赂、欺诈、电子侵入等方式获取权利人的商业秘密的，应当认定为刑法第二百一十九条第一款第一项规定的'其他不正当手段'。"《最高人民法院关于审理侵犯商业秘密民事案件适用法律若干问题的规定》（法释〔2020〕第7号）第八条规定："被诉侵权人以违反法律规定或者公认的商业道德的方式获取权利人的商业秘密的，人民法院应当认定属于反不正当竞争法第九条第一款所称的以其他不正当手段获取权利人的商业秘密。"

（二）披露、使用或者允许他人使用以前项手段获取的权利人的商业秘密

该项行为的主体是实施前项行为人，是前述不正当获取行为的继续发展行为，因而本项与前项之间存在递进关系。如果行为人只是实施了非法获取行为的，应以前项论处；若是实施了非法获取行为以后又实施了本项规定的行为，则应以本项论处。

所谓披露，是指行为人公开非正当获取的商业秘密的行为，不论出于何种目的和动机，只要实施了公开的行为即可构成。披露一般分为三种情况：一是告知特定的人，无论该人是否又向其他人公开；二是向少部分人公开；三是向社会公开，侵权人通过报纸、杂志、广播、电视等媒体向社会传播。对于披露行为的认定一般遵循两个原则：一是只考虑披露是否经权利人许可，而不管披露的形式。即所有未经权利人许可的不正当披露都构成侵犯行为，无论行为人是采取直接告知的方式，还是采取复制商业秘密信息载体的方式，或是其他方式，只要第三人从中获悉了商业秘密信息即构成披露。二是只考察行为人使他人知悉商业秘密的结果，而不考虑行为人的动机和目的。即行为人的披露不需要明确告知对方或者明确注明被披露的客体是商业秘密，只考察他人知悉商业秘密后的结果，不追究行为人使他人知悉商业秘密的主观态度。

所谓使用，是指行为人将自己不正当获取的商业秘密用于自己的生产或者经营的行为，如生产产品、维修服务、更新设备等生产行为，或者制作产品销售计划、开展业务咨询等经营活动，或者用于科研活动中。该项行为的认定考虑的为是否会对权利人造成损害,或使行为人不当得利。即无论对商业秘密信息施加什么形式的使用行为都构成侵权,包括行为人为了改进商业秘密技术的使用。

所谓允许他人使用,是指行为人将不正当获取的商业秘密提供和转让给他人用于生产或者经营。认定这种行为时,并不考察行为人的允许是有偿的还是无偿的,即无论行为人是否从中获利,都不影响对其侵犯行为的认定。

相关法规有《最高人民法院关于审理侵犯商业秘密民事案件适用法律若干问题的规定》(法释〔2020〕7号)第九条规定,被诉侵权人在生产经营活动中直接使用商业秘密,或者对商业秘密进行修改、改进后使用,或者根据商业秘密调整、优化、改进有关生产经营活动的,人民法院应当认定属于反不正当竞争法第九条所称的使用商业秘密。

(三)违反保密义务或者违反权利人有关保守商业秘密的要求,披露、使用或者允许他人使用其所掌握的商业秘密

该项行为与上一项行为的区别在于其获取商业秘密行为的手段是正当的,但是违背了商业秘密"义务原则"。该项行为认定的前提是行为人对商业秘密权利人负有保密义务,既包括明示的保密义务,也包括默示的保密义务。明示保密义务是指行为人与权利人之间订有保密合同或者其他形式的保密约定等,即权利人对其有明确的保密要求。默示的保密义务是指根据法律规定、行业惯例、习惯等行为人对权利人承担的保密义务,即根据具体情况可以推出,如果侵权人不默示其承担保密义务,权利人就不可能告知以商业秘密。在此情况下,即使行为人与权利人之间没有明确的关于保密义务的约定,行为人仍然需要承担保密义务。

相关法规有《民法典》第五百零一条规定:

当事人在订立合同过程中知悉的商业秘密或者其他应当保密的信息,无论合同是否成立,不得泄露或者不正当地使用;泄露、不正当地使用该商业秘密或者信息,造成对方损失的,应当承担赔偿责任。

《最高人民法院关于审理侵犯商业秘密民事案件适用法律若干问题的规定》(法释〔2020〕7号)第十条规定:

当事人根据法律规定或者合同约定所承担的保密义务,人民法院应当认

定属于反不正当竞争法第九条第一款所称的保密义务。

当事人未在合同中约定保密义务，但根据诚信原则以及合同的性质、目的、缔约过程、交易习惯等，被诉侵权人知道或者应当知道其获取的信息属于权利人的商业秘密的，人民法院应当认定被诉侵权人对其获取的商业秘密承担保密义务。

2020年9月市场监管总局发布的《商业秘密保护规定（征求意见稿）》第十四条规定：

经营者不得违反保密义务或者违反权利人有关保守商业秘密的要求，披露、使用或者允许他人使用其所掌握的商业秘密。

本条所称"保密义务"或者"权利人有关保守商业秘密的要求"包括但不限于：

（一）通过书面或口头的明示合同或默示合同等在劳动合同、保密协议、合作协议等中与权利人订立的关于保守商业秘密的约定；

（二）权利人单方对知悉商业秘密的持有人提出的要求，包括但不限于对通过合同关系知悉该商业秘密的相对方提出的保密要求，或者对通过参与研发、生产、检验等知悉商业秘密的持有人提出的保密要求；

（三）在没有签订保密协议、劳动合同、合作协议等情况下，权利人通过其他规章制度或合理的保密措施对员工、前员工、合作方等提出的其他保守商业秘密的要求。

《商业秘密保护规定（征求意见稿）》第十五条规定：

经营者违反限制性使用商业秘密的义务，未经授权予以披露或使用的行为，构成侵犯商业秘密的行为。

本条所称"限制性使用商业秘密"，包括但不限于在保密协议、劳动合同、合作协议、合同等中与权利人订立的法定或约定的对商业秘密的限制使用。员工或前员工在工作过程中所形成的自身知识、经验、技能除外。

另有《关于加强科技人员流动中技术秘密管理的若干意见》规定：

科技人员在流动中不得将本人在工作中掌握的、由本单位拥有的技术秘密（包括本人完成或参与完成的职务技术成果）非法披露给用人单位、转让给第三者或者自行使用。

科技人员或者其他有关人员离开原单位后，利用在原单位掌握或接触的由原单位所拥有的技术秘密，并在此基础上作出新的技术成果或技术创新，有权对新的技术成果或技术创新予以实施或者使用，但在实施或者使用时利用了原单位所拥有的，且本人负有保密义务的技术秘密时，应当征得原单位的同意，并支付一定的使用费；未征得原单位同意或者无证据证明有关技术内容为自行开发的新的技术成果或技术创新的，有关人员和用人单位应当承担相应的法律。

（四）教唆、引诱、帮助他人违反保密义务或者违反权利人有关保守商业秘密的要求，获取、披露、使用或者允许他人使用权利人的商业秘密

这里的"他人"不一定是经营者，经营者以外的其他自然人、法人和非法人组织实施上述所列违法行为的，视为侵犯商业秘密。

《商业秘密保护规定（征求意见稿）》第十六条规定：

经营者不得教唆、引诱、帮助他人违反保密义务或者违反权利人有关保守商业秘密的要求，获取、披露、使用或者允许他人使用权利人的商业秘密。包括但不限于：

（一）故意用言辞、行为或其他方法，以提供技术、物质支持，或者通过职位许诺、物质奖励等方式说服、劝告、鼓励他人违反保密义务或者违反权利人有关保守商业秘密的要求；

（二）以各种方式为他人违反保密义务或者违反权利人有关保守商业秘密的要求提供便利条件，以获取、披露、使用或者允许他人使用权利人的商业秘密的行为。

（五）视为侵犯商业秘密的行为

（1）经营者以外的其他自然人、法人和非法人组织实施《反不正当竞争法》第九条第一款所列违法行为的，视为侵犯商业秘密。

该项行为属于2019年《反不正当竞争法》的新增条款，实现了侵犯商业秘密责任主体范围的扩展，由原本的仅限制经营者扩大到"经营者以外的其他自然人、法人和非法人组织"，使追责其他侵犯商业秘密的行为主体具有了法律依据，如带走商业秘密的员工、商业间谍等。

（2）第三人明知或者应知商业秘密权利人的员工、前员工或者其他单位、个人实施《反不正当竞争法》第九条第一款所列违法行为，仍获取、披露、使用或者允许他人使用该商业秘密的，视为侵犯商业秘密。

该行为强调的是权利人以外的第三人，明知侵权人的行为违法，如明知或应知某商业秘密是侵权人违反约定或者权利人的保密要求，但是该第三人仍然从侵权人处获得、使用或者披露该商业秘密。该行为必须具备两个条件：一是第三人主观上对他人的违法行为明知或应知；二是第三人也实施了违法行为，即获取、使用、披露权利人的商业秘密。"明知"指向行为人"直接故意"的主观心态，而"应知"则包含第三人违反了法律所设置的基本的注意义务，未对获取的信息来源的合法性进行判断即投入使用。

《最高人民法院关于审理侵犯商业秘密民事案件适用法律若干问题的规定》（法释〔2020〕7号）第十一条规定："法人、非法人组织的经营、管理人员以及具有劳动关系的其他人员，人民法院可以认定为反不正当竞争法第九条第三款所称的员工、前员工。"第十二条载明："人民法院认定员工、前员工是否有渠道或者机会获取权利人的商业秘密，可以考虑与其有关的下列因素：（一）职务、职责、权限；（二）承担的本职工作或者单位分配的任务；（三）参与和商业秘密有关的生产经营活动的具体情形；（四）是否保管、使用、存储、复制、控制或者以其他方式接触、获取商业秘密及其载体；（五）需要考虑的其他因素。"

二、侵犯商业秘密的标准认定

在实践中，我们一般从四个方面对侵权行为进行认定：侵权行为的存在、损害事实的存在、侵权行为与损害事实之间具有因果关系、行为人存在主观上的过错。在行为人同时具备上述四个方面后，才构成商业秘密侵权。而其中侵权行为的存在或者认定是法院判决的重要环节，对行为人泄露的信息是否属商业秘密的鉴定问题是认定中的重中之重。侵犯商业秘密的一般认定标准是实质性上相同，即诉请保护的商业秘密信息与被控侵权信息的内容是相同或者实质性相似的。

《最高人民法院关于审理侵犯商业秘密民事案件适用法律若干问题的规

定》（法释〔2020〕7号）第十三条规定："被诉侵权信息与商业秘密不存在实质性区别的，人民法院可以认定被诉侵权信息与商业秘密构成反不正当竞争法第三十二条第二款所称的实质上相同。人民法院认定是否构成前款所称的实质上相同，可以考虑下列因素：（一）被诉侵权信息与商业秘密的异同程度；（二）所属领域的相关人员在被诉侵权行为发生时是否容易想到被诉侵权信息与商业秘密的区别；（三）被诉侵权信息与商业秘密的用途、使用方式、目的、效果等是否具有实质性差异；（四）公有领域中与商业秘密相关信息的情况；（五）需要考虑的其他因素。"

商业秘密同一性的鉴定一般需要借助专业的鉴定机构进行，其实质是确定具体的商业秘密侵权行为存在或者不存在。在商业秘密侵权纠纷鉴定中，通常会涉及两种类型的鉴定：一是涉案侵权信息是否属于商业秘密的鉴定，简称"秘密性鉴定"或"非公知性鉴定"；二是判断被诉方的信息是否与鉴定委托人构成商业秘密的信息相同或实质性相似的鉴定，简称"相似性鉴定"或"同一性鉴定"。

北京知识产权法院发布的《侵犯商业秘密民事案件诉讼举证参考》中规定，在举证过程中具体可以提供以下证据：（1）有资质的鉴定机关、评估机构出具的鉴定意见、评估意见，相关专家辅助人意见；（2）能体现与原告商业秘密实质上相同的信息的产品、合同、意向书；（3）前述证据来自与被告有关的第三方；（4）可以证明被诉侵权信息与原告商业秘密构成实质上相同的其他证据。

《商业秘密保护规定（征求意见稿）》第二十二条规定："权利人、涉嫌侵权人可以委托有法定资质的鉴定机构对权利人的信息是否为公众所知悉、涉嫌侵权人所使用的信息与权利人的信息是否实质相同等专门性事项进行鉴定。权利人、涉嫌侵权人可以委托有专门知识的人对权利人的信息是否为公众所知悉等专门性事项提出意见。权利人、涉嫌侵权人可以就上述鉴定结论或者有专门知识的人的意见向市场监督管理部门提出意见并说明理由，由市场监督管理部门进行审查并作出是否采纳的决定。"第二十三条规定："侵犯商业秘密行为涉及计算机软件程序的，可以从该商业秘密的软件文档、目标程序与被控侵权行为涉及的软件是否相同，或者被控侵权行为涉及的计算机软件目标程序中是否存在权利人主张商业秘密的计算机软件特有内容，或者在软件结果（包括软件界面、运行参数、数据库结构等）方面与该商业秘密是否相同等方面进行判断，认定二者是否构成实质上相同。"

三、商业秘密权的限制——合法来源抗辩

合法来源抗辩是知识产权侵权诉讼中最主要的抗辩事由之一，即抗辩者在能够证明其不知道自己所持有的产品为侵权产品，且能够提供相应物品的合法来源时，不需承担相关责任。

（一）合法来源抗辩的规定

《最高人民法院关于知识产权民事诉讼证据的若干规定》（法释〔2020〕12号）第四条规定：

被告依法主张合法来源抗辩的，应当举证证明合法取得被诉侵权产品、复制品的事实，包括合法的购货渠道、合理的价格和直接的供货方等。

被告提供的被诉侵权产品、复制品来源证据与其合理注意义务程度相当的，可以认定其完成前款所称举证，并推定其不知道被诉侵权产品、复制品侵害知识产权。被告的经营规模、专业程度、市场交易习惯等，可以作为确定其合理注意义务的证据。

（二）合法来源抗辩的表现形式

商业秘密是受法律保护的，法律不允许使用不正当竞争乃至犯罪的手段去获取他人的商业秘密，但这并不意味着商业秘密不能运用合法的手段获取并拥有。合法来源抗辩主要包括以下五种具体抗辩事由。

1. 反向工程

反向工程又称还原工程、逆向工程，通过对合法渠道取得的他人产品或实物进行分析、拆卸、测绘等技术手段合法获取该产品的制造方法、构造、材料等技术信息的行为。

《最高人民法院关于审理侵犯商业秘密民事案件适用法律若干问题的规定》（法释〔2020〕7号）第十四条规定："通过自行开发研制或者反向工程获得被诉侵权信息的，人民法院应当认定不属于反不正当竞争法第九条规定的侵犯商业秘密行为。""被诉侵权人以不正当手段获取权利人的商业秘密

后，又以反向工程为由主张未侵犯商业秘密的，人民法院不予支持。"

企业通过反向工程获取商业秘密，必须首先证明其获取含有商业秘密产品的合法来源。比如，通过在合法的市场上购买而获得或者他人赠予的等，企业应当保留购买的发票、供货合同或其他凭证；如果是赠予或其他方式获得的，也要保存相关的证据。其次要有证据证明企业确实存在利用反向工程获取商业秘密的事实。最后，企业提供的拆卸、测绘、分析的数据材料必须能够推导出同一商业秘密。

《北京知识产权法院侵犯商业秘密民事案件诉讼举证参考》规定："被告主张被诉侵权信息系通过反向工程获取的，可以提供以下证据：（1）通过公开渠道取得产品的购买合同、接受赠予的凭证、票据；（2）通过拆卸、测绘、分析等相关技术手段从公开渠道取得的产品中获得有关技术信息的工作记录、视频、文档数据；（3）委托他人通过拆卸、测绘、分析等技术手段从公开渠道取得的产品中获得有关技术信息的合同、往来邮件；（4）能够证明被诉侵权信息系通过反向工程获取的其他证据。"

2. 独立开发

独立开发是指企业通过自行独立研发而获得某项技术或信息，即使该技术或信息与他人的商业秘密之信息构成实质相似，也不构成侵犯。这是由于商业秘密权不具专有性和垄断性，一个企业或个人拥有一项商业秘密并不能排除其他企业或个人通过合法方式获取相同或相似的商业秘密。

企业在商业秘密的研发过程中，应该注意通过研发日志或研发记录的形式，记录下研发的过程，并保存研发的相关证据。这样，在其他企业或个人指控自己侵权时，可以出具独立研发的有力证据进行反驳，从而证明自己的行为合法。

3. 公权限制

国家机关根据法律法规的规定在执行公务过程中获取当事人的商业秘密，不视为侵权商业秘密，但在实践中需慎重适用，应当符合以下条件：（1）必须有法律的明文规定或明确授权；（2）以执行职务为限，获得或知悉信息的限度是执行职务所必须；（3）对获得的商业秘密负有保密义务。

《上市公司信息披露管理办法》第四十八条规定："任何单位和个人不得

非法获取、提供、传播上市公司的内幕信息，不得利用所获取的内幕信息买卖或者建议他人买卖公司证券及其衍生品种，不得在投资价值分析报告、研究报告等文件中使用内幕信息。"

《中华人民共和国行政许可法》第五条第二款规定："行政许可的实施和结果，除涉及国家秘密、商业秘密或者个人隐私的外，应当公开。未经申请人同意，行政机关及其工作人员、参与专家评审等的人员不得披露申请人提交的商业秘密、未披露信息或者保密商务信息，法律另有规定或者涉及国家安全、重大社会公共利益的除外。"

4. 强制披露

强制披露主要是指上市公司的强制信息披露制度。对于上市公司，要求按照《中华人民共和国证券法》《公司法》的规定，及时、完整、真实地披露其相关信息。这些披露的信息，也成为社会公众和竞争对手了解、掌握该公司商业秘密的途径之一。

《上市公司信息披露管理办法》第七条规定："信息披露文件包括定期报告、临时报告、招股说明书、募集说明书、上市公告书、收购报告书等。"

《中华人民共和国证券法》第八十条规定："发生可能对上市公司、股票在国务院批准的其他全国性证券交易场所交易的公司的股票交易价格产生较大影响的重大事件，投资者尚未得知时，公司应当立即将有关该重大事件的情况向国务院证券监督管理机构和证券交易场所报送临时报告，并予公告，说明事件的起因、目前的状态和可能产生的法律后果。"

5. 其他合法获取或知悉手段等合法来源抗辩

除了以上四种常见的有效抗辩理由，还有许多已经发现或尚未发现的合法取得商业秘密的途径。只要被告能够提供充分的证据证明其合法来源，就能够进行有效抗辩，而不需要承担侵权责任。

第一种情形：因合法受让或被许可而获得商业秘密可作为合法来源抗辩。如儋州市市场监督管理局《关于经营者加强商业秘密保护工作指引》规定了通过商业秘密权利人许可、转让取得属于商业秘密的合法取得方式。此类情形可通过商业秘密交易转让合同或授权使用许可协议等材料证明商业秘密的归属或使用权利。

第二种情形：以客户信任或信赖进行合理抗辩。这是侵犯客户信息纠纷中被告可能采取的一种抗辩。

《最高人民法院关于审理侵犯商业秘密民事案件适用法律若干问题的规定》（法释〔2020〕7号）第二条作出了相关规定："客户基于对员工个人的信赖而与该员工所在单位进行交易，该员工离职后，能够证明客户自愿选择与该员工或者该员工所在的新单位进行交易的，人民法院应当认定该员工没有采用不正当手段获取权利人的商业秘密。"

北京知识产权法院《侵犯商业秘密民事案件诉讼举证参考》规定，被告主张被诉侵权信息系基于个人信赖获取的，可以提供以下证据："（1）所涉行业领域强调个人技能的行业特点说明；（2）客户明确其系基于对员工个人的信赖自愿选择交易的声明、说明或者聊天记录、往来邮件；（3）与相关客户的交易未利用原告所提供的物质条件、交易平台的文件、沟通记录；（4）能够证明被诉侵权信息系基于个人信赖获取的其他证据。"

第三种情形：以商业秘密属于公知领域或者善意取得进行抗辩。取得人主观上并非有意取得该信息，而是由于商业秘密权利人的疏忽，使取得人无意中了解该信息，且无保密义务，故取得人对商业秘密的使用不构成侵犯商业秘密。

四、课程思政拓展：诉讼举证中的合法要素分析

（一）问题导入

在侵犯商业秘密案件中，围绕商业秘密是否成立和是否存在侵犯商业秘密情形的举证责任一直是双方的关键争议点。在有些情况下，商业秘密权利人无法举证本单位的在职员工或离职员工将掌握的商业秘密泄露给第三人并被非法使用和获益，但是一样可以引发侵犯商业秘密纠纷案件，并可能得到法律的支持。

（二）无合法来源的第三方侵犯商业秘密案

1. 案件名称与案由

江西药都立明制药有限公司与姬发制药股份有限公司侵犯商业秘密纠纷

上诉案。❶

2. 基本案情

上诉人（原审被告）：江西药都立明制药有限公司（以下简称立明制药）。

被上诉人（原审原告）：姬发制药股份有限公司（以下简称姬发制药）。

原审被告：姬发市仁泰医药有限公司（以下简称姬发仁泰）。

上诉人立明制药上诉事请求与理由：撤销原审判决并依法改判，一审、二审诉讼费用全部由被上诉人承担。具体理由：（1）原审法院认定事实错误。被上诉人对本案所涉的小儿风热清药品采取的保护措施未达到合理的程度。同时，被上诉人的药品处方、制法等信息已记录在国家药监局药审中心"关于《国家新药注册数据库（1985—2000）》光盘注册的通知"的涉案光盘中。被上诉人的小儿风热清处方、工艺等信息不构成"不为公众所知悉"，不应认定为被上诉人的商业秘密。（2）原审法院有法不依，原审判决案件受理费 67800 元全部由上诉人承担错误。原审原告起诉要求上诉人赔偿经济损失 800 万元，但法院只支持了 99 万元，尚有 700 多万元的诉讼请求没有得到支持，因而在诉讼费的承担上，当事人应按比例分担。

被上诉人姬发制药答辩：（1）原审判决认定被上诉人对"小儿风热清口服液"处方等信息通过与涉密员工签订保密协议的方式采取了保密措施，认定事实正确。上诉人关于该保密协议的上诉意见无事实及法律依据。（2）原审判决认定上诉人构成侵犯商业秘密的行为，列举了充分的事实及法律依据。原审法院的举证责任分配方式符合法律规定。原审法院调取的《2003 年 12 月立明制药在国家药监局申报药品批文的档案材料》的证据表明，"本品由小儿风热清口服液改颗粒剂而得，取原方名+剂型名而得小儿风热清颗粒"；"小儿风热清颗粒"的处方来源于国家新药标准"小儿风热清口服液"；"如果本品种存在任何专利及知识产权纠纷，由此引起的责任由我公司全部承担"。同时根据《药品注册管理办法》规定，"改变工艺的制剂，仅限于有该品种批准文号的生产商事主体申报"，上诉人立明制药根本没有资格

---

❶ 案件来源：（2015）冀民三终字第 20 号。

进行申报。关于认定上诉人采取不正当手段侵犯商业秘密，被上诉人的证据已形成完整的证据链。法院调取的证据显示：上诉人在国家药监局申报药品批文中声称其处方来源于被上诉人的"小儿风热清口服液"，上诉人应相对应地提交证据证明"处方来源于被上诉人"的正当合法性，既然上诉人未能提交相应证据，应依法承担举证不能的法律后果。

原审被告姬发仁泰未出庭，也未提交答辩意见。

3. 判决结果

一审判决结果：

依照《反不正当竞争法》第十条第一款第（一）项、第二款、《中华人民共和国民法通则》第一百一十八条、第一百三十五条、第一百三十七条之规定，判决如下：

一、被告江西药都立明制药有限公司于本判决生效之日起，立即停止生产、销售药品"小儿风热清颗粒"；

二、被告江西药都立明制药有限公司于本判决生效之日十日内，赔偿原告姬发制药股份有限公司经济损失990000元；

三、驳回原告姬发制药股份有限公司的其他诉讼请求。案件受理费67800元，由被告江西药都立明制药有限公司全部承担。

二审判决结果：

原审认定事实基本清楚，适用法律适当。依照《中华人民共和国民事诉讼法》第一百七十条第一款第（一）之规定，判决如下：

驳回上诉，维持原判。

如果未按本判决指定的期间履行给付金钱义务，应当依照《中华人民共和国民事诉讼法》第二百五十三条之规定，加倍支付迟延履行期间的债务利息。

一审案件受理费67800元，由姬发制药股份有限公司负担59410元，江西药都立明制药有限公司负担8390元；二审案件受理费13700元，由江西药都立明制药有限公司负担。

本判决为终审判决。

4. 法理思考

关于该案，从一审到二审，双方争议的关键焦点是该案中姬发制药的

"小儿风热清口服液"配方及制作工艺是否属于商业秘密。

关于商业秘密构成的基本要件中，关于经济实用性和合法性，双方没有大的异议。关键是在被上诉人姬发制药是否采取了合理的保密措施以及此配方是否具有秘密性两方面，双方产生了根本的分歧。

上诉人立明制药认为被上诉人姬发制药没有对配方采取合理的保密措施，只有简单的六人协议不足以体现对配方价值的重视，达不到合理保密的程度，而且上诉人认为自己的配方具有合法来源，被上诉人所谓的商业秘密已经公开，不具有秘密性。

被上诉人则认为自己的保密措施因为有符合法定形式的保密协议而符合法律规定，同时上诉人所谓的具有合法来源也只是在申报文件中表明其配方的，颗粒制剂来源于对被上诉人液剂的改良，但是上诉人并没有提供证据证明其改良的液剂配方的来源合法性，即如何从被上诉人处合法取得此液剂配方。上诉人也无法证明被上诉人的液剂配方已经公开，因此，被上诉人的配方属于商业秘密。

两方当事人的诉讼争议及其焦点，经过法院的审理，认定的事实是：被上诉人生产、销售的"小儿风热清"口服液及合剂的配方及生产工艺等，是经石家庄市第一医院和发明人郑忠兴授权合法转让取得，并取得了相关批准文号。被上诉人为此进行了大量的药理毒理测试，投入了药品上市之前的大量财力和研发成本，并在取得批准文号后从1995年一直销售至案发。

上诉人声称的"小儿风热清颗粒"经过法院调查取证显示是对被上诉人配方的改良，而且两个配方的中药成分的配方完全一致。上诉人无法证明改良配方所依据的基础配方是从被上诉人作为商业秘密权利人合法取得的。

该案得出的两个重要启示：

第一，第三方认可技术信息的获得，但是不认可技术信息是商业秘密。那么确认技术信息构成商业秘密及第三方获得技术信息的合法性就成为侵犯商业秘密案件的关键点。

很多侵犯商业秘密案件中，商业秘密权利人往往对于侵犯人实际接触到商业秘密并且使用商业秘密和获利举证困难，相比较而言，举证商业秘密构成相对容易一些。但是也有一些案件正好相反，第三方明确承认使用了所谓商业秘密权利人主张的技术信息,但是不认为使用不合法,相反是以否定其商业秘密为前提的,因此此类案件的举证重点反而就是一般侵犯商业秘密的基础证明对象,那就是争议的技术信息是否构成商业秘密。

该案上诉人对于被上诉人提出的商业秘密的构成要件的保密措施和秘密性提出了质疑。首先,上诉人认为被上诉人的保密措施"不合理",因为一个液剂配方市场价值巨大,而被上诉人仅仅提供了一份与6个人分别签订的6份非常简单的"姬发制药厂工艺、处方以及相关技术、机密资料持有人规范协议",而且并不是专门针对小儿风热清药品,相比配方的市场价值,保密措施太过简单,没有提供区域隔离、其他物质保密手段等措施的证据,不符合"合理"的法律界定。人民法院针对上诉人的质疑,引用了《最高人民法院关于审理不正当竞争民事案件应用法律若干问题的解释》第十一条第三款第(五)项所规定"签订保密协议"的规定认定被上诉人保密措施的合理性。合理性并不是要求万无一失。其次,上诉人认为被上诉人的液剂配方已经公开,上诉人提供的光盘可以说明一切。而人民法院为查明上诉人立明制药提交的《国家新药注册数据(1985—2000)》光盘的真实性、关联性等问题,先后分别向国家药监局药审中心、原国家食品药品监督管理总局提出了协助调查核实的函件。根据国家药监局复函,国家药监局药审中心等单位虽出版过《国家新药注册数据(1985—2000)》光盘,但该光盘中是否含有"小儿风热清口服液"配方及制作工艺信息,因光盘已停止发售并封存,国家药监局药审中心目前已无法查询核实。对立明制药提交的购买光盘发票(复印件)及支付凭证的真实性问题,人民法院没有得到函调单位肯定性的答复。故立明制药所提交光盘的真实性、关联性不足以认定。因此对于上诉人据此提出的被上诉人液剂配方通过光盘公开的主张证据不足,应认定被上诉人据此享有商业秘密权。

上诉人在该案中尽到了第一步举证责任,即其配方来源于其公开购买的光盘,但是未尽到进一步的补强性证明义务,即光盘是合法公开销售的,而且其中包含被上诉人主张的商业秘密内容,以证明其通过发表的形式或其他形式公开而丧失商业秘密。这一点从人民法院调取的证据中可以体现。因此上诉人举证的不完整导致了其承担不利法律后果。

第二，关于诉讼费用的分配原则问题。在该案中，一审法院面对原告姬发制药 800 万元的赔偿额的诉讼请求，支持了 99 万元，但是将全部诉讼费用判给了被告立明制药，显示了法官判决的不严谨。二审法院按照姬发制药的索赔额和实际判决支持额的比例，合理分配了两方当事人的诉讼费承担比例。通过诉讼费用判决的结果改变，也给类似于姬发制药的商业秘密权利人提出了一个警示，诉讼虽然是维护商业秘密的很好途径，但是要量力而行，不能无依据地胡乱提出索赔额，应根据实际损失额、对方的实际获益额、许可使用费的倍数、研发成本等综合因素合理预估损失额，建议确定和证据相对应的赔偿金额，否则可能面临诉讼费的额外损失。例如该案，诉讼费总额是 67800 元，二审终审判决的结果是由被上诉人姬发公司负担 59410 元，上诉人立明公司负担 8390 元，被上诉人姬发制药额外损失了 59140 元诉讼费。

总之，侵犯商业秘密案件，可能有的需要从本商事主体在职员工甚至离职员工入手去进行证据收集，但是对于很多案件而言，并不存在在职员工和离职员工的泄密问题，同样要进行侵犯商业秘密的证据搜集。在搜集过程中，按照顺序要对商业秘密的依法构成、第三方使用了自己的商业秘密、第三方使用自己的商业秘密缺少合法途径、自己因为第三方非法使用商业秘密造成了具体的损失额等方面进行依次举证，缺少任何一个环节，都可能造成诉讼的失利。

第三节　侵犯商业秘密案件审理中的程序问题

商业秘密案件属于知识产权案件，但是与其他知识产权案件相比，商业秘密案件审理呈现出更大的复杂性，审理难度更大，是知识产权案件审理的难点。在现实中，如何准确界定商业秘密侵权行为的构成要件、如何在庭审过程中保护商业秘密的私密性、如何恰当运用鉴定结论、如何提供证据及如何认定诉讼证明等，都是商业秘密案件审理过程中不可避免的程序问题。

一、商业秘密案件之不侵权之诉

(一)确认不侵权之诉基本内涵

不侵权之诉,属于民事诉讼法中规定的确认之诉,通过一定程序,由法院判决确定权利人与被指控侵权人之间侵权法律关系的存在与否。这主要为了防止权利人滥发侵权警告函等滥用权利的行为给被指控侵权人合法权益造成损害,平衡权利人与被指控侵权人的程序利益。

(二)确认不侵权之诉原告举证责任

1. 相关法律规定

《最高人民法院关于知识产权民事诉讼证据的若干规定》第五条规定:"提起确认不侵害知识产权之诉的原告应当举证证明下列事实:(一)被告向原告发出侵权警告或者对原告进行侵权投诉;(二)原告向被告发出诉权行使催告及催告时间、送达时间;(三)被告未在合理期限内提起诉讼。"

这三条也可认为是法院受理不侵害知识产权之诉的必要条件。其中要件不限于"发出警告",还可以包括"侵权投诉",放宽了启动确认不侵权之诉的条件。早在《最高人民法院关于审理侵犯专利权纠纷案件应用法律若干问题的解释》(法释〔2009〕21号)第十八条规定:"权利人向他人发出侵犯专利权的警告,被警告人或者利害关系人经书面催告权利人行使诉权,自权利人收到该书面催告之日起一个月内或者自书面催告发出之日起二个月内,权利人不撤回警告也不提起诉讼,被警告人或者利害关系人向人民法院提起请求确认其行为不侵犯专利权的诉讼的,人民法院应当受理。"此规定为权利人行使诉权设置了合理的期限,以防止被警告人或者利害关系人滥诉,避免司法资源的浪费。

2. 拓展案例

(1)基本案情。

江西华融电力有限责任公司(以下简称江西华融)向丹东科力集团有限责任公司(以下简称丹东科力)及其客户发送侵权警告函,但在将近三年的时间里又未向人民法院提起侵权诉讼,丹东科力为此提起不侵犯商业秘密诉讼，请求确认其生产的螺杆膨胀动力机未侵犯江西华融的商业秘密。

1）二审观点。

江西华融向丹东科力发送警告函行为是否影响了当事人正常的经营或生产，为与丹东科力诉讼请求有关的实际发生的民事纠纷；丹东科力要求确认其生产的螺杆膨胀动力机属公知技术、不侵犯江西华融商业秘密的诉讼请求，并没有涉及其权利受到的直接侵犯，案件的审理也无法确定诉讼权利义务关系所指向的对象，不符合人民法院受理民事诉讼的范围，不应属于《民事案件案由规定》第五部分第十四类（169）中的三级案由确认不侵犯知识产权纠纷范围之内的案件。

二审法院结论：

二审法院以本案涉案商业秘密不明，诉讼权利义务指向对象难以确定为由认定本案不属于人民法院受理民事诉讼的范围。

2）再审案情。

丹东科力申请再审称：

①丹东科力的商业信誉因江西华融的发送警告函行为而遭受极大损害，丹东科力生产、销售螺杆膨胀动力机活动已经无法正常进行。

②本案涉及的螺杆膨胀动力机技术属于公知技术，并非商业秘密。

③丹东科力所提起的本案纠纷既符合《中华人民共和国民事诉讼法》第一百零八条的规定，又符合《最高人民法院关于审理侵犯专利权纠纷案件应用法律若干问题的解释》第十八条的规定。

④丹东科力的诉讼请求明确具体，可据此确定本案诉讼权利义务关系所指向的对象。

⑤丹东科力所提起的本案纠纷属于《民事案件案由规定》中的确认不侵害知识产权纠纷范围的案件。

⑥本案存在明显的程序违法情形。依据《中华人民共和国民事诉讼法》第二百条第六项之规定申请再审。

江西华融提交意见认为：

①本案审理过程中始终无法明确讼争的商业秘密对象，直接导致本案的诉讼请求不明确，案件主要事实不明确。

②丹东科力在本案一审和二审中既不能证明其生产技术全部是公知技术，也不能证明其没有侵权。

③江西华融在发出律师函后已经采取了有效的维权措施，因而丹东科力并不能提起确认不侵害知识产权之诉。

该案争议的焦点：

本案是否属于人民法院受理民事诉讼的范围。

再审法院观点：

本案中，江西华融向丹东科力及其客户发送侵权警告函，但在将近三年的时间里又未向人民法院提起侵权诉讼，丹东科力为此提起本案诉讼，请求确认其生产的螺杆膨胀动力机未侵犯江西华融的商业秘密。

与专利权等传统知识产权相比，商业秘密不具有外显性，本案虽是由丹东科力提起，但根据双方的举证能力和获取证据的难易，江西华融应当明确其侵权警告函中所称的被丹东科力侵犯的商业秘密的具体内容。

如果江西华融拒绝明示其商业秘密，则应由其承担不利的法律后果。二审法院适用法律错误，应予纠正。

再审裁定如下：

①指令辽宁省高级人民法院再审本案；

②再审期间，中止原裁定的执行。

（2）案件启示。

侵犯商业秘密案件类型包括确认不侵权诉讼，属于民事诉讼案件范畴。根据最高人民法院公布的《民事案件案由规定》（2020）第五部分（知识产权与竞争纠纷）第十四类规定，知识产权权属、侵权纠纷（169）中的确认不侵害知识产权纠纷包括确认不侵害专利权纠纷、确认不侵害商标权纠纷、确认不侵害著作权纠纷、确认不侵害植物新品种权纠纷、确认不侵害集成电路布图设计专用权纠纷、确认不侵害计算机软件著作权纠纷，虽不包括确认不侵害商业秘密权纠纷，但可以依据第十五类规定的侵害商业秘密纠纷（176）的侵害技术秘密纠纷、侵害经营秘密纠纷案由来提起不侵害商业秘密权诉讼。

二、诉讼程序中可直接认可的商业秘密

（一）原被告均认可的商业秘密在诉讼与调解中的认定问题

1. 拓展案例

河南通宇公司（以下简称通宇公司）诉江苏观法公司（以下简称观法公司）侵犯商业秘密案在江苏南通市中级人民法院审理。在审理过程中，双方对于通宇公司主张的人脸识别技术属于其商业秘密没有异议，但观法公司认为双方的股东原先在同一个研究所工作过，彼此具有共同的技术水平，现双方各自的公司在不同的领域，同时研发的产品品种也不同，观法研发的银行卡自动取款机人脸识别系统与通宇公司研发的一般监控人脸识别分属不同领域，不存在侵犯商业秘密的事实，对于通宇公司要求赔偿100万元的诉讼请求提出异议。

2. 问题

（1）原被告均认可商业秘密的存在，法院能否直接认定？

（2）如双方调解成功，通宇公司据此向其他公司主张侵权责任，本调解是否具证据效力？

（二）类似商业秘密案件审理的一般思路

1. 应该遵循"逐段审理"的一般思路

（1）首先确定该信息是否构成商业秘密：以商业秘密的一般基本要件为判定标准。

（2）如构成，应审查被告是否实施了侵犯行为。

（3）如认定构成侵犯商业秘密行为，应确定被告相应的法律责任。

例如根据江苏省高级人民法院《侵犯商业秘密民事纠纷案件审理指南》规定，侵犯商业秘密民事纠纷案件一般遵循逐段审理的思路：

第一步：在原告明确其主张的商业秘密内容的前提下，审查和认定原告是否有权就该内容主张权利、该内容是否符合商业秘密构成要件，以及被告的抗辩理由；

第二步：在商业秘密成立且原告有权主张权利的前提下，审查和认定侵

权是否成立,以及被告不侵权的抗辩理由;

第三步:在被告侵权成立的情况下,审查和认定被告应当承担的民事责任。

2. 注意适时调整

上述商业秘密案件一般审理思路本身并不具有绝对性,需要根据个案情形合理把握,适当调整,存在以下几种情形:

(1)经审理,如果有证据能证明权利人未对涉案信息采取合理的保密措施,则无须再机械地审查其客观秘密性即是否不为公众知悉,可以直接认定涉案信息不构成商业秘密,驳回原告的诉讼请求。

(2)如双方当事人一致认可商业秘密成立,争议内容主要集中在被告行为是否构成侵权或者具体赔偿数额计算上,能否直接认定商业秘密成立?此种情况下需要根据案情进行具体分析。对此,实践中也一直存在争议。

一种观点认为,既然当事人之间没有争议,不需要审查商业秘密构成要件,可以由法院根据双方当事人的认可,直接认定商业秘密成立,并以调解或判决方式结案。

另一种观点认为,即使双方当事人均认可商业秘密成立,法院仍然要遵循商业秘密案件的一般审理思路。如果未经审查就认定商业秘密成立,有可能将公知信息纳入商业秘密的保护范围,有损公众利益。

应当说,后一种观点无疑更具更合理性,但是实践操作难度大,尤其是技术秘密案件的审理,需要对复杂技术事实进行判断,需要启动技术鉴定程序,造成审理周期长、鉴定费用高,直接导致诉讼成本增加。

因此,最高人民法院主张:除非案情比较简单,仅涉及简单的经营信息或技术信息,审理难度不大,法官可以进行全面审查。否则通常情况下,如果诉讼中被告对原告主张的商业秘密不提异议,则可以直接认定商业秘密成立。

3. 对生效调解书中被告自认侵犯对方商业秘密成立的,应慎重对待

生效调解书中被告对原告商业秘密权利的认可,相当于当事人之间仅对本案诉讼所达成的某种妥协,对后案第三人或其他案件不具有约束力。权利人依据生效调解书对第三人提起另案诉讼的,仍需对涉案商业秘密权的存

在，负举证责任。

理由是商业秘密权利的认定，一旦涉及公知信息，会与公众利益密切相关。

三、其他程序性问题

（一）当事人

1. 拓展案例

斯威公司是爱丽公司乳化型压克力感压胶外加增粘剂技术信息的排他许可使用权人。现斯威公司发现丹尼森公司的产品使用了被许可的技术，经过向爱丽公司咨询，确认丹尼森公司未取得爱丽公司的许可。斯威公司希望能起诉丹尼森公司侵权，在起诉的主体、管辖法院方面犹豫不决。

该案背景：斯威公司注册在江苏、爱丽公司注册在江苏、丹尼森公司注册在广州，产品销往广东佛山，经销商是里水经营部。斯威公司2004年4月8日向佛山市中级人民法院起诉，2005年6月移送广东省高级人民法院；丹尼森公司2004年11月8日向江苏省高级人民法院起诉斯威公司，双方均认为各自有管辖权。

问题：该案适格原被告及有权管辖法院？

2. 法律规定

《最高人民法院关于审理侵犯商业秘密民事案件适用法律若干问题的规定》第二十六条规定：

对于侵犯商业秘密行为，商业秘密独占使用许可合同的被许可人提起诉讼的，人民法院应当依法受理。

排他使用许可合同的被许可人和权利人共同提起诉讼，或者在权利人不起诉的情况下自行提起诉讼的，人民法院应当依法受理。

普通使用许可合同的被许可人和权利人共同提起诉讼，或者经权利人书面授权单独提起诉讼的，人民法院应当依法受理。

3. 结论

（1）适格原告：有商业秘密权的公民、法人或其他组织。

《反不正当竞争法》第二条第三款规定："本法所称的经营者，是指从事商品生产、经营或者提供服务（以下所称商品包括服务）的自然人、法人和非法人组织。"

通常情况下，侵犯商业秘密纠纷案件中的原告是商业秘密的权利人或利害关系人。

北京知识产权法院《侵犯商业秘密民事案件诉讼举证参考》规定，可以依法起诉的主体包括：原告能够举证证明其为商业秘密的权利人或者利害关系人，可以依法提起侵犯商业秘密诉讼；商业秘密独占使用许可合同的被许可人可以单独提起侵犯商业秘密诉讼；商业秘密排他使用许可合同的被许可人可以和权利人共同提起侵犯商业秘密诉讼，或者在权利人不起诉的情况下自行提起诉讼；商业秘密普通使用许可合同的被许可人可以和权利人共同提起侵犯商业秘密诉讼，或者经权利人书面授权单独提起诉讼。

《最高人民法院关于审理侵犯商业秘密民事案件适用法律若干问题的规定》（2020）第二十六条规定，商业秘密的独占使用许可合同的被许可人有权单独提起诉讼；排他使用许可合同被许可人有权和权利人共同提起诉讼，或者在权利人不起诉的情况下自行提起诉讼；普通使用许可合同被许可人有权和权利人共同提起诉讼，或者获得权利人书面授权后有权单独提起诉讼。

（2）适格被告：因为各种身份关系知悉商业秘密并负有保密义务的人。

《反不正当竞争法》第九条第二款规定："经营者以外的其他自然人、法人和非法人组织实施前款所列违法行为的，视为侵犯商业秘密。"

《最高人民法院关于审理侵犯商业秘密民事案件适用法律若干问题的规定》第十六条规定："经营者以外的其他自然人、法人和非法人组织侵犯商业秘密，权利人依据反不正当竞争法第十七条的规定主张侵权人应当承担的民事责任的，人民法院应予支持。"

《商业秘密保护规定（征求意见稿）》第十一条规定："本规定所称侵权人，是指违反本规定获取、披露、使用商业秘密的自然人、法人或者非法人组织。"

《商业秘密保护规定（征求意见稿）》第十四条规定："经营者不得违反保密义务或者违反权利人有关保守商业秘密的要求，披露、使用或者允许他人使用其所掌握的商业秘密。本条所称'保密义务'或者'权利人有关保守商业秘密的要求'包括但不限于：（一）通过书面或口头的明示合同或默示合同等在劳动合同、保密协议、合作协议等中与权利人订立的关于保守商业秘密的约定；（二）权利人单方对知悉商业秘密的持有人提出的要求，包括但不限于对通过合同关系知悉该商业秘密的相对方提出的保密要求，或者对通过参与研发、生产、检验等知悉商业秘密的持有人提出的保密要求；（三）在没有签订保密协议、劳动合同、合作协议等情况下，权利人通过其他规章制度或合理的保密措施对员工、前员工、合作方等提出的其他保守商业秘密的要求。"

适格被告具体包括：商事主体雇用人员（在职、离职、退休）；具有一定业务身份的人（技术人、律师、专利代理人、会计师等）；具有一定职务身份的人（公务员）；因商业活动而知悉商业秘密的人（合作伙伴）。

（二）管辖

1. 管辖确定原则

（1）被告住所地以及侵权行为地法院对该案都有管辖权，实务中侵权行为地法院是原告通常选择的。

《民事诉讼法》第二十九条规定："因侵权行为提起的诉讼，由侵权行为地或者被告住所地人民法院管辖"；第三十六条规定："两个以上人民法院都有管辖权的诉讼，原告可以向其中一个人民法院起诉；原告向两个以上有管辖权的人民法院起诉的，由最先立案的人民法院管辖。"

《最高人民法院关于适用〈中华人民共和国民事诉讼法〉的解释》（2022）第二十四条规定："民事诉讼法第二十九条规定的侵权行为地，包括侵权行为实施地、侵权结果发生地。"

根据上述规则，按照一般侵权案件管辖确定原则，商业秘密案件应由侵权行为地或者被告住所地人民法院管辖，其中，侵权行为地包括侵权行为实施地和侵权结果发生地。但在实践中，侵权行为实施地和侵权结果发生地的确定问题往往存在较大争议，因为侵犯商业秘密的行为可能会有多元交叉性、复杂性，可能会出现多个侵权行为实施地，进而导致存在多个法院对案件都有管辖权。因此，使用商业秘密的行为实施地应视具体情形进行认定。

（2）如果起诉制造者、销售者，制造地和销售地人民法院是否都有管辖权？

在专利纠纷中，如果起诉制造者、销售者，制造地和销售地人民法院均有管辖权，但是商业秘密纠纷中，销售地法院没有管辖权，这是因为使用商业秘密的过程，通常是制造侵权产品的过程，销售侵权产品的前提是侵权产品制造完成、侵权结果同时发生，不宜将该侵权产品的销售地视为使用商业秘密的侵权结果发生地。

销售制造的侵权产品不属于《反不正当竞争法》第十条第一款、第二款规定的侵犯商业秘密行为，侵权产品的销售地当然也不属于侵权结果的发生地。

《反不正当竞争法》第九条经营者不得实施侵犯商业秘密的行为中不包括销售侵犯商业秘密所制造的产品，即这不属于侵犯商业秘密的行为。

2. 级别管辖规定

原《最高人民法院关于审理不正当竞争民事案件应用法律若干问题的解释》第十八条规定："反不正当竞争法第五条、第九条、第十条、第十四条规定的不正当竞争民事第一审案件，一般由中级人民法院管辖。各高级人民法院根据本辖区的实际情况，经最高人民法院批准，可以确定若干基层人民法院受理不正当竞争民事第一审案件，已经批准可以审理知识产权民事案件的基层人民法院，可以继续受理。"此解释后被全文废止。

关于商业秘密案件的一审管辖在2022年有了变化：2022年3月20日实施的《最高人民法院关于适用〈中华人民共和国反不正当竞争法〉若干问题的解释》第二十六条规定："因不正当竞争行为提起的民事诉讼，由侵权行为地或者被告住所地人民法院管辖。"

2022年5月1日实施的《最高人民法院关于第一审知识产权民事、行政案件管辖的若干规定》第一条规定："发明专利、实用新型专利、植物新品种、集成电路布图设计、技术秘密、计算机软件的权属、侵权纠纷以及垄断纠纷第一审民事、行政案件由知识产权法院，省、自治区、直辖市人民政府所在地的中级人民法院和最高人民法院确定的中级人民法院管辖。"第二条第二款规定："第一条及本条第一款规定之外的第一审知识产权案件诉讼标的额在最高人民法院确定的数额以上的，以及涉及国务院部门、县级以上地方人民政府或者海关行政行为的，由中级人民法院管辖。"第三条："本规定第一条、第二条规定之外的第一审知识产权民事、行政案件，由最高人民法院确定的基层人民法院管辖。"

2022年5月1日，最高人民法院根据《最高人民法院关于第一审知识产权民事、行政案件管辖的若干规定》，确定了具有知识产权民事、行政案件管辖权的基层人民法院及其管辖区域、管辖第一审知识产权民事案件诉讼标的额的标准，对基层法院受理知识产权民事、行政案件的诉讼标的额管辖标准分为100万元以下、500万元以下、1000万元以下及不受诉讼标的额限制四个管辖标准，并正式实施。

3. 管辖的法律适用

（1）时效性的法律适用：《最高人民法院关于审理侵犯商业秘密民事案件适用法律若干问题的规定》第二十八条规定："人民法院审理侵犯商业秘密民事案件，适用被诉侵权行为发生时的法律。被诉侵权行为在法律修改之前已经发生且持续到法律修改之后的，适用修改后的法律。"

（2）地域管辖的法律适用：《中华人民共和国民事诉讼法》第三十六条规定："两个以上人民法院都有管辖权的诉讼，原告可以向其中一个人民法院起诉；原告向两个以上有管辖权的人民法院起诉的，由最先立案的人民法院管辖。"第二十二条规定："对公民提起的民事诉讼，由被告住所地人民法院管辖；被告住所地与经常居住地不一致的，由经常居住地人民法院管辖。对法人或者其他组织提起的民事诉讼，由被告住所地人民法院管辖。同一诉讼的几个被告住所地、经常居住地在两个以上人民法院辖区的，各该人民法院都有管辖权。"第二十九条规定："因侵权行为提起的诉讼，由侵权行为地或者被告住所地人民法院管辖。"

4. 拓展案例

斯威公司注册在江苏、爱丽公司注册在江苏、丹尼森公司注册在广州，产品销往广东佛山，经销商是里水经营部。

（1）佛山市中级人民法院无管辖权。虽然斯威公司、爱丽公司指控上诉人丹尼森公司等将被控侵权产品销往佛山市，但被指控的里水印刷厂使用侵犯原告商业秘密所制造的侵权产品这一行为不属于《反不正当竞争法》规定的侵犯商业秘密的行为,因此广州佛山既不属于侵权行为实施地,也不属于侵权结果发生地,故此佛山市中级人民法院不具备管辖该案的依据。

(2)广东省高级人民法院有管辖权。丹尼森公司注册在广州。再加上2004年11月29日、2005年4月8日,斯威公司、爱丽公司连续两次变更赔偿请求金额,2005年6月6日,斯威公司向广东省高级人民法院补充递交了《民事起诉状》。基于地域管辖和级别管辖,广东省高级人民法院对该案有管辖权。

(3)该案最终应移送至江苏省高级人民法院。该案斯威公司提起并于2005年6月移送至广东省高级人民法院的诉讼与丹尼森公司2004年11月8日向江苏省高级人民法院提起的诉讼都是基于同一法律事实而发生的纠纷,且江苏省高级人民法院立案时间早于广东省高级人民法院立案时间,根据《最高人民法院关于在经济审判工作中严格执行〈中华人民共和国民事诉讼法〉的若干规定》第二条规定:"当事人基于同一法律关系或者同一法律而发生纠纷,以不同诉讼请求分别向有管辖权的不同法院起诉的,后立案的法院在得知有关法院先立案的情况后,应当在七日内裁定将案件移送立案的法院合并审理。"最终管辖权应归属于江苏省高级人民法院。

(三)商业秘密民事、刑事、行政案件冲突处理

1. 冲突类型

商业秘密案件的隐秘性决定了当事人更乐意向公安部门或行政执法部门举报,借助公权力查获被告侵权事实,由此产生了案件冲突交叉。

(1)刑事认定侵犯商业秘密罪,或行政处罚决定、行政判决认定被告构成侵权的前提下,原告提起民事诉讼要求民事赔偿。

(2)在认定民事侵权行为成立前提下,要求公安机关立案追究被告刑事责任或要求行政执法机关处罚被告。

2. 冲突点

(1)刑事、行政与民事案件并存,产生先刑(行)后民还是先民后刑(行)的问题。

(2)已经认定商业秘密侵权的先刑事判决或行政处罚决定、行政判决,

对在后民事诉讼产生何种影响。

3. 冲突解决方案

关于哪个程序在先的问题，实践中有两种观点：一是主张先民，因为商业秘密侵权行为的判定是认定犯罪以及行政处罚的前提，可以避免个案中已经服完刑的在后期民事诉讼中被判不侵犯商业秘密。二是主张先刑（行），因为商业秘密相对而言取证较为困难，通过行政或刑事手段有利于证据固定。

关于先刑事判决或行政处罚决定、行政判决，对在后民事诉讼产生何种影响问题，实务中也有两种观点，一种观点是主张先刑（行）文书，按照证据规则：已为人民法院生效的裁判确认的事实，当事人无须举证，当事人有相反证据足以推翻的除外。第二种观点认为在公安侦查或行政处罚过程中，技术鉴定程序不公开、不透明、程序违法、被告缺乏对公知技术等信息的抗辩机会，因此在民诉中可直接提出公知抗辩或要求法院重新鉴定。

以上差异是目前知识产权案件民事、刑事、行政案件审判分离造成的。刑事、行政审判领域，缺少知识产权法官，同时审判权下放到所有基层法院，一定程度上影响了知识产权民事、刑事、行政案件执法尺度的统一。

对于上述冲突，原先的司法实务做法是先刑（行）后民，而且如果先刑（行）文书是已生效判决，无须证明，但如对方有足够证据时，原告仍就商业秘密的成立负举证责任。

但在当前"三合一"审理程序下，这个问题已得到了很好的解决，三大程序的合并，避免了证据审理的不一致性，强化了审理效果的权威性。例如《最高人民法院关于审理侵犯商业秘密民事案件适用法律若干问题的规定》第二十五条规定："当事人以涉及同一被诉侵犯商业秘密行为的刑事案件尚未审结为由，请求中止审理侵犯商业秘密民事案件，人民法院在听取当事人意见后认为必须以该刑事案件的审理结果为依据的，应予支持。"上述规定可以看出刑事审理结果目前还不能直接作为商业秘密民事诉讼证据予以认可，需要经过当事人的意见，另加法官审查的程序才能决定。

当前面临的一个突出问题是商业秘密刑事附带民事是否可行。当前在国内很多地区都在试行知识产权的刑事附带民事程序，并且已有很多相关判例,但是从法理而言,《中华人民共和国刑事诉讼法》第一百〇一条中"被害人由于被告人的犯罪行为而遭受物质损失"和《最高人民法院关于适用〈中华人民共和国刑事诉讼法〉的解释》第一百七十五条关于"被害人因人身权利受到犯罪侵犯或者财物被犯罪分子毁坏而遭受物质损失的"的规定,都涉及对"物质""财物"的理解,即商业秘密等知识产权是否属于"财物""物质"范畴,从当前各地司法实践来看,普遍趋势是趋向于认同知识产权属于法理意义上的"财物""物质",只是目前除了相关判例外,还需要立法机关作出最终的法律界定。

第四节 侵犯商业秘密案件审理中的实体问题

商业秘密构成要件的审查是执法机关判断是否推进执法或接受控告的关键,认定标准主要体现在《反不正当竞争法》中。《反不正当竞争法》规定,商业秘密是指不为公众所知悉、具有商业价值并经权利人采取相应保密措施的技术信息和经营信息。这就表示,执法机关一般会从三大要件进行证据审查:一是客观秘密性,即不为公众所知悉,这是商业秘密的根本属性;二是具有价值性,即商业秘密必须具有商业价值;三是主观秘密性,即权利人采取相应保密措施。司法实践中尚未见到不具备商业价值性而被认定商业秘密的案例,因此,本节着重讨论客观秘密性和主观秘密性两项审查。

一、拓展案例

原告江阴瑟夫公司(以下简称瑟夫公司)诉被告江阴耐特公司(以下简称耐特公司)、江阴万江玻璃公司(以下简称万江公司)、陈某侵犯技术秘密纠纷中,瑟夫公司提出以下诉讼请求:

瑟夫公司拥有自由降落式救生艇相关技术的技术秘密,陈某在担任瑟夫公司总经理期间,将此技术秘密提供给万江公司和耐特公司,侵犯了瑟夫公司商业秘密。后者明知侵权仍使用,也构成侵权。要求三被告停止侵权,赔偿损失并承担诉讼费用。

问题:本案中,如果你是法官,首先需要确定什么内容?

二、对客观秘密性的审查

（一）确定秘密点——明晰案件审理对象

1. 要求原告明确秘密点

所谓秘密点，即商业秘密的权利范围，这既是权利人主张权利的基础，也是案件权利事实的基础。因此作为法官必须先行明确案件指控的秘密点究竟是什么。一般情况下，技术秘密案件的秘密点是指区别于公知信息的具体技术方案或技术信息；经营信息案件的秘密点是指区别于公知信息的特殊客户信息等经营信息。

商业秘密的具体范围和内容（区别于公知信息），应具体、明确。实践中，原告往往会划定一个很宽泛的秘密范围，对涉案技术秘密点的具体范围、环节、步骤等内容明确性不够、陈述不够完整。如该案"瑟夫公司拥有自由降落式救生艇相关技术的技术秘密"作为秘密点太过宽泛，导致当事人之间争议很大。

原告对秘密点确定不规范的主要原因为：

一是对法律不熟悉。即对《反不正当竞争法》等相关法律规定不熟悉，对公知信息、商业秘密的概念区别不清，导致商业秘密点范围过宽。

二是出于尽量扩大保护范围的需要，有意将公知信息纳入。与上一条不同，本条是原告能够区别公知信息和商业秘密，但是出于尽量扩大保护范围的需要，有意将公知信息纳入商业秘密的保护范围。

三是原告委托的代理人或因缺乏专业知识对秘密点陈述不清，干脆不区分，交给法院确定。

在实践中，要求权利人在起诉之初准确划分非公知信息与公知信息的边界，明确秘密点难度较大，往往需要法官进行反复释明和诉讼引导，逐步缩小秘密点范围，有的甚至可能需要经过若干次质证才能最终确定。因此商业秘密点的确定是商业秘密类案件审理中的难点和重点。筛选其主张保护的秘密范围，通过自行缩小秘密点来解决秘密点范围过于宽泛的问题。

实践中明确秘密点须注意：

（1）明确原告所列商业秘密的具体内容，并划分出与公知信息的界限，如技术方案的具体指标、环节、步骤等。如原告坚持全部信息都是商业秘密，需要明确全部技术信息的技术构成及构成商业秘密的具体理由；或如客户信息中交易习惯、客户独特需求、交货时间规律、成交的价格底线等。一般在主审法官引导下，原告会逐渐缩小所主张的秘密点。如上述案件，瑟夫公司由开始的主张全部信息，在法官释明下，缩减到"包括船舶铺层图在内的八项制造技术及其之间的组合"，在此基础上经过质证确定了技术鉴定的内容。

在商业秘密侵权纠纷审判实践中，参加诉讼的原告代理人往往是商业秘密权利人内部的技术人员、法务人员、管理人员或者外请的代理律师，他们对商业秘密内容会有不同的理解，甚至同一个人随着诉讼进程的推进，对商业秘密范围也会有不同的认识。司法机关办理商业秘密侵权纠纷首先需要做的工作就是确定秘密点。这是商业秘密侵权纠纷不同于其他知识产权侵权纠纷的特殊之处。人民法院根据原告固定后的商业秘密范围进行审理和裁判，只要不影响被告的程序权利，应当允许原告调整其秘密点，不构成超出诉讼请求裁判。

《最高人民法院关于审理侵犯商业秘密民事案件适用法律若干问题的规定》第二十七条规定："权利人应当在一审法庭辩论结束前明确所主张的商业秘密具体内容。仅能明确部分的，人民法院对该明确的部分进行审理。权利人在第二审程序中另行主张其在一审中未明确的商业秘密具体内容的，第二审人民法院可以根据当事人自愿的原则就与该商业秘密具体内容有关的诉讼请求进行调解；调解不成的，告知当事人另行起诉。双方当事人均同意由第二审人民法院一并审理的，第二审人民法院可以一并裁判。"

（2）明确真正秘密点的时间应该在证据交换结束或质证前。

根据《最高人民法院关于审理侵犯商业秘密民事案件适用法律若干问题的规定》，权利人可在"一审法庭辩论结束前"明确商业秘密具体内容，但对于具体的秘密点，要防止原告通过证据交换或质证，不当利用所掌握的对方信息扩张自己商业秘密的范围。在证据交换结束后或质证时，一般不再允许扩大原告的商业秘密，除非原告有充分证据。

2. 商业秘密只能是信息而非其载体

商业秘密常见的形态是信息，而非实在可触的载体。如客户信息手册与客户信息中的交易习惯、价格底线等，只有后者是商业秘密。❶

《最高人民法院关于审理侵犯商业秘密民事案件适用法律若干问题的规定》第一条规定："与技术有关的结构、原料、组分、配方、材料、样品、样式、植物新品种繁殖材料、工艺、方法或其步骤、算法、数据、计算机程序及其有关文档信息，人民法院可以认定构成反不正当竞争法第九条第四款所称的技术信息。与经营活动有关的创意管理、销售、财务、计划、样本、招投标材料、客户信息、数据等信息，人民法院可以构成反不正当竞争法第九条第四款所称的经营信息。前款所称的客户信息，包括客户的名称、地址、联系方式以及交易习惯、意向、内容等信息。"上述商业秘密的信息可能也必须以某种形态呈现出来，即构成商业秘密的载体。

在现实中，权利人一定要明确主张的商业秘密载体是什么，然后围绕具体的商业秘密载体来审查是否采取了有效保密措施，脱离了商业秘密载体采取的保密措施是不具有效性的。❷

（二）对客观秘密性进行实体审查和判断的标准

1. 消极标准

具体以《最高人民法院关于审理侵犯商业秘密民事案件适用法律若干问题的规定》第四条第一款规定为准。该条规定："具有下列情形之一的，人民法院可以认定有关信息为公众所知悉：（一）该信息在所属领域属于一般常识或者行业惯例的；（二）该信息仅涉及产品的尺寸、结构、材料、部件

---

❶ 拓展案例【举证不全案】：济南东方管道设备公司诉济南东方泰威机械设备有限公司侵害商业秘密案（2015年十大知识产权典型案例），原告主张的客户信息，只提供了合同，没有提供交易记录、价格策略等深度秘密信息内容，也没对合同采取保密措施。不符合商业秘密构成要件，最终诉求被驳回。

❷ 拓展案例【市场流通产品作为技术秘密载体案】：北京零极中盛科技有限公司（以下简称零极公司）、周某等侵害技术秘密纠纷民事二审民事判决书中，法院认为"零极公司针对技术图纸的内部保密措施与市场流通产品不具有关联性，不是针对市场流通产品作为技术秘密载体的'相应保密措施'""零极公司主张的与前员工的保密协议、技术图纸管理规范等对内保密措施，因脱离涉案技术秘密的载体，即在市场中流通的电源模块产品，故与其主张保护的涉案技术秘密不具有对应性，不属于本案中针对市场流通产品的'相应保密措施'"。详见最高人民法院（2021）最高法知民终1440号。

的简单组合等内容,所属领域的相关人员通过观察上市产品即可直接获得的;(三)该信息已经在公开出版物或者其他媒体上公开披露的;(四)该信息已通过公开的报告会、展览等方式公开的;(五)所属领域的相关人员从其他公开渠道可以获得该信息的。"

2. 特定积极标准

具体以《最高人民法院关于审理侵犯商业秘密民事案件适用法律若干问题的规定》第四条第二款规定为准。该条规定,将为公众所知悉的信息进行整理、改进、加工后形成的新信息,符合此规定第三条规定的(权利人请求保护的信息在被诉侵权行为发生时不为所属领域的相关人员普遍知悉和容易获得的),应当认定该新信息不为公众所知悉。

三、对主观秘密性的审查

(一)保密措施的认定

1. 拓展案例

原告江阴瑟夫公司诉被告江阴耐特公司、江阴万江玻璃公司、陈某侵害技术秘密纠纷中,陈某辩称瑟夫公司没有采取保密措施,主张驳回其诉讼请求。

问题:瑟夫公司如要证明对涉案救生艇技术采取了保密措施,需要提供哪些证据?

2. 瑟夫公司最终提供的证据

(1)3位员工证人证言并出庭作证;(2)提供合资经营合同、公司章程,均显示就泄露商业秘密有违约责任的约定,也表明了瑟夫公司的保密意愿;(3)陈某擅自将救生艇模具搬离公司,表明救生艇技术复杂,一般手段难以侵权;(4)陈某的任职证明,作为公司法规定的董事高管的忠实义务遵循者,以公司未采取保密措施为由,有违诚实信用原则,也有违忠实义务。

(二)商事主体对商业秘密采取保密措施的主要内容

1. 保密措施的界限标准

(1)相应保密措施的时间界限。

《最高人民法院关于审理侵犯商业秘密民事案件适用法律若干问题的规

定》第五条第一款规定:"权利人为防止商业秘密泄露,在被诉侵权行为发生以前所采取的合理保密措施,人民法院应当认定为反不正当竞争法第九条第四款所称的相应保密措施。"

(2)相应保密措施的合理界限。

《最高人民法院关于审理侵犯商业秘密民事案件适用法律若干问题的规定》第五条第二款规定:"人民法院应当根据商业秘密及其载体的性质、商业秘密的商业价值、保密措施的可识别程度、保密措施与商业秘密的对应程度以及权利人的保密意愿等因素,认定权利人是否采取了相应保密措施。"

2. 一般保密措施的认定标准

《最高人民法院关于审理侵犯商业秘密民事案件适用法律若干问题的规定》第六条规定:"具有下列情形之一,在正常情况下足以防止商业秘密泄露的,人民法院应当认定权利人采取了相应保密措施:(一)签订保密协议或者在合同中约定保密义务的;(二)通过章程、培训、规章制度、书面告知等方式,对能够接触、获取商业秘密的员工、前员工、供应商、客户、来访者等提出保密要求的;(三)对涉密的厂房、车间等生产经营场所限制来访者或者进行区分管理的;(四)以标记、分类、隔离、加密、封存、限制能够接触或者获取的人员范围等方式,对商业秘密及其载体进行区分和管理的;(五)对能够接触、获取商业秘密的计算机设备、电子设备、网络设备、存储设备、软件等,采取禁止或者限制使用、访问、存储、复制等措施的;(六)要求离职员工登记、返还、清除、销毁其接触或者获取的商业秘密及其载体,继续承担保密义务的;(七)采取其他合理保密措施的。"

3. *拓展案例*:非合法特许人的商业秘密权

重庆巍然东日肥牛王餐饮管理有限公司(以下简称东日公司)和刘某特许经营合同案:2011年8月,二者签署特许合同,刘某将注册商标"巍然东方肥牛王"和相关商业秘密特许给东日公司使用。东日公司诉刘某不符合《商业特许经营管理条例》规定的持有人资格(《商业特许经营管理条例》在2007年生效实施),要求合同无效,返还特许使用费270万元。事实是之前东日公司已经使用了刘某的注册商标"巍然东方肥牛王"和商业秘密等经营资源 3 年。

你认为应如何裁判？

《商业特许经营管理条例》第三条规定，本条例所称商业特许经营，是指拥有注册商标、商事主体标志、专利、专有技术等经营资源的商事主体，以合同形式将其拥有的经营资源许可其他经营者使用，被特许人按照合同约定在统一的经营模式下开展经营，并向特许人支付特许经营费用的经营活动。

人民法院判决合同无效，被告刘某个人作为非企业主体从事特许经营活动，不具备合法的特许经营合同主体资格，其作为特许人所签订的特许经营合同为无效合同。针对东日公司已事实使用 3 年，参考刘某的劳务付出、特许经营资源价值等，扣减后判决东日公司返还刘某 30 万元。该判决维护了交易安全和尊重当事人真实意思表示，在体现法律规定基础上较好平衡了双方当事人的利益。

请引导同学探讨该案涉及的行政处罚与民事权益的平衡问题。

第五节　章节知识点回顾及模拟练习

一、章节应知应会知识点

基本要求：了解企业商业秘密风险防控的现状及误区、商业秘密的当事人、商业秘密案件审理的一般思路等；熟悉企业商业秘密的泄密方式、确认不侵权之诉原告举证责任、管辖确定原则等；掌握企业商业秘密风险防控的主要内容，掌握侵犯商业秘密行为的类型、侵犯商业秘密的标准认定、合法来源抗辩的形式，掌握商业秘密民事、刑事、行政案件冲突处理，掌握商业秘密点的确定等。

重点：侵犯商业秘密行为的形式、合法来源抗辩的形式。

难点：侵犯商业秘密行为的形式、商业秘密点的确定。

二、本章节模拟练习

（一）单选题

1. 商业秘密案件具有不对外公开性，秘密点的固定，是诉讼过程中需要（   ）。

   A. 起诉时确定

   B. 原告不断变动才能确定的，因此，开始诉讼时的诉讼请求的秘密点并不一定是最终裁判的秘密点。

   C. 在一审法庭调查结束前明确所主张的商业秘密具体内容

   D. 在一审庭审结束前明确所主张的商业秘密具体内容

2. 在侵犯商业秘密的民事审判程序中，商业秘密权利人应提供（   ）。

   A. 证据证明已经对所主张的商业秘密采取保密措施

   B. 初步证据

   C. 证据合理表明商业秘密被侵犯

   D. 证据证明权利人所主张的商业秘密不属于《反不正当竞争法》规定的商业秘密。

3. 某技术开发公司指派其工程师某开发出一种全新的碳酸饮料配方，并对该配方采取了全面的保密措施，某饮料公司得知后，以提供该配方为条件高薪聘请孙某到本公司工作，孙某向饮料公司披露了该配方，根据《反不正当竞争法》的规定，下列说法正确的是（   ）。

   A. 孙某和饮料公司均侵犯了开发公司的商业秘密

   B. 孙某侵犯了开发公司的商业秘密，饮料公司没有侵犯开发公司的商业秘密

   C. 饮料公司侵犯了开发公司的商业秘密，孙某没有侵犯开发公司的商业秘密

   D. 孙某和饮料公司均没有侵犯开发公司的商业秘密

4. 我国法律保护商业秘密的特点是（   ）。

   A. 法律禁止任何人以科研的形式获得他人的商业秘密

商业秘密法

B. 法律禁止任何人以反向工程的形式获得他人的商业秘密

C. 法律不允许两个人以上的人拥有同一商业秘密

D. 事前采取保密措施，发生纠纷后经司法认定构成商业秘密后，禁止他人以不正当的手段获得商业秘密的行为。

5. 下列有关商业秘密的说法中，正确的是（　　）。

A. 商业秘密就是商业领域的秘密

B. 商业秘密的范围主要包括技术秘密和经营秘密

C. 商业秘密必须同时具有新颖性和创造性

D. 商业秘密权益人只有通过向有关部门提出权益保护申请，依法履行登记手续后，其商业秘密权益才能受到法律保护

6. 潭州教育公司所建立的VIP学员信息库是属于以下哪个范畴的技术和经营信息？（　　）

A. 程序　　　B. 客户名单　　　C. 货源情报　　　D. 产销策略

7. 下列行为属于侵犯商业秘密的是（　　）。

A. 甲公司购买乙公司的产品进行简要的分析后，生产出类似的产品

B. 甲公司为了获取乙公司热销的食品的配料表，派人潜入乙公司窃取

C. 乙在网站上公布了招聘信息，甲将其信息复制到自己的网站上

D. 乙公司将其技术信息高价卖予甲公司，甲公司得到后在报纸上披露了技术

8. 张某与甲公司签订有竞业限制和保密义务的协议，乙公司仍高薪聘请张某并获取其提供的技术资料，下列有关说法正确的是（　　）。

A. 乙公司通过正常的招聘流程，录用技术人员，属正常的经营行为

B. 乙公司并没有胁迫张某披露甲公司的技术资料，并无不正当竞争行为

C. 乙公司的行为侵犯了甲公司的商业秘密

D. 乙公司的行为情节严重的，监督检查部门可吊销其营业执照

9. 张某作为甲公司的高级管理人员，掌握了公司大量的商业机密，张某的劳动合同尚未到期，乙公司高薪聘请张某，张某就到乙公司上班，给甲公司造成重大损失。下列说法错误的是（　　）。

A. 张某应当向甲公司承担赔偿责任

B. 乙公司承担连带责任

C. 乙公司承担全部赔偿责任之后，可以向张某追偿赔偿额的 50%

D. 张某将甲公司的技术秘密泄露给乙公司，甲公司有权直接起诉乙公司和张某

（二）多选题

1. 对于下列（　　）情形，人民法院可以初步认定被告具有侵害知识产权的故意。

A. 被告经原告或者利害关系人通知、警告后，仍继续实施侵权行为的

B. 被告是原告或者利害关系人的员工的

C. 被告与原告或者利害关系人之间存在劳动、劳务、合作、许可、经销、代理、代表等关系，且接触过被侵害的知识产权的

D. 被告与原告或者利害关系人之间有业务往来或者为达成合同等进行过磋商，且接触过被侵害的知识产权的，或被告实施盗版、假冒注册商标行为的

2. 提起确认不侵害知识产权之诉的原告应当举证证明下列事实：（　　）

A. 被告向原告发出侵权警告

B. 原告向被告发出诉权行使催告及催告时间、送达时间

C. 被告未在合理期限内提起诉讼

D. 被告对原告进行侵权仲裁

3. 下列关于侵犯商业秘密罪的说法，（　　）是正确的。

A. 窃取权利人的商业秘密，给其造成重大损失的，构成侵犯商业秘密罪

B. 捡拾权利人的商业秘密资料而擅自披露，给其造成重大损失的，构成侵犯商业秘密罪

C. 明知对方窃取他人的商业秘密而购买和使用，给权利人造成重大损失的，构成侵犯商业秘密罪

D. 使用采取利诱手段获取权利人的商业秘密，给权利人造成重大损失的，构成侵犯商业秘密罪

4. 甲厂将生产饮料的配方作为商业秘密予以保护，乙通过化验方法破解了该饮料的配方，并将该配方申请并获得了专利。甲厂认为乙侵犯了其商业秘密，诉至法院。下列选项正确的是（　　）。

A. 乙侵犯了甲厂的商业机密

B. 饮料配方不因甲厂的使用行为丧失新颖性

C. 乙可以就该饮料的配方申请专利，但应当给甲厂相应的补偿

D. 甲厂有权在原有规模内继续生产该饮料

5. 商业秘密权利人提供初步证据合理表明商业秘密被侵犯，且提供（　　）证据之一的，涉嫌侵权人应当证明其不存在侵犯商业秘密的行为。

A. 有证据表明涉嫌侵权人有渠道或者机会获取商业秘密，且其使用的信息与该商业秘密形式上相同

B. 有证据表明涉嫌侵权人有渠道或者机会获取商业秘密，且其使用的信息与该商业秘密实质上相同

C. 有证据表明商业秘密已经被涉嫌侵权人披露、使用或者有被披露、使用的风险

D. 有其他证据表明商业秘密被涉嫌侵权人侵犯

6. 以下属于侵犯商业秘密的行为的是（　　）。

A. 不特定人以盗窃、利诱等不正当手段获取权利人的秘密

B. 本企业职工违反约定或违反权利人有关保守商业秘密的要求，披露该商业秘密

C. 第三人不知商业秘密是他人非法获取而使用

D. 交易相对方允许他人使用所掌握的对方的商业秘密

7. 根据《反不正当竞争法》及相关规定，以下哪些属于侵犯他人商业秘密的行为（　　）。

A. 以盗窃手段获取他人商业秘密

B. 披露以胁迫手段获取的他人商业秘密

C. 通过反向工程获得他人商业秘密

D. 违反权利人有关保守商业秘密的要求，披露其掌握的商业秘密

8. 根据《反不正当竞争法》及相关规定，下列关于商业秘密的哪些说法是正确的？（　　）

A. 商业秘密，是指不为公众所知悉，能为权利人带来经济利益，具有实用性并经权利人采取保密措施的技术信息和经营信息

B. 通过自行开发研制获得商业秘密的行为不属于侵犯商业秘密的行为

C. 通过反向工程获得商业秘密的行为属于侵犯商业秘密的行为

D. 侵犯商业秘密的行为的损害赔偿额，可以参照确定侵犯专利权的损害赔偿额的方法进行

9. 王某窃取某技术开发公司的技术秘密后，将窃取一事告知了马某，并应马某的请求向其披露了该技术秘密。马某此后的下列哪些行为属于侵犯商业秘密的行为？（   ）

A. 将该技术秘密通过学术论文公开发表

B. 将该技术秘密向其好友赵某披露

C. 将该技术秘密用于生产经营

D. 将该技术秘密以自己的名义向国家知识产权局申请专利

10. 某企业欲将自身的某项技术信息纳入商业秘密保护的范围，应确保该信息（   ）。

A. 具有秘密性　　　　　　B. 具有实用性和价值性

C. 采取了保密措施　　　　D. 有专人负责

11. 甲公司非法窃取竞争对手乙公司最新开发的一项技术秘密成果，与丙公司签订转让合同，约定丙公司向甲公司支付一笔转让费后拥有并使用该技术秘密。乙公司得知后，主张甲丙间的合同无效，并要求赔偿损失。下列哪些说法是正确的？（   ）

A. 如丙公司不知道或不应当知道甲公司窃取技术秘密的事实，则甲丙间的合同有效

B. 如丙公司为善意，有权继续使用该技术秘密，乙公司不得要求丙公司支付费用，只能要求甲公司承担责任

C. 如丙公司明知甲公司窃取技术秘密的事实仍与其订立合同，不得继续使用该技术秘密，并应当与甲公司承担连带赔偿责任

D. 不论丙公司取得该技术秘密权时是否为善意，该技术转让合同均无效

12. 以下哪几项是属于侵犯商业秘密的行为？（   ）

A. 以盗窃、利诱、胁迫或者其他不正当手段获取权利人的商业秘密的

B. 披露、使用或者允许他人使用以前项手段获取的权利人的商业秘密的

C. 违反约定或者违反权利人有关保守商业秘密的要求，披露、使用或者允许他人使用其所掌握的商业秘密的

D. 明知或者应知前款所列行为，获取、使用或者披露他人的商业秘密的

13. 下列行为中侵犯甲公司商业秘密的行为是（　　）。

A. 乙公司违反合同约定的保密义务，泄露甲公司提供的技术方案和工艺参数

B. 丙公司采取不正当手段获取甲公司的技术方案和工艺参数

C. 丙公司采取反向工程手段解剖分析甲公司销售的发动机的技术方案和工艺参数

D. 丙公司使用以不正当手段获取的甲公司技术方案和工艺参数

14. 甲公司与其负有保密义务的高级技术人员张某签订了为期2年的竞业限制协议。在劳动合同解除或者终止后的竞业限制期限内，张某禁止从事的工作有（　　）。

A. 到与甲公司从事同类业务且存在竞争关系的其他用人单位工作

B. 自己从事与甲公司相同的业务

C. 自己开业生产与甲公司同类的产品

D. 到与甲公司生产同类产品且存在竞争关系的其他用人单位工作

15. 下面有关竞业限制规定正确的是（　　）。

A. 不得超过3年　　　　　B. 仅限于高级管理人员

C. 负有保密义务的人员　　D. 高级技术人员

16. 甲厂与工程师江某签订了保密协议。江某在劳动合同终止后应聘至同行业的乙厂，并帮助乙厂生产出与甲厂相同技术的发动机。甲厂认为保密义务理应包括竞业限制义务，江某不得到乙厂工作，乙厂和江某共同侵犯其商业秘密。关于此案，下列哪些选项是正确的？（　　）

A. 如保密协议只约定保密义务，未约定支付保密费，则保密义务无约束力

B. 如双方未明确约定江某负有竞业限制义务，则江某有权到乙厂工作

C. 如江某违反保密协议的要求，向乙厂披露甲厂的保密技术，则构成侵犯商业秘密

D. 如乙厂能证明其未利诱江某披露甲厂的保密技术，则不构成侵犯商业秘密

17. 根据劳动合同法律制度的规定，关于用人单位和劳动者对竞业限制约定的下列表述中，正确的有（　　）。

A. 用人单位应按照双方约定，在竞业限制期限内按月给予劳动者经济补偿

B. 劳动者违反竞业限制约定的，应按照约定向用人单位支付违约金

C. 用人单位和劳动者约定的竞业限制期限不得超过 2 年

D. 竞业限制约定适用于用人单位与其高级管理人员、高级技术人员和其他负有保密义务的人员之间

18. 刘某原是甲公司的技术总监，公司与他签订竞业限制协议，约定合同解除或终止后 3 年内，刘某不得在本行业从事相关业务，公司每月支付其补偿金 2 万元。在刘某离职后，公司只在第一年按时给予了补偿金，此后一直没有支付，刘遂在离职 1 年零两个月后到甲公司的竞争对手乙公司上班。甲公司得知后要求刘某支付违约金。下列说法中正确的有（　　）。

A. 双方约定的竞业限制期限不符合法律规定

B. 刘某可以提出请求解除竞业限制约定，人民法院应予支持

C. 刘某可以要求甲公司支付竞业限制期间内未支付的补偿金，人民法院应予支持

D. 对甲公司要求刘某支付违约金的请求，人民法院应予支持

（三）判断题

1. 侵犯商业秘密的一般认定标准是实质上相同。

2. 商业秘密纠纷案件，实行相似—合法来源的举证原则。

3. 权利人应当在一审法庭辩论结束前明确所主张的商业秘密具体内容。仅能明确部分的，人民法院对该明确的部分进行审理。

4. 人民法院采取的行为保全措施，一般可因被申请人提供担保而解除。

5. 只有经人民法院准许，鉴定人可以将鉴定所涉部分检测事项委托其他检测机构进行检测，鉴定人对根据检测结果出具的鉴定意见承担法律责任。

6. 审判案件应当公开进行。案件涉及国家秘密或者个人隐私的，不公开

审理；涉及商业秘密，当事人提出申请的，法庭可以决定不公开审理。

7.将接触到的公司中长期规划、财务信息等重要资料私自交由不相关人员知晓，属于侵犯商业秘密行为。

8.对于一些公司的内部重要资料，使用完后未进行删除或采取保密措施的，而将其随意放置，属于侵犯商业秘密行为。

9.用人单位为了保护本企业的商业秘密可以与本单位员工签订内部人员保密协议。

10.本公司员工跳槽到与本企业有竞争关系的企业后，可以将在本公司掌握的客户名单、经营信息交由竞争企业使用。

11.商业秘密的涉密人员只包括公司高管人员、技术人员和销售人员。

12.公司的所有信息都是商业秘密。

13.商业秘密作为知识产权的重要组成部分，也是企业重要的无形资产，依法应受到保护。

14.通过合法途径知悉、掌握商业秘密的人擅自使用或允许他人使用所有权不属于自己的商业秘密不算是非法使用他人商业秘密的行为。

15.对从合法渠道取得的产品进行分解、剖析和研究，从而推知产品技术秘密，这种商业秘密的取得方式是不符合法律规定的，是一种非法获取商业秘密的行为。

（四）名词解释

反向工程

（五）简答题

1.侵犯商业秘密行为的类型有哪些？

2.合法来源抗辩的表现形式？

（六）论述题

1.商事主体商业秘密风险防控的现状及误区有哪些？

2.商事主体商业秘密的泄密方式有哪些？

3.商事主体商业秘密风险防控的措施有哪些？

（七）资料题

1.斯威公司是爱丽公司乳化型压克力感压胶外加增粘剂技术信息的排他

许可使用权人。现斯威公司发现丹尼森公司的产品使用了被许可的技术，经过向爱丽公司咨询，确认丹尼森公司未取得爱丽公司的许可。斯威公司希望能起诉丹尼森公司侵权，在起诉的主体、管辖法院方面犹豫不决。

背景：

斯威公司注册在江苏、爱丽公司注册在江苏、丹尼森公司注册在广州，产品销往广东佛山，经销商是里水经营部。斯威公司2004年4月8日向佛山中院起诉，2005年6月移送广东高院；丹尼森公司2004年11月8日向江苏高院起诉斯威公司，双方均认为各自有管辖权。

问题：结合关于当事人与管辖的法律规定，分析本案适格原被告及有权管辖法院。

2. 王某系天恒保健品公司技术主管。2010年2月，王某私自接受中和保健品公司聘请担任其技术顾问。5月，天恒公司得知后质问王某。王某表示自愿退出天恒公司，并承诺5年内不以任何直接或间接方式在任何一家保健品公司任职或提供服务，否则将向天恒公司支付50万元违约金。2013年6月，天恒公司发现王某已担任中和公司的副总经理，并持有中和公司30%股份，而且中和公司新产品已采用天恒公司研发的配方。天恒公司以中和公司和王某为被告提起侵犯商业秘密的诉讼。

问题：

（1）根据我国目前法律的规定，经营者侵犯商业秘密的主要手段有哪些？

（2）请结合第一个问题的理解，谈一下王某是否存在侵犯天恒公司商业秘密的情形？如果存在，属于哪一类情形？如果不存在，主要原因是什么？

（3）关于中和公司和王某的行为，下列说法正确的是（　　）。

A. 中和公司的行为构成侵犯他人商业秘密

B. 王某的行为构成侵犯他人商业秘密

C. 中和公司的行为构成违反竞业禁止义务

D. 王某的行为构成违反竞业禁止义务

（4）请对上述四个选项进行辨析说明。

第五章 侵犯他人商业秘密行为的法律责任

第一节 认定侵犯商业秘密行为的审理思路

一、明确原告起诉被告侵权的具体类型

（一）法律规定

《反不正当竞争法》第九条规定了以下经营者侵犯商业秘密的行为类型：

（1）以盗窃、贿赂、欺诈、胁迫、电子侵入或者其他不正当手段获取权利人的商业秘密；

（2）披露、使用或者允许他人使用以前项手段获取的权利人的商业秘密；

（3）违反保密义务或者违反权利人有关保守商业秘密的要求，披露、使用或者允许他人使用其所掌握的商业秘密；

（4）教唆、引诱、帮助他人违反保密义务或者违反权利人有关保守商业秘密的要求，获取、披露、使用或者允许他人使用权利人的商业秘密。

经营者以外的其他自然人、法人和非法人组织实施前款所列违法行为的，视为侵犯商业秘密。

第三人明知或者应知商业秘密权利人的员工、前员工或者其他单位、个人实施本条第一款所列违法行为，仍获取、披露、使用或者允许他人使用该商业秘密的，视为侵犯商业秘密。

（二）侵犯原告商业秘密的证据选择

拓展案例【侵犯商业秘密权认定思路】：原告机电公司起诉被告商业秘密侵权一案中，被告主张原告主张的技术是被告自行开发，并提供了设计计算书，证明图纸是其独立开发。

案件背景：

（1）设计计算书，是指设计方面的共性原则和概念表述。

（2）被告是原告聘用的技术人员，参与了原告设计、生产混凝土泵的工作。

（3）2013年6月，被告从原告处辞职，同年9月成立公司，生产销售混凝土泵产品。

问题：对上述事实，运用法律规定分析阐述被告是否侵犯原告商业秘密及证据选择。

二、审查双方提供的证据及被告提出的不侵权抗辩事由是否成立

（一）"实质性相同+接触—合法来源"的原则

司法实践中，鉴于商业秘密隐蔽特性，对原告主张侵权的要求较高，对被告侵权的认定采取"实质性相同+接触—合法来源"的原则。

（二）被告提出的不侵权抗辩事由问题

1. 可能性事由

主要包括：（1）被告主张是公知信息，不侵权；（2）被告自行研发，除非管理不善丢失证据，一般能抗辩成功，前提是确实没侵权，实践中很少；（3）反向工程获得。

2. 不侵权抗辩事由的认定

《最高人民法院关于审理侵犯商业秘密民事案件适用法律若干问题的规定》第十四条规定："通过自行开发研制或者反向工程获得被诉侵权信息的，人民法院应当认定不属于反不正当竞争法第九条规定的侵犯商业秘密行为。……被诉侵权人以不正当手段获取权利人的商业秘密后，又以反向工程为由主张未侵犯商业秘密的，人民法院不予支持。"

（三）案情分析

如果案件的反向工程成立，会产生两个法律效果：

（1）被告不侵权；

（2）被告如果未公开涉案商业秘密，其客观秘密性还存在，原被告各自拥有商业秘密。

关键是：反向工程必须符合法律规定，法律行政法规明确规定某类客体禁止反向工程的，被告抗辩理由将不成立。

（四）审理结果

（1）在拓展案例中，设计计算书，只是表明了设计方面的共性原则和概念表述，缺乏设计过程和设计参数的详细表述，与图纸没有完整的对应关系，不能证明独立开发图纸。

（2）被告是原告聘用的技术人员，参与了原告设计、生产混凝土泵的工作，表明被告接触过原告诉请的技术要点。

（3）2013年6月，被告从原告处辞职，同年9月成立公司，生产销售混凝土泵产品，这表明被告生产的时间在原告之后，且短短3个月实现从设计到生产，明显不合常规。

综合上述事实，被告不能证明独立开发图纸，不能证明其图纸还有其他合法来源，人民法院最终认定侵权事实成立。

第二节 侵犯商业秘密的民事责任

认定是否侵犯商业秘密的民事责任，通常要考虑以下因素：侵权人主观上有过错，表现为具有侵犯权利人商业秘密的故意；侵权人实施了侵犯权利人商业秘密的行为；侵权行为与损害事实之间存在因果关系；侵权人给商业秘密权利人造成了损害。

一、拓展案例【1.59亿案件】

"香兰素"技术秘密高额判赔案。❶

1. 基本案情

嘉兴中华化工公司与上海欣晨公司共同研发了乙醛酸法生产香兰素工艺，并将之作为技术秘密保护。该工艺实施安全、易于操作、效果良好，相比传统工艺优越性显著，嘉兴中华化工公司基于这一工艺一跃成为全球最大

---

❶ 案件来源：（2020）最高法知民终1667号。

的香兰素制造商,占据了香兰素全球市场约60%的份额。嘉兴中华化工公司、上海欣晨公司认为王龙集团公司、王龙科技公司、喜孚狮王龙公司、傅某某、王某未经许可使用其香兰素生产工艺,侵犯其技术秘密,故诉至浙江高院,请求判令停止侵权,赔偿经济损失及合理开支5.02亿元。浙江高院认定侵权成立,判令停止侵权、赔偿经济损失300万元及维权合理开支50万元。浙江高院在作出一审判决的同时,作出行为保全裁定,责令王龙科技公司、喜孚狮王龙公司立即停止使用涉案技术秘密,但王龙科技公司、喜孚狮王龙公司并未停止使用行为。除王某外,该案各方当事人均不服一审判决,向最高人民法院提出上诉。二审中,嘉兴中华化工公司、上海欣晨公司上诉请求的赔偿额降至1.77亿元。最高人民法院知识产权法庭根据权利人提供的经济损失相关数据,综合考虑涉案技术秘密商业价值巨大、侵权规模大、侵权时间长、拒不执行生效行为保全裁定性质恶劣等因素,改判王龙集团公司、喜孚狮王龙公司、傅某某、王龙科技公司及其法定代表人王某连带赔偿权利人经济损失1.59亿元。同时,法庭决定将该案涉嫌犯罪线索向公安机关移送。

2. 典型意义

该案系我国法院生效判决赔偿额最高的侵犯商业秘密案件。最高人民法院知识产权法庭通过该案判决,依法保护了重要产业核心技术,切实加大了对恶意侵权的打击力度,明确了以侵权为业的公司法定代表人的连带责任,依法将涉嫌犯罪线索移送公安机关,推进了民事侵权救济与刑事犯罪惩处的衔接,彰显了人民法院严格依法保护知识产权、严厉打击恶意侵权行为的鲜明司法态度。[1]

二、侵犯商业秘密的民事责任种类与依据规定

侵犯商业秘密的行为首先是一种民事侵权或违约行为,因此应当承担民事责任。

---

[1] 最高人民法院知识产权法庭.最高人民法院知识产权法庭2020年10件技术类知识产权典型案例[EB/OL].(2021-02-27)[2022-07-02]. http://enipc.count.gov.cn/zh-ch/news/view-1065.html.

（一）民事责任种类

根据《民法典》第一百七十九条规定，承担民事责任的方式主要有12类：（1）停止侵害；（2）排除妨碍；（3）消除危险；（4）返还财产；（5）恢复原状；（6）修理、重作、更换；（7）继续履行；（8）赔偿损失；（9）支付违约金；（10）消除影响、恢复名誉；（11）赔礼道歉；（12）法律规定惩罚性赔偿的，依照其规定。该条规定的承担民事责任的方式，可以单独适用，也可以合并适用。

（二）民事责任中"赔偿损失"的确定依据及顺序

《反不正当竞争法》第十七条规定："经营者违反本法规定，给他人造成损害的，应当依法承担民事责任。经营者的合法权益受到不正当竞争行为损害的，可以向人民法院提起诉讼。因不正当竞争行为受到损害的经营者的赔偿数额，按照其因被侵权所受到的实际损失确定；实际损失难以计算的，按照侵权人因侵权所获得的利益确定。经营者恶意实施侵犯商业秘密行为，情节严重的，可以在按照上述方法确定数额的一倍以上五倍以下确定赔偿数额。赔偿数额还应当包括经营者为制止侵权行为所支付的合理开支。经营者违反本法第六条、第九条规定，权利人因被侵权所受到的实际损失、侵权人因侵权所获得的利益难以确定的，由人民法院根据侵权行为的情节判决给予权利人五百万元以下的赔偿。"

从上述规定可知赔偿损失的计算顺序：第一顺序是经营者的实际损失；第二顺序是侵权人的获益；第三顺序是以五百万为上限的法定赔偿。同时还规定了恶意侵犯商业秘密的赔偿标准。

三、确定侵犯商业秘密民事责任的基本思路

（一）基本思路概览

1. 思路内容

第一，确定侵权还是违约。

第二，特别关注原告主张的一般侵权民事责任承担方式。

第三，商业秘密诉讼中临时禁令的适用。

第四，对于通过司法技术鉴定查明技术事实的问题。

第五，如何防止诉讼中的二次泄密。

2. 拓展案例【侵犯商业秘密民事责任认定思路】

（1）基本案情。

前述机电公司起诉侵犯商业秘密一案中，被告开始主张原告主张的技术是被告自行开发，在辩论阶段，被告已经认可侵犯事实，只是就赔偿数额提出抗辩。

一审法院以原告证据不足为由，比如无法提供第三方同类产品的净利润而无法确定原告产品每台的净利润，专家咨询意见认为侵权的是核心部件不是全部产品，但无法确认核心部件占整件产品的具体比例，无法确定被告非法获利数额，因此只能采取法定赔偿。最终判决赔偿35万元（原告起诉500万）。机电公司上诉要求按整件产品计算。二审法院对一审判决予以了改判，通过审计，判决50台涉案产品的赔偿额75万元（审计费5500元）。

问题：你从二审可以得到哪些启示？

（2）启示。

1）首先确定侵权产品数量：50台。

2）通过审计确定每台产品的利润率。

3）合理计算涉案商业秘密在整件产品中的合理比重。

4）酌情确定被告的赔偿额。

（3）案情分析。

一般判决不足：忽视对赔偿依据的审查，即对原告损失或被告获利不作过细审查，判赔数额过低；或忽视对比重原则的适用，简单以整件利润为准，判决数额过高，都不公平。

注意：是否审计以具体案情为准，如原告期望额度不高，无须启动，可以直接酌定判决合理赔偿额，但应充分说明酌定理由。

（二）确定侵权还是违约

请分析前述机电公司案件属于哪一类？

1. 责任类别分析

在民事领域内，一般存在违约和侵权两类法律责任。

特殊情况下，如果某一民事违法行为的实施，会同时符合两种以上法律责任构成要件，但是最终依法仅追究其一种法律责任，这被称为责任竞合。

2. 该案问题

该案被告在职期间是原告技术人员，负有保密的法定与约定义务，离职后设立与原告具有竞争关系的商事主体，并利用了原告的技术秘密。该案被告违约的同时亦构成侵权。

问题：在这种情形下，你认为如何选择对原告最为有利？

3. 国外对于责任竞合的选择

国外对于责任竞合一般有三种处理模式：（1）禁止竞合模式，以法国为代表，只允许没有合同关系时产生侵权责任，二者不相容，不存在竞合。（2）允许竞合模式，当事人并有选择权，以德国为代表，一旦一项追责方式已经实现，不能再行主张另一项。（3）有限制地选择诉讼模式，以英美法系国家为代表。

4. 我国对于责任竞合的态度

原则上，我国法律适用允许责任竞合模式。但在商业秘密案件处理过程中应注意以下问题：

（1）两类责任背景下，商业秘密是否成立是司法审查的共同必备要件。

（2）责任判断的统一性：一般违约案件中，原告需举证被告擅自披露、使用或允许他人使用原告商业秘密的违约情形，即对被告违约行为举证，难度大；侵权案件中，原告一般适用"实质性相同＋接触原则"，难度小，因此后者对原告而言是最佳选择。但如果拘泥于字面法律规定，很可能造成不公平，如认定了侵权但无法认定违约行为，因此司法实践一般做法是：考虑二者紧密关系，保持判断标准统一，如果侵权成立，据此认定被告违反了保密约定，同样构成违约。

（3）两种责任的法律后果有很大不同：违约责任的后果是继续履行保密义务、支付违约金、赔偿损失等；侵权责任的后果是停止侵权与赔偿损失等。

5. 拓展案例【案由选择不明】

（1）基本案情。

南京明城公司诉陈某、某精诚厂侵犯商业秘密，陈某曾是明城公司总经理，并且给明城公司写了承诺书：对公司商业秘密保密，并不介入明城公司的客户关系，一旦介入，自愿赔偿1000万元人民币。后陈某与其亲属成立的某精诚厂多次与明城公司客户发生交易。明城公司诉请：要求陈某支付1000万元违约金，同时要求陈某及某精诚厂停止侵权，某精诚厂连带赔偿100万元侵权损失。

问题：如果你是法官，怎么看待100万元性质？是侵权赔偿金还是陈某违约金的一部分？

（2）案例结论。

人民法院将其认定为侵权赔偿金。本着对权利人有利原则，不能以当事人诉请不明驳回起诉，人民法院最终根据双方约定的违约金为赔偿标准，判令被告承担侵权责任。如果被告认为违约金过高，可以有权申请适当减少，人民法院可以依法审查并裁判。

（三）关注原告主张的一般侵权民事责任承担方式

一般侵权民事责任承担方式主要包括停止侵害、赔偿损失、销毁侵权物品等。

1. 停止侵害

停止侵害是所有侵权案件的基本民事责任方式。《最高人民法院关于审理侵犯商业秘密民事案件适用法律若干问题的规定》第十七条规定："人民法院对于侵犯商业秘密行为判决停止侵害的民事责任时，停止侵害的时间一般应当持续到该商业秘密已为公众所知悉时为止。依照前款规定判决停止侵犯的时间明显不合理的，人民法院可以在依法保护权利人的商业秘密竞争优势的情况下，判决侵权人在一定期限或者范围内停止使用该商业秘密。"

此条规定第二款适用前提是"停止侵害的时间一般持续到该项商业秘密已为公众知悉时为止"明显不合理，但司法实践中具体判断很难，只有极少数案件，如客户信息案件，并且要求裁判的阐述理由要充分。

2. 赔偿损失

（1）损害赔偿额的确定顺序。

《反不正当竞争法》第十七条已有相关规定。

另当事人主张参照知识产权许可使用费的合理倍数确定赔偿数额的，人民法院可以考量下列因素对许可使用费证据进行审核认定：许可使用费是否实际支付及支付方式，许可使用合同是否实际履行或者备案；许可使用的权利内容、方式、范围、期限；被许可人与许可人是否存在利害关系；行业许可的通常标准。

因此，损害赔偿额的确定顺序为：权利人被侵权损失（含许可使用费倍数）；侵权人侵权利润；法定赔偿，前两种无法确定时，法官可依据侵权情节，在500万元以下酌定合理数额。这也是我国目前绝大多数商业秘密案件的依据，弊端是因其自由度太大，可能影响司法公信力。但是司法实践中是允许当事人直接选择法定赔偿模式的，主要是商业秘密权作为私权，权利人有权自行选择损害赔偿适用方式，以达到简化举证、节约诉讼成本、提高司法效率及有效惩戒侵权行为的目的。

（2）商业秘密被侵犯后的赔偿标准问题。

权利人请求参照商业秘密许可使用费确定因被侵权所受到的实际损失的，人民法院可以根据许可的性质、内容、实际履行情况以及侵权行为的性质、情节、后果等因素确定。

人民法院依照《反不正当竞争法》第十七条第四款（五百万元以下赔偿）确定赔偿数额的，可以考虑商业秘密的性质、商业价值、研究开发成本、创新程度、能带来的竞争优势，以及侵权人的主观过错，侵权行为的性质、情节、后果等因素。

因侵权行为导致商业秘密为公众所知悉的，人民法院依法确定赔偿数额时，可以考虑商业秘密的商业价值。人民法院认定前款所称的商业价值，应当考虑研究开发成本、实施该项商业秘密的收益、可得利益、可保持竞争优势的时间等因素。

当事人主张依据生效刑事裁判认定的实际损失或者违法所得确定涉及同一侵犯商业秘密行为的民事案件赔偿数额的，人民法院应予支持。

（3）赔偿数额的证据来源。

当事人提供的财务账簿、会计凭证、销售合同、进出货单据、上市公司年报、招股说明书、网站或者宣传册等有关记载，设备系统存储的交易数据，第三方平台统计的商品流通数据，评估报告，知识产权许可使用合同以及市场监管、税务、金融部门的记录等，可以作为证据，用以证明当事人主张的侵害知识产权赔偿数额。

（4）赔偿损失的确认基本思路。

1）要求原告明确计算赔偿额的方式：原告实际损失或被告侵权获利或法定赔偿数额。

2）原告主张赔偿额的相关证据以及被告的抗辩证据，一般需要双方举证、质证后确定。

3）当以原告损失或被告获利为依据时，注意：一是被告侵权产品数量确定后，原告利润率、被告利润率或行业平均利润率都可以做依据，但是原告利润率过高或被告利润率过低时，行业平均利润率最合理。二是掌握好合理比重原则。

4）如果损失明显大于法定赔偿额的裁判。

（5）拓展案例【信发药业和富民药业案件】。

中福会计师事务所有限责任公司《司法会计鉴定报告》证明，截至 2007 年 9 月末，富民公司涉案商业秘密研发投入价值为人民币 3155 余万元。该报告的鉴定对象所涉及的技术并未超出富民公司涉案技术信息的范围。鉴于富民公司并未提供证据证明涉案商业秘密因信发公司及江某、马某的侵权行为而为公众所知悉，因此不能以涉案商业秘密的研发投入来确定损害赔偿数额。

该案中富民公司的损失难以准确计算。信发公司在 2006 年以及 2007 年 1—9 月经营所获利润也难以认定全部归因于涉案商业秘密，信发公司因侵权所获利润亦难以准确计算。同时，该案无证据表明有合理的许可费可资参照。

但是，信发公司 2005 年经营亏损，而 2006 年获利达 4661478.46 元、2007 年前 9 个月获利达 93880684.16 元。

该案被诉侵权行为发生于 2006 年初至 2007 年 9 月期间，信发公司在此期间生产经营的获利，与其侵权行为之间存在一定的因果关系。

在案证据表明，信发公司侵权获利数额远在法定赔偿限额 100 万元之上，因此，该案不应适用法定赔偿方法确定赔偿数额，而应在法定赔偿限额

100万元之上酌情确定赔偿数额。

鉴于信发公司及江某、马某的侵犯行为主观恶意明显、持续时间较长，信发公司在侵权期间的经营利润高、侵权获利数额非常可观，再结合富民公司投入的技术研发费用数额高达3000余万元等实际情况，二审法院依法酌情确定损害赔偿额为900万元和合理维权费用10万元，不存在法律适用错误。

3. 销毁侵权物品

关于侵权物品处置的法律性质，作为商业秘密的物质载体，对其处置的法律性质问题，一直有争议：（1）收缴或销毁属于官方单方的民事制裁性质；应另行制作民事制裁决定书。（2）收缴或销毁具有更强的民事责任性质；应作为民事责任方式来对待。

问题：你认为哪种合理？

《最高人民法院关于审理侵犯商业秘密民事案件适用法律若干问题的规定》第十八条规定："权利人请求判决侵权人返还或者销毁商业秘密载体，清除其控制的商业秘密信息的，人民法院一般应予支持。"

（四）商业秘密诉讼中临时禁令（行为保全）的适用

1. 临时禁令适用条件

拓展案例【临时禁令】：郑州A工业公司向人民法院提交申请，认为与其有合作关系的B公司在合作过程中窃取了A公司商业秘密，并制造了大量与A公司一样的工业品，请求人民法院裁定对B公司下达临时禁令，禁止其继续生产与A公司一致的工业品，并封存已经生产的产品。

问题：如果你是法官，应该如何对待A公司的申请？

2. 内涵阐释

临时禁令，是指人民法院为了及时制止正在实施或即将实施的侵害权利人知识产权或有侵害威胁的行为，而根据当事人申请发布的一种禁止或限制行为人从事某种行为的强制命令。

问题：知识产权案件中可以适用吗？商业秘密诉讼中可以适用吗？

3. 结论：商业秘密诉讼慎重使用临时禁令

（1）传统观点认为：专利、商标、著作权诉讼中可以适用临时禁令，但是商业秘密诉讼一般不适用：

1）商业秘密是否成立审查是先决条件，这个不确定因素决定了很难判断原告存在胜诉可能性，不具备临时禁令中要求的存在胜诉可能性的先决条件。

2）司法实践中，原告主张的商业秘密最终得到支持的比例不是很高，如果适用临时禁令，可能将公知信息不当限制，对被告及社会公共利益造成损害。

（2）商业秘密停止侵权可先行判决及行为保全。

1）《最高人民法院关于依法加大知识产权侵权行为惩治力度的意见》规定："对于侵权事实已经清楚、能够认定侵权成立的，人民法院可以依法先行判决停止侵权。""权利人在知识产权侵权诉讼中既申请停止侵权的先行判决，又申请行为保全的，人民法院应当依法一并及时审查。"这里的行为保全未明确是否排除或包含商业秘密，但可以推断关于商业秘密的临时禁令，权利人有权申请，是否准许看法官判断。另根据《TRIPS协定》，中国作为缔约方，对其第44条禁止令适用于缔约国的规定应在商业秘密中体现，综合推断，临时禁令对商业秘密侵权是适用的。

2）《最高人民法院关于审查知识产权纠纷行为保全案件适用法律若干问题的规定》第六条规定："有下列情况之一，不立即采取行为保全措施即足以损害申请人利益的，应当认定属于民事诉讼法第一百条、第一百零一条规定的'情况紧急'：（一）申请人的商业秘密即将被非法披露；（二）申请人的发表权、隐私权等人身权利即将受到侵害；（三）诉争的知识产权即将被非法处分；（四）申请人的知识产权在展销会等时效性较强的场合正在或者即将受到侵害；（五）时效性较强的热播节目正在或者即将受到侵害；（六）其他需要立即采取行为保全措施的情况。"第七条规定："人民法院审查行为保全申请，应当综合考量下列因素：（一）申请人的请求是否具有事实基础和法律依据，包括请求保护的知识产权效力是否稳定；（二）不采取行为保全措施是否会使申请人的合法权益受到难以弥补的损害或者造成案件裁决难以执行等损害；（三）不采取行为保全措施对申请人造成的损害是否超过采取行为保全措施对被申请人造成的损害；（四）采取行为保全措施是否损害社会公共利益；（五）其他应当考量的因素。"第八条规定："人民法院审查判断申请人请求保护的知识产权效力是否稳定，应当综合考量下列因素：（一）所涉权利的类型或者属性；（二）所涉权利是否经过实质审查；（三）所涉权利是否处于宣告无效或者撤销程序中以及被宣告无效或者撤销的可能性；（四）所涉权利是否存在权属争议；（五）其他可能导致所涉权利效力不稳定的因素。"第十二条规定："人民法院采取的行为保全措施，一般不因被申请人提供担保而解除，但是申请人同意的除外。"第十三条规定："人民法院裁定采取行为保全措施的，应当根据申请人的请求或者案件具体情况等因素合理确定保全措施的期限。裁定停止侵害知识产权行为的效力，一般应当维持至案件裁判生效时止。人民法院根据申请人的请求、追加担保等情况，可以裁定继续采取保全措施。申请人请求续行保全措施的，应当在期限届满前七日内提出。"

（五）通过司法技术鉴定查明技术事实的问题

拓展案例：瑟夫公司与耐特、万江公司商业秘密纠纷案件中，开始对于瑟夫公司主张的自由降落式救生艇拥有商业秘密的技术事实无法查清，但是因为启动司法鉴定面临高额费用，原被告均不主动申请鉴定。

问题：法院可否主动启动司法鉴定程序？费用由谁负担？如果法院不启动，可否判当事人举证不能而败诉？有观点认为双方分担或者法院垫付，实体审理后由败诉方承担，可以吗？

《最高人民法院关于知识产权民事诉讼证据的若干规定》第十九条规定："人民法院可以对下列待证事实的专门性问题委托鉴定：（一）被诉侵权技术方案与专利技术方案、现有技术的对应技术特征在手段、功能、效果等方面的异同；（二）被诉侵权作品与主张权利的作品的异同；（三）当事人主张的商业秘密与所属领域已为公众所知悉的信息的异同、被诉侵权的信息与商业秘密的异同；（四）被诉侵权物与授权品种在特征、特性方面的异同，其不同是否因非遗传变异所致；（五）被诉侵权集成电路布图设计与请求保护的集成电路布图设计的异同；（六）合同涉及的技术是否存在缺陷；（七）电子数据的真实性、完整性；（八）其他需要委托鉴定的专门性问题。"又第二十条规定："经人民法院准许或者双方当事人同意，鉴定人可以将鉴定所涉部分检测事项委托其他检测机构进行检测，鉴定人对根据检测结果出具的鉴定意见承担法律责任。"第二十一条规定："鉴定业务领域未实行鉴定人和鉴定机构统一登记管理制度的，人民法院可以依照《最高人民法院关于民事诉讼证据的若干规定》第三十二条规定的鉴定人选任程序，确定具有相应技术水平的专业机构、专业人员鉴定。"第二十二条规定："人民法院应当听取各方当事人意见，并结合当事人提出的证据确定鉴定范围。鉴定过程中，一方当事人申请变更鉴定范围，对方当事人无异议的，人民法院可以准许。"并在此文第二十三条明确人民法院应当结合下列因素对鉴定意见进行审查：鉴定人是否具备相应资格；鉴定人是否具备解决相关专门性问题应有的知识、经验及技能；鉴定方法和鉴定程序是否规范，技术手段是否可靠；送检材料是否经过当事人质证且符合鉴定条件；鉴定意见的依据是否充分；鉴定人有无应当回避的法定事由；鉴定人在鉴定过程中有无徇私舞弊或者其他影响公正鉴定的情形。

关于司法鉴定程序启动方式，当事人申请启动，费用缴纳一般无争议；法院依职权启动，缴纳鉴定费用是最大障碍，很多当事人认为无必要鉴定或认为对方有义务申请鉴定，拒交，导致案件无故延期。

在司法实务中，相关司法审判共识内容主要包括：法官首先行使释明权，促使各方当事人协调一致；如各方当事人无法达成一致，法院不直接委托鉴定，而是通过明确举证责任分配来确定鉴定费用的负担，负有举证责任一方拒不缴纳，承担举证不能法律后果。

（六）如何防止诉讼中的二次泄密

商业秘密保密义务持续整个诉讼过程，对于诉讼过程中可能发生的二次泄密问题，一直是办案人员和诉讼当事人、代理人及其他诉讼参加人互相博弈的重点，防止诉讼中的二次泄密，应重点做好下列两方面工作。

1. 诉讼中的保密义务及责任界定

诉讼中相关方的商业秘密保密义务一般基于两种方式启动：

（1）依当事人或案外人等相关人员的书面申请启动。

对于涉及当事人或者案外人的商业秘密的证据、材料，当事人或者案外人书面申请人民法院采取保密措施的，人民法院应当在保全、证据交换、质证、委托鉴定、询问、庭审等诉讼活动中采取必要的保密措施。违反前款所称的保密措施的要求，擅自披露商业秘密或者在诉讼活动之外使用或者允许他人使用在诉讼中接触、获取的商业秘密的，应当依法承担民事责任。构成《民事诉讼法》第一百一十六条规定情形的，人民法院可以依法采取强制措施。构成犯罪的，依法追究刑事责任。当事人申请对接触前款所称证据的人员范围作出限制，人民法院经审查认为确有必要的，应当准许。

在刑事诉讼程序中，当事人、辩护人、诉讼代理人或者案外人书面申请对有关商业秘密或者其他需要保密的商业信息的证据、材料采取保密措施的，应当根据案件情况采取组织诉讼参与人签署保密承诺书等必要的保密措施。违反有关保密措施的要求或者法律法规规定的保密义务的，需依法承担相应责任。擅自披露、使用或者允许他人使用在刑事诉讼程序中接触、获取的商业秘密，符合《刑法》第二百一十九条规定的，依法追究刑事责任。

（2）依办案机关的法定职责启动。

相关人员查阅、摘抄、复制案卷材料，涉及国家秘密、商业秘密、个人隐私的，应当保密；对不公开审理案件的信息、材料，或者在办案过程中获悉的案件重要信息、证据材料，不得违反规定泄露、披露，不得用于办案以外的用途。人民法院可以要求相关人员出具承诺书。违反上述规定的，人民法院可以通报司法行政机关或者有关部门，建议给予相应处罚；构成犯罪的，依法追究刑事责任。

公开审理案件时，公诉人、诉讼参与人提出涉及国家秘密、商业秘密或者个人隐私的证据的，法庭应当制止；确与案件有关的，可以根据具体情况，决定将案件转为不公开审理，或者对相关证据的法庭调查不公开进行。讯问录音录像涉及国家秘密、商业秘密、个人隐私或者其他不宜公开内容的，法庭可以决定对讯问录音录像不公开播放、质证。在公开审理的案件中，被告人最后陈述的内容涉及国家秘密、个人隐私或者商业秘密的，应当制止。

2. 保密承诺的完成时间及方式

证据涉及商业秘密或者其他需要保密的商业信息的，人民法院应当在相关诉讼参与人接触该证据前要求其签订保密协议、作出保密承诺，或者以裁定等法律文书责令其不得出于本案诉讼之外的任何目的披露、使用、允许他人使用在诉讼程序中接触到的秘密信息。在刑事诉讼程序中，当事人、辩护人、诉讼代理人或者案外人书面申请对有关商业秘密或者其他需要保密的商业信息的证据、材料采取保密措施的，应当根据案件情况采取组织诉讼参与人签署保密承诺书等必要的保密措施。违反上述有关保密措施的要求或者法律法规规定的保密义务的，依法承担相应责任。擅自披露、使用或者允许他人使用在刑事诉讼程序中接触、获取的商业秘密，符合《刑法》第二百一十九条规定的，依法追究刑事责任。

四、侵犯商业秘密的惩罚性赔偿规定

（一）惩罚性赔偿申请条件

据《最高人民法院关于审理侵害知识产权民事案件适用惩罚性赔偿的解释》第一条规定，原告主张被告故意侵害其依法享有的知识产权且情节严重，请求判令被告承担惩罚性赔偿责任的，人民法院应当依法审查处理。"故意"，包括《商标法》第六十三条第一款和《反不正当竞争法》第十七条第三款规定的恶意。

对于侵害知识产权的故意的认定，人民法院应当综合考虑被侵害知识产权客体类型、权利状态和相关产品知名度、被告与原告或者利害关系人之间的关系等因素。对于下列情形，人民法院可以初步认定被告具有侵害知识产权的故意：（1）被告经原告或者利害关系人通知、警告后，仍继续实施侵权行为的；（2）被告或其法定代表人、管理人是原告或者利害关系人的法定代表人、管理人、实际控制人的；（3）被告与原告或者利害关系人之间存在劳动、劳务、合作、许可、经销、代理、代表等关系，且接触过被侵害的知识产权的；（4）被告与原告或者利害关系人之间有业务往来或者为达成合同等进行过磋商，且接触过被侵害的知识产权的；（5）被告实施盗版、假冒注册商标行为的；（6）其他可以认定为故意的情形。

（二）惩罚性赔偿数额等确定时间

原告请求惩罚性赔偿的，应当在起诉时明确赔偿数额、计算方式以及所依据的事实和理由。原告在一审法庭辩论终结前增加惩罚性赔偿请求的，人

民法院应当准许；在二审中增加惩罚性赔偿请求的，人民法院可以根据当事人自愿的原则进行调解，调解不成的，告知当事人另行起诉。

（三）惩罚性赔偿——"情节严重"的认定

对于侵害知识产权情节严重的认定，人民法院应当综合考虑侵权手段、次数，侵权行为的持续时间、地域范围、规模、后果，侵权人在诉讼中的行为等因素。被告有下列情形的，人民法院可以认定为情节严重：（1）因侵权被行政处罚或者法院裁判承担责任后，再次实施相同或者类似侵权行为；（2）以侵害知识产权为业；（3）伪造、毁坏或者隐匿侵权证据；（4）拒不履行保全裁定；（5）侵权获利或者权利人受损巨大；（6）侵权行为可能危害国家安全、公共利益或者人身健康；（7）其他可以认定为情节严重的情形。

另外，对于其他"恶意"侵犯他人商业秘密的行为，也可认定为其他情节严重的情形，适用惩罚性赔偿。例如，人民法院认定平台内容经营者发出声明是否具有恶意，可以考量下列因素：提供伪造或者无效的权利证明、授权证明；声明包含虚假信息或者具有明显误导性；通知已经附有认定侵权的生效裁判或者行政处理决定，仍发出声明；明知声明内容错误，仍不及时撤回或者更正等。

（四）惩罚性赔偿——"数额"与"倍数"的认定

1. "数额"的确定依据

人民法院确定惩罚性赔偿数额时，应当分别依照相关法律，以原告实际损失数额、被告违法所得数额或者因侵权所获得的利益作为计算基数。该基数不包括原告为制止侵权所支付的合理开支；法律另有规定的，依照其规定。这里所称实际损失数额、违法所得数额、因侵权所获得的利益均难以计算的，人民法院依法参照该权利许可使用费的倍数合理确定，并以此作为惩罚性赔偿数额的计算基数。

2. 被告不配合举证的法律后果

人民法院依法责令被告提供其掌握的与侵权行为相关的账簿、资料，被告无正当理由拒不提供或者提供虚假账簿、资料的，人民法院可以参考原告的主张和证据确定惩罚性赔偿数额的计算基数。构成《民事诉讼法》第一百一十一条规定情形的，依法追究法律责任。

3."倍数"的确定依据

人民法院依法确定惩罚性赔偿的倍数时,应当综合考虑被告主观过错程度、侵权行为的情节严重程度等因素。因同一侵权行为已经被处以行政罚款或者刑事罚金且执行完毕,被告主张减免惩罚性赔偿责任的,人民法院不予支持,但在确定前款所称倍数时可以综合考虑。

五、商业秘密检察诉讼典型案例

(一)案件事实

山东德州中陆食品有限公司(以下简称中陆公司)、九一食品有限公司(以下简称九一公司)对外统称九一集团,系实际控制人为一人的关联商事主体,是一家集研发、生产、销售于一体的大型食品馅料商事主体。被告人赵某于2009年11月至2018年6月担任中陆公司负责生产业务的副总经理,并与公司签订保密协议,约定在职期间及离职后五年内有保密义务。

2018年7月,赵某从中陆公司辞职后,入职久久食品(长春)有限公司(以下简称久久公司)任副总经理。其后不久,赵某陆续将其工作过程中知悉的中陆公司、九一公司客户特殊品种情况表、客户质量标准、销售协议、销售政策、退货政策、产品价格表等经营信息,通过微信披露给久久公司实际控制人田某及其业务员。久久公司业务员使用上述信息,向中陆公司、九一公司的客户低价推销同类产品,中陆公司、九一公司为维系客户关系,被迫采取降低售价、免除运费、附加赠品等优惠措施,中陆公司、九一公司因商业秘密被非法披露、使用遭受损失342万余元。经鉴定,赵某披露的信息属于不为公众所知悉的经营信息。

(二)检察机关履职情况

1. 发现案件线索

被告人赵某利用职务便利,在为中陆公司采购设备过程中收受回扣12万元,涉嫌非国家工作人员受贿罪,于2019年11月19日被公安机关移送山东省禹城市人民检察院(以下简称禹城市检察院)审查起诉。办案检察人员在审查举报材料时发现,中陆公司反映"赵某高薪加入同行业公司,并私自招揽原公司客户群",认为赵某可能涉嫌侵犯商业秘密犯罪,遂将该案退回补充侦查，要求公安机关收集固定赵某是否构成侵犯商业秘密罪的证据，并引导公安机关对赵某非法披露涉及中陆公司经营信息的证据进行勘查取证，对相关信息是否具有秘密性进行鉴定。

2. 审查起诉

2020年4月3日，公安机关以赵某涉嫌侵犯商业秘密罪移送禹城市检察院审查起诉。公安机关就权利人损失委托鉴定，鉴定机构以原材料价格与销售价格正相关为计算假设依据，剔除国外贸易、视同销售的营业收入及营业成本金额，以2017年11月28日至2018年11月27日的销售收入/原材料比作为计算依据，认定商事主体损失为415.27万元。检察机关认为该损失计算为估计损失，而非实际损失，犯罪数额存疑。为查明损失数额，禹城市检察院启动自行补充侦查，调取25册3000余页账证进行核对，根据金税系统中的出库单和发票，以产品的实际出厂单价和数量为计算依据，认定中陆公司、九一公司损失数额为342.63万元，得到法院判决支持。

3. 出庭公诉

针对辩方可能提出的辩护意见，检察人员制定多个出庭预案，制作详细的举证提纲；庭审中，检察人员就中陆公司、九一公司的经营信息属于商业秘密、赵某对涉案经营信息负有保密义务、权利人损失的认定依据、赵某非法披露、允许他人使用的经营信息与权利人损失之间的因果关系等关键事实，结合书证、电子数据、证人证言等充分举证，取得良好的庭审效果。2020年8月20日，禹城市法院认定赵某犯侵犯商业秘密罪，判处有期徒刑四年，罚金50万元，犯非国家工作人员受贿罪，判处有期徒刑十个月，数罪并罚，决定执行有期徒刑四年六个月，罚金50万元。一审宣判后赵某未上诉，该判决已生效。

（三）典型意义

（1）严厉惩治侵犯商业秘密犯罪，维护公平有序的竞争秩序。现代社会鼓励在改进技术、降低成本和提高产品质量基础上的公平竞争，非法披露、使用或允许他人使用权利人技术秘密和经营信息，获取市场份额和竞争优势的犯罪行为应当受到法律的严厉制裁。该案权利人是国内食品馅料行业的龙头商事主体，在该公司担任高管职务的赵某违反保密协议和诚信原则，将知悉的经营信息商业秘密披露给其他同业经营者，导致权利人生产经营遭受重大损失，造成特别严重后果，应当承担相应的刑事责任。

（2）充分发挥检察监督职能，查微析疑，发现漏罪线索。商事主体在长期生产经营过程中形成的能够为权利人带来竞争优势的用于经营的各类信息，直接关系到商事主体的生存与发展。该案所涉的客户名单等经营信息的价值性体现在其所伴随的交易机会、销售渠道及销售利润，这些经营信息能够在联系销售业务中获得优势，提高竞争力，创造经济价值，具有现实及潜在的市场价值。禹城检察机关在办理其他案件中敏锐捕捉到经营信息被侵犯的犯罪线索，并引导公安机关开展侦查，查实了侵犯商业秘密犯罪，有效维护了商事主体合法权益。

（3）恪守客观公正，保障被告人权利。检察人员对于鉴定意见所采用的鉴定方法、鉴定依据进行了细致审查，认为该案权利人损失的数额计算有误，遂自行补充侦查，确定合理的损失计算方法，查明犯罪数额，准确认定案件事实、适用法律，体现了办案检察机关秉持客观公正立场，从存疑有利于被告人的原则出发，切实做到了公平公正、不枉不纵。

六、侵犯商业秘密案件的证据审查与民刑交叉问题

（一）证据审查原则

人民法院审理侵犯商业秘密民事案件时，对在侵犯商业秘密犯罪刑事诉讼程序中形成的证据，应当按照法定程序，全面、客观地审查。

由公安机关、检察机关或者人民法院保存的与被诉侵权行为具有关联性的证据，侵犯商业秘密民事案件的当事人及其诉讼代理人因客观原因不能自行收集，申请调查收集的，人民法院应当准许，但可能影响正在进行的刑事诉讼程序的除外。

（二）证据保全

被申请人试图或者已经以不正当手段获取、披露、使用或允许他人使用权利人所主张的商业秘密，不采取行为保全措施会使判决难以执行或者造成当事人其他损害，或者将会使权利人的合法权益受到难以弥补的损害的，人民法院可以依法裁定采取行为保全措施。上述规定的情形属于《民事诉讼

法》第一百〇三条、第一百〇四条所称情况紧急的,人民法院应当在四十八小时内作出裁定。

(三)民刑赔偿数额依据互认规定

当事人主张依据生效刑事裁判认定的实际损失或者违法所得确定涉及同一侵犯商业秘密行为的民事案件赔偿数额的,人民法院应予支持。权利人已经提供侵权人因侵权所获得的利益的初步证据,但与侵犯商业秘密行为相关的账簿、资料由侵权人掌握的,人民法院可以根据权利人的申请,责令侵权人提供该账簿、资料。侵权人无正当理由拒不提供或者不如实提供的,人民法院可以根据权利人的主张和提供的证据认定侵权人因侵权所获得的利益。

(四)商业秘密案件中民刑案件转换规定

当事人以涉及同一被诉侵犯商业秘密行为的刑事案件尚未审结为由,请求中止审理侵犯商业秘密民事案件,人民法院在听取当事人意见后认为必须以该刑事案件的审理结果为依据的,应予支持。人民法院不能依职权主动转换。

七、商业秘密民事诉讼案件的举证原则

《反不正当竞争法》第三十二条规定:"在侵犯商业秘密的民事审判程序中,商业秘密权利人提供初步证据,证明其已经对所主张的商业秘密采取保密措施,且合理表明商业秘密被侵犯,涉嫌侵权人应当证明权利人所主张的商业秘密不属于本法规定的商业秘密。""商业秘密权利人提供初步证据合理表明商业秘密被侵犯,且提供以下证据之一的,涉嫌侵权人应当证明其不存在侵犯商业秘密的行为:(一)有证据表明涉嫌侵权人有渠道或者机会获取商业秘密,且其使用的信息与该商业秘密实质上相同;(二)有证据表明商业秘密已经被涉嫌侵权人披露、使用或者有被披露、使用的风险;(三)有其他证据表明商业秘密被涉嫌侵权人侵犯。"

八、纵深思考1：侵犯商业秘密刑事与民事案件交叉

在侵犯商业秘密案件中，很多时候涉及既可以追究其刑事责任又可以追究其民事责任或行政责任的问题，具体选择权在被侵犯方。在人们的一般意识中，刑事案件对侵犯人具有较大的威慑力，能够更有效率地维护商业秘密权人的合法权益。但是在司法实践中，商业秘密刑事案件的立案标准还是比较严格的，为了能够获得刑事案件的及时立案，被侵犯人往往作出一定的取舍。这就可能使实际侵权人和刑事案件犯罪嫌疑人有一定的错位，也就造成很多的一案民刑分而审之的现状。

（一）问题导入

商业秘密纠纷的发生，会引发被侵犯人对司法程序的选择问题，如何以适当的方式进行司法程序选择才能更好保护被侵犯人的合法权益呢？

（二）侵犯商业秘密诉讼管辖权异议案

1. 案件名称与案由

潘某诉苏州市嘉禾食品工业有限公司等侵犯商业秘密纠纷案。[1]

2. 基本案情

上诉人（原审被告）：潘某。

被上诉人（原审原告）：苏州市嘉禾食品工业有限公司。

原审被告：陆某某。

原审被告：湖北旺园食品有限公司（以下简称旺园公司）。

原审被告：广州市旺庭食品有限公司（以下简称旺庭公司）。

原审被告：汪某。

原审被告：计某某。

原审被告：王某。

上诉人潘某的诉讼请求、事实和理由：

请求依法将本案移送湖北省襄阳市中级人民法院管辖。主要理由如下：

第一，原审法院曾经在有关本案的撤诉裁定中注明，原审被告陆某某的

---

[1] 案件来源：（2012）苏知民辖终字第0060号。

住所地在上海市，原审被告计某某长期不在吴江市（现为吴江区，下不另注）居住，故原审法院不是被告住所地法院。第二，原审法院也不是侵权结果地法院。

法院查证的事实：原审被告陆某某曾于2004年9月至2009年1月在被上诉人苏州市嘉禾食品工业有限公司从事产品质量管理工作，并负责该公司HACCP文件的编写起草。原审被告计某某曾任该公司会计，并掌握着公司的客户名单、财务信息。上诉人潘某为原审被告旺庭公司和旺园公司的控股股东，且为旺庭公司的法定代表人。原审被告汪某于2001年8月至2006年1月间为该公司销售员，熟悉产品及员工情况。王某在明知的情况下直接参与了本案侵权的整个过程。旺庭公司和旺园公司实质为一家公司，并在本案侵权行为中有不同的分工。

2009年5月，被上诉人苏州嘉禾公司发现该公司的数个植脂末配方及客户名单等商业秘密泄露，遂向吴江市公安局报案。2011年7月8日，苏州工业园区人民法院作出（2011）园知刑初字第0001号刑事判决，认定陆某某构成侵犯商业秘密罪。2011年10月14日，原审法院作出（2011）苏中知刑终字第0001号刑事判决，维持了上述一审判决。苏州嘉禾公司用以证明本案起诉事实的证据为苏州工业园区人民法院（2011）园知刑初字第0001号刑事判决和江苏省苏州市中级人民法院（2011）苏中知刑终字第0001号刑事判决。

3. 裁判结果

依照《中华人民共和国民事诉讼法》第一百五十三条第一款第（一）项、第一百五十四条的规定，裁定如下：

驳回上诉，维持原裁定。

本裁定为终审裁定。

（三）法理思考

人民法院在该案中的裁判依据是《中华人民共和国民事诉讼法》第二十九条的规定"因侵权行为提起的诉讼，由侵权行为地或者被告住所地人民法院管辖"与有关陆某某构成侵犯该案商业秘密罪的（2011）苏中知刑终字第0001号刑事判决记载内容。人民法院认为原审被告陆某某和计某某的身份证均显示其户籍地为江苏省吴江市。故原审法院作为陆某某与计某某的住所地法院，依法享有该案管辖权。尽管上诉人潘某对原审被告陆某某及计某某的住所地等问题提出疑问，但是没有提供相应证据，故潘某的上诉理由不成立。

该案裁定书中的裁判依据没有回应上诉人提出的原审法院撤诉裁定中的描述，仅仅说明了上诉人潘某对原审被告陆某某及计某某的住所地等问题提出疑问，没有提供相应证据。但是上诉人所提出的撤诉裁定的裁决内容如果真实存在，是否应该作为证据体现呢？该案以另案生效的刑事判决书作为裁判依据，说明了刑事案件与民事案件在司法实践中的衔接效力显现。但是裁决的理由和上诉的理由无法形成回应显然是该案的一个缺憾。随着我国司法改革的深入，对于法官等司法人员的要求也越来越高，尤其是员额制的有效实施和全面推广，能够入选员额制内的法官应该在理论水平和实务能力方面都具有很强的实力。这种优先性体现在司法实践中，首先是对裁判文书的完善写作上，既要有裁判的明确依据，又要有对当事人不合适诉求理由否定的依法阐释，这样的裁决才能做到公开、公平、公正及体现法律的严肃性。

当然在我国知识产权领域，目前我国正在推行的"三合一"审理制度，即知识产权的民事诉讼、行政诉讼和刑事诉讼三审由原来的三个不同性质的法庭分开审理改变为一个主审庭室进行，其优势显而易见，就是可以解决案件事实认定不一致问题。原先不同性质商业秘密案件中刑庭认定标准和民庭认定标准以及行政庭认定标准各有不同，尤其是一旦刑庭认定侵犯商业秘密并判定刑事责任，当事人以此为据诉至民庭要求民事赔偿，就产生了民庭是否可以将当事人提交的有效刑事裁决书为法定有效证据，直接认定当事人商业秘密成立并被侵犯，只是在赔偿数额方面依法裁判就可以了呢？司法现实中却发生了有的民庭在商业秘密案件审理过程中发现刑庭审理的商业秘密案件认定的商业秘密不符合四要素，这让民庭法官产生了困惑：一旦直接引用刑事判决书，则意味着错上加错，当事人一旦上诉，发回重审或改判的可能性较大；但是如果直接抛开刑事案件裁决书，对商业秘密另行认定是否符合法定要件，那么在最终确认商业秘密不成立的情况下，意味着刑事裁判出现了错判，这就陷入了法律否定法律的怪圈。而我国目前关于商业秘密构成要件的法律最基础的就是《反不正当竞争法》，我国《刑法》中的认定标准和

《反不正当竞争法》是一致的，这种情况下只有一个解释，那就是我国现行立法的太过简单和抽象，司法实践中不同法官的理解容易出现较大偏差。因此，从这个角度出发，我们认为加快我国商业秘密统一立法的步伐，将商业秘密的基本内涵、构成要件、法律责任等问题相对细化、确定，才能给一线的法官提供有效而且相对统一标准的法律依据，避免同案裁判不一致的情况的发生。

目前全国试行知识产权刑事附带民事司法实践的地区逐渐增多，但是知识产权刑事附带民事问题一直没有统一，实践中确实也存在一些障碍，最典型的是管辖冲突，尤其是级别管辖冲突问题。当前涉及技术类纠纷的知识产权民事案件由各地中级人民法院管辖，如果在基层人民法院受理的涉及技术秘密的刑事案件中提起附带民事诉讼，基层法院就民事部分没有管辖权。

在当前知识产权"三合一"审判大背景下，知识产权刑事附带民事诉讼符合司法实践需要：提高审判效率、有效化解纠纷、减少司法资源的浪费；提高被告人侵权违法的成本，即不仅要承担刑事责任，还要承担民事责任；在加大知识产权司法保护力度的同时，可以统一刑事案件和民事案件的裁判尺度，避免冲突判决的产生。知识产权庭长期审理知识产权案件，积累了非常丰富的民事审判经验，在"三合一"审判模式下，也有一批刑事法官进入了知识产权庭，具备了一定的刑事案件审判能力。因此，在目前情况下，开展刑事附带民事诉讼工作具有一定的实践基础。❶

九、纵深思考2：违约与侵权案由的选择直接影响案件结果

（一）问题导入

商事主体的商业秘密无处不在，所以也让很多商事主体无从下手，认为经营的一切信息都是自己的商业秘密，但是具体到这些商业秘密如何界定、如何用合理的手段去保护并使之产生收益，大多数商事主体显得应对经验不足，直接的后果就是选择的案由不正确，承担败诉的法律后果。

---

❶ 浙江省高级人民法院知识产权民刑交叉相关问题——浙江高院第五期"浙知沙龙"综述［EB/OL］.（2021-12-17）［2022-07-04］. https://www.zhichanli.com/p/1470492049.

（二）侵犯商业秘密案中的违约与侵权之选择

1. 案件名称与案由

广州市桂宝食品有限公司诉方某侵犯商业秘密、名誉权纠纷案。❶

2. 基本案情

原告：广州市桂宝食品有限公司。

被告：方某。

原告的诉讼请求和理由：被告的网络发帖行为违反了双方保密约定，严重损害了原告的合法权益。2013年7月27日，被告来原告处应聘办公室主任岗位，经面试合格后双方在2013年8月签订劳动合同，并在2013年9月28日双方签订《员工保密协议书》，约定"双方解除或终止劳动合同后，被告不得向第三方公开原告所拥有的未被公众知悉的商业秘密，被告必须严格遵照原告的保密制度，防止泄露原告的商业秘密。在合同期内，被告违反本协议造成原告较大经济损失的，原告予以被告除名行政处罚并追索全部或部分保密津贴等"。2013年11月8日，被告离职，双方签订《劳动关系终止（解除）确认书》，约定："双方协商一致解除劳动合同，确认终止劳动关系，就被告在劳动关系存续期间的所有工资待遇与劳动问题达成一致，并一次性结清。被告保证在原告用工期间所知悉的与持有的有关原告所有商业秘密、资料，不予泄露任何第三方，否则愿意承担相应法律责任，造成原告经济损失的，愿意赔偿其经济损失等。"

2013年12月初，原告陆续发现被告在网上发布标题为《去腥王，我在5000万广州市桂宝食品有限公司的工作历程》的帖子，内容主要是诋毁原告的不良信息，同时也违反了保密协议，泄露原告商业秘密。2013年12月5日，原告为保存证据向广州市公证处做了网页保全公证，此后，原告负责人及工作人员多次跟被告联系要求被告删除帖子并消除影响，但被告均无理拒绝。因此，原告起诉请求判令：（1）判令被告立即删除标题为《去腥王，我在5000万广州市桂宝食品有限公司的工作历程》的全部网站上的帖子；（2）判令被告公开赔礼道歉、消除影响，并在"天涯社区"网站和其他

---

❶ 案件来源：（2014）穗越法知民初字第33号。本案还有原告诉被告侵害名誉权的判决，由于不是本书论述的重点，因此不再涉及。

有《去腥王,我在5000万广州市桂宝食品有限公司的工作历程》帖发布的网站的主页以及《广州日报》上登载致歉声明;(3)被告退还原告保密津贴1500元;(4)被告赔偿原告经济损失45000元;(5)被告承担本案公证费、诉讼费。

被告方某答辩:涉案帖子是由被告发布,但主要是因为原告未能按招聘承诺支付工薪待遇,随意调整工作岗位,散布被告与他人的不正当男女关系等。被告不认为该行为构成侵犯商业秘密,在网络上公布原告注册资金不属于商业秘密内容。

3. 判决结果

对原告基于被告涉案发帖行为侵犯其商业秘密的诉讼请求不予支持。关于原告要求被告退还保密津贴1500元,鉴于被告行为并未侵犯原告商业秘密,原告以被告侵犯商业秘密为由要求退还保密津贴缺乏理据,法院亦不予支持。若原告认为被告违反《员工保密协议书》的约定而要求其退还保密津贴,属于违约之债,不属本案处理范围,原告可另寻法律救济途径。

(三)法理思考

该案原告提起的是侵犯商业秘密的侵权之诉,其诉讼请求要求被告退还的1500元保密津贴的依据却是被告违反了《员工保密协议书》的后果。案由是侵权,诉讼主张是违约,二者不能对应,违约的证据无法支持侵权的事实,因此最终法院驳回其关于被告侵犯商业秘密的诉讼主张。

1. 原告无法证明商业秘密的存在

在该案诉讼过程中,原告向法庭提交的客户退款协议书、广告发布合同等证据材料无法在被告发帖内容中体现,即不足以证实被告发帖内容具有侵犯其商业秘密所必备的经济实用性等特征。

同时原告主张被告发布的涉案网络帖子中关于原告仅仅落户广州、注册资本5000万元但营业额只有十几万、原告公司人员少而且频繁变动,以及只有两家分公司的相关情况等内容属于商业秘密。但这些内容是否符合商业秘密四大法定要件的举证责任应由原告承担。例如,注册资金的数额是在工商局备案公开的信息,不属于商业秘密范畴,至于其他信息是否属于商业秘密,是否具备商业秘密法定构成要件,原告在诉讼过程中没有相应的证据支持。因此，原告主张的商业秘密不存在。

由于原告在该案中主张的侵权之诉，所以侵权的前提就是商业秘密的存在，一旦原告不能举证商业秘密合法存在，就没有必要继续审理后续是否侵权的问题了。

2. 如果将案由换为违约之诉，原告的举证责任和法律后果可能会更有利

该案原告诉讼主张混乱，主要体现在该案由是侵权之诉，法律依据却是违约行为，二者的错位导致了原告的败诉。如果原告诉讼主张被告承担因为违反《员工保密协议书》而应该返还1500元保密费，则该案就属于劳动争议的范畴，应该首先申请劳动仲裁，对劳动仲裁不服再提起诉讼。

如果原告据此提起劳动仲裁，则原告的举证责任只需要证明双方签订了保密协议、被告的网帖包含保密协议中约定的保密事项、按照约定违反保密协议应退还保密费，就可以很好地达到自己的预期。

因此，同一个事实，不同的案由选择、不同的程序选择，会有不同的法律后果。

十、纵深思考3：涉商业秘密刑民交叉案件的处理

（一）问题导入

因违反保密义务引发的商业秘密许可合同纠纷案件与关联刑事案件并非基于同一法律要件事实所产生的法律关系，人民法院可以在移送犯罪嫌疑线索的同时，继续审理该商业秘密许可合同纠纷案件。

（二）民刑交叉案件的司法程序选择

1. 案件名称与案由

星辉公司与一星公司技术秘密许可使用合同纠纷案。[1]

2. 基本案情

一星公司认为，星辉公司违反协议约定，利用一星公司要求保密的技术图纸生产横机设备的行为，侵犯了一星公司的商业秘密，向浙江省宁波市中

---

[1] 案件来源：（2019）最高法知民终333号。

级人民法院（以下简称一审法院）提起诉讼。一审程序期间，浙江省宁波市公安局针对星辉公司涉嫌侵犯商业秘密罪有关事项立案侦查，并函告一审法院。一审法院认为，浙江省宁波市公安局侦查的事实涵盖了涉案协议和图纸相关内容，与其所审理的侵犯商业秘密民事案件事实具有重合之处，故裁定移送公安机关处理。星辉公司不服，向最高人民法院提起上诉，主张本案系技术秘密许可合同法律关系，而浙江省宁波市公安局立案侦查的侵犯商业秘密案件系侵权法律关系，二者不属于同一法律关系，根据《最高人民法院关于在审理经济纠纷案件中涉及经济犯罪嫌疑若干问题的规定》第十条之规定，本案不应移送，而应继续审理。最高人民法院裁定撤销一审裁定，指令一审法院继续审理。

3. 判决结果

最高人民法院二审认为，根据《最高人民法院关于在审理经济纠纷案件中涉及经济犯罪嫌疑若干问题的规定》第十条规定："人民法院在审理经济纠纷案件中，发现与本案有牵连，但与本案不是同一法律关系的经济犯罪嫌疑线索、材料，应将犯罪嫌疑线索、材料移送有关公安机关或检察机关查处，经济纠纷案件继续审理。"

（三）法理思考

该案二审争议核心在于判断该案所涉法律关系与星辉公司涉嫌侵犯商业秘密犯罪是否基于同一法律事实。根据该案查明的事实可知，该案星辉公司与一星公司之间因履行《采购协议》及其附件《保密协议》产生争议，一星公司以星辉公司违反保密义务，将其被许可的技术秘密用于合同约定事项之外为由提起该案诉讼，请求判令星辉公司承担相应违约责任。

同时，星辉公司又因涉嫌侵犯一星公司的商业秘密（包含涉案合同所涉技术秘密）与其他案外人一并被浙江省宁波市公安局立案侦查。可见，该案系一星公司以星辉公司违反合同约定为由所提起的合同之诉，系技术秘密许可使用合同法律关系。而浙江省宁波市公安局所立案侦查的星辉公司涉嫌商业秘密犯罪，系星辉公司涉嫌侵犯一星公司的商业秘密的侵权法律关系。二者所涉法律关系不同，并非基于同一法律事实所产生之法律关系，分别涉及经济纠纷和涉嫌经济犯罪，仅仅是二者所涉案件事实具有重合之处。

该案为技术秘密许可使用合同纠纷，尽管该案的案件事实与浙江省宁波市公安局立案侦查的商业秘密犯罪案具有重合之处，但一星公司与星辉公司之间的涉案民事法律关系并不受影响。一审法院应将与该案有牵连、但与该案不是同一法律关系的犯罪嫌疑线索、材料移送浙江省宁波市公安局，但也应继续审理该案所涉技术秘密许可使用合同纠纷。

因此，一审法院以星辉公司具有侵犯商业秘密罪嫌疑，应移送公安机关处理为由，裁定驳回一星公司的起诉并将该案移送公安机关处理之结论错误，予以纠正。

第三节 侵犯商业秘密的行政责任

根据《反不正当竞争法》的规定，侵犯商业秘密的行为除了承担民事责任，还应当承担行政责任：作为经营者以及其他自然人、法人和非法人组织，一旦违反法律规定侵犯商业秘密，由监督检查部门责令停止违法行为，没收违法所得，处十万元以上一百万元以下的罚款；情节严重的，处五十万元以上五百万元以下的罚款；作为监督检查部门的工作人员，一旦滥用职权、玩忽职守、徇私舞弊或者泄露调查过程中知悉的商业秘密的，依法给予处分。

一、行政监管部门实践中不断强化行政服务能力保护商业秘密

实践中，很多市场监管机关单位针对商事主体对商业秘密知识了解少、保护不力、被侵犯现象严重的现实情况，积极开展了商业秘密保护示范单位试点工作，以点带面，点面结合，积极探索商业秘密保护工作新模式，构建"政府主导、市场指导、部门协作、商事主体负责、多方联动"的商事主体商业秘密保护体系，增强商事主体核心竞争力，推动商事主体创新发展。具体做法是实行服务基础上的监管模式，市场监管局作为行政部门，没有固守传统"等"案上门，而是结合前期的调研数据及发现的现实问题，积极主动"靠近"商事主体，通过多种有效的手段措施，为商事主体商业秘密保护提供综合服务，构建起商事主体商业秘密行政风险防控的预防新机制。积极推动构建集"商业秘密、专利、商标"的"三位一体"知识产权保护综合服

务平台，并针对重点领域商业秘密保护问题专门研究制订工作方案及宣传计划，不断修正完善商业秘密保护宣传指导体系，编印《商事主体商业秘密保护指导宣传册》，通过微信公众号、报纸、电视台等媒体定期推送相关宣传信息与典型案例，还通过灵活多样的商业秘密保护培训活动，促进商事主体商业秘密保护意识与保护能力的全面提升。这些都起到了很好的普法宣传效果和商业秘密保护的实效。

有的市场监管单位专门制定《商事主体商业秘密保护工作实施方案》，明确工作重点，细化工作责任，加大执法检查工作力度，同时构筑商业秘密"护密"防火墙。其具体表现为积极拓宽侵犯商业秘密案件线索路径，以12315热线电话、知识产权管理服务平台、商业秘密保护联络员为载体，广泛搜集侵犯商业秘密案件线索，为商事主体固定证据，为后续可能发生的诉讼奠定基础。

例如临沭县市场监管局在对商事主体调研过程中发现的典型案例：一商事主体反映该商事主体一名员工离职后私自带走商事主体的设备图纸，并在外地一家商事主体用于产品生产。临沭县市场监管局调研人员立即敏感地感觉到这是一起涉及侵犯商事主体商业秘密的案件，立即着手帮助该公司进行商业秘密被侵权的证据收集和维权指导。经过商事主体深入调查举证，最终侵权者被异地市场监管部门行政立案处罚，并赔偿该公司损失20万元。

二、行政责任及其类别

侵犯商业秘密的行为，不但涉及侵犯人和权利人之间的私人民事关系，同时还涉嫌不正当竞争，不同程度地侵犯了市场经济的健康秩序。国家出于对健康经济秩序的保障和市场正当竞争关系的保护，对侵犯商业秘密的行为作出了相关行政责任的规定，侵犯人对于行政责任不服诉至法院的，就会引发行政诉讼救济程序。商业秘密案件的行政诉讼救济程序，一方面是保障正常市场秩序的需要，同时对于不恰当行政处罚行为的纠正也是对侵犯人合法权益的必要救济和保障。

《反不正当竞争法》第二十一条："经营者以及其他自然人、法人和非法人组织违反本法第九条规定侵犯商业秘密的，由监督检查部门责令停止违法行为，没收违法所得，处十万元以上一百万元以下的罚款；情节严重的，处五十万元以上五百万元以下的罚款。"第二十六条规定："经营者违反本法规定从事不正当竞争，受到行政处罚的，由监督检查部门记入信用记录，并依照有关法律、行政法规的规定予以公示。"第二十八条规定："妨害监督检查部门依照本法履行职责，拒绝、阻碍调查的，由监督检查部门责令改正，对个人可以处五千元以下的罚款，对单位可以处五万元以下的罚款，并可以由公安机关依法给予治安管理处罚。"第二十九条规定："当事人对监督检查部门作出的决定不服的，可以依法申请行政复议或者提起行政诉讼。"第三十条规定："监督检查部门的工作人员滥用职权、玩忽职守、徇私舞弊或者泄露调查过程中知悉的商业秘密的，依法给予处分。"

三、行政责任的司法救济

当事人对监督检查部门作出的决定不服的，可以依法申请行政复议或者提起行政诉讼。在侵犯商业秘密行政诉讼程序中，重点是对行政处罚机关作出的行政处罚法律依据是否准确、处罚内容是否恰当、处罚程序是否合法等。被处罚人对其中任何一个事项不服都可以依法提起行政诉讼。

四、纵深思考：行政机关对商业秘密负有审查义务

（一）问题导入

在当前，政府信息公开越来越被系统化和程序化，不能不说是当代法治文明的体现，但还是有很多政府机关在履行政府信息公开的过程中没有就程序的合法性做得很完善，这在一定程度上侵害了社会公众的利益。努力推进和完善政府信息公开的程序正义是当前司法实践的一项重要议题。司法实务中很多法官的典型判例很好诠释了司法的程序正义，并惠及了政府信息公开的程序正义。

（二）律师申请政府信息公开引发的商业秘密纠纷案

1. 案件名称与案由

王某诉国家外汇管理局信息公开案。[1]

---

[1] 案件来源：（2014）一中行初字第10188号。

2. 基本案情

原告：王某。

被告：国家外汇管理局（以下简称外汇局）。

原告王某的诉讼请求和理由：撤销被诉告知书，并责令被告限期公开原告向被告申请公开的政府信息；诉讼费用由被告承担。2013年12月25日，原告王某通过邮寄方式向被告外汇局提交了政府信息公开申请表：工商银行、农业银行、中国银行、建设银行、交通银行（以下统称五家银行）对其各上海分行、支行对外担保的授权方式及管理办法在外汇局的备案情况：是否已备案；如果已备案，请公开五家银行办理备案的具体时间；五家银行备案的具体内容，包括授权方式和管理办法。2014年3月27日，被告作出被诉告知书并向原告邮寄送达。被诉告知书具体内容：五家银行在外汇局已经备案；外汇局征求了五家银行的意见，得到的反馈信息显示备案涉及银行商业秘密，不同意我局对外公开。原告收到被诉告知书后，提出行政复议申请。被告于2014年6月19日作出汇发〔2014〕32号行政复议决定书，维持了被诉告知书。原告不服，认为外汇局没有尽到审查商业秘密的义务，因此提出以上诉讼请求。

外汇局的答辩：理由同被诉告知书。

3. 判决结果

依照《中华人民共和国行政诉讼法》第五十四条第（二）项第1目[1]、《最高人民法院关于执行〈中华人民共和国行政诉讼法〉若干问题的解释》第五十六条第四项的规定，判决：

一、撤销被诉告知书；

二、被告对原告的政府信息公开申请重新作出答复；

三、驳回原告王某的其他诉讼请求。

在法定期限内，各方当事人均未提出上诉，判决已发生法律效力。

---

[1] 此案发生时适用的是1990年10月1日起施行的《中华人民共和国行政诉讼法》，此法第五十四条第二项的内容为："（二）具体行政行为有下列情形之一的，判决撤销或者部分撤销，并可以判决被告重新作出具体行政行为：1.主要证据不足的；2.适用法律、法规错误的；3.违反法定程序的；4.超越职权的。"

4. 法理思考

政府信息公开过程中,对于可能涉及国家秘密、商业秘密、个人隐私的信息,政府机关应该尽职审查,否则可能因程序违法而导致纠纷。

该案原告作为申请人申请外汇局公开五大行对其各分支行对外担保的授权方式及管理办法在其处备案的信息,外汇局在被诉告知书中引用的法律依据是正确的:《中华人民共和国政府信息公开条例》第十四条规定:"依法确定为国家秘密的政府信息,法律、行政法规禁止公开的政府信息,以及公开后可能危及国家安全、公共安全、经济安全、社会稳定的政府信息,不予公开。"第十五条规定:"涉及商业秘密、个人隐私等公开会对第三方合法权益造成损害的政府信息,行政机关不得公开。但是,第三方同意公开或者行政机关认为不公开会对公共利益造成重大影响的,予以公开"(此为修订后于2019年实施的相关规定,修订前的文字与此稍有区别,但基本内容相同)。但是外汇局的实际行为是违反法定程序的,因为按照《中华人民共和国政府信息公开条例》第三十二条规定精神,外汇局作为行政机关,认为申请公开的信息涉及商业秘密时,其首要任务不是将其书面征求第三方意见,而是应该首先审查申请公开的信息是否涉及商业秘密,并能提出法定依据以证明行政机关的观点。只有行政机关认定确实涉及商业秘密,并且可能损害第三方合法权益,才涉及书面征求第三方意见的程序。

行政机关审查申请的信息是否涉及商业秘密是行政机关本身的义务,而不是将其推给第三方自行申报,因为任何第三方从自身利益而言,当然会将其视为商业秘密不公开最好,但是他们都没有向外汇局提交证据证明这些信息确实是商业秘密,外汇局也没有强行要求其提供支持这些信息是商业秘密的证据。

因此,从程序而言,外汇局作为行政机关对于自己应尽的审查义务没有尽到,程序违法,导致作出的实体结论也不合法。申请人据此申请行政复议和提起诉讼都是依据法律规定进行。

因此,我们从该案可以发现,商业秘密案件的行政责任有很多种,该案却是另一种前置程序,即对商业秘密的构成问题进行审查和认定,这种责任不是商业秘密侵犯人应承担的行政责任,而是行政机关依法定程序对商业秘密是否成立进行审查的行政机关自身的责任；被人民法院依法撤销被诉告知书，重新按照法定程序进行审查和处理。可能最终结果与此一致，也可能不一致，但是审查商业秘密构成要件后的具体行政行为会更具有法律的公信力和执行力。

第四节 侵犯商业秘密的刑事责任

侵犯商业秘密行为情节严重的、可能构成犯罪的，应依法承担刑事案件责任。侵犯商业秘密刑事案件办理过程中，同样要遵循"接触+相似—合法来源"（也称为"接触+相似—合法来源"）的举证原则。

"接触+相似—合法来源"举证原则是指拥有商业秘密的原告，提供证据证明被告与其商业秘密有"接触"，并且又证明被告使用的被控信息与其商业秘密"相似"，除非被告有相反证据证明其掌握的信息具有合法的来源，否则法院将认定被告以不正当手段获取商业秘密。在民事、行政、刑事诉讼中，劳动仲裁或仲裁过程均适用上述举证原则。

"接触+相似—合法来源"举证原则应把握的要点包括："接触"指的是接触的可能或接触的条件；"相似"指的是达到实质性相似的程度；"合法来源"指的是自己独立开发、从其他权利人处获得、公共信息处知悉等合法来源（赠予、转让、继承、自行研发、反向工程等）。

一、确定侵犯商业秘密刑事责任的基本思路

（一）我国关于商业秘密犯罪的立法变迁

我国1979年《刑法》中没有规定侵犯商业秘密罪，而是以泄露国家秘密罪和间谍罪命名；20世纪90年代，对窃取重要技术成果等无形财物的行为，按盗窃罪处罚；1997年《刑法》第二百一十九条规定了侵犯商业秘密罪。

（二）《刑法》中侵犯商业秘密罪具体规定

《刑法》第二百一十九条规定："有下列侵犯商业秘密行为之一，情节严重的，处三年以下有期徒刑，并处或者单处罚金；情节特别严重的，处三年

以上十年以下有期徒刑，并处罚金：（一）以盗窃、贿赂、欺诈、胁迫、电子侵入或者其他不正当手段获取权利人的商业秘密的；（二）披露、使用或者允许他人使用以前项手段获取的权利人的商业秘密的；（三）违反保密义务或者违反权利人有关保守商业秘密的要求，披露、使用或者允许他人使用其所掌握的商业秘密的。明知前款所列行为，获取、披露、使用或者允许他人使用该商业秘密的，以侵犯商业秘密论。本条所称权利人，是指商业秘密的所有人和经商业秘密所有人许可的商业秘密使用人。"第二百一十九条之一规定："为境外的机构、组织、人员窃取、刺探、收买、非法提供商业秘密的，处五年以下有期徒刑，并处或者单处罚金；情节严重的，处五年以上有期徒刑，并处罚金。"第二百二十条规定："单位犯本节第二百一十三条至第二百一十九条之一规定之罪的，对单位判处罚金，并对其直接负责的主管人员和其他直接责任人员，依照本节各该条的规定处罚。"

（三）对刑法中侵犯商业秘密罪的要点理解

（1）采取非法复制、未经授权或者超越授权使用计算机信息系统等方式窃取商业秘密的，应当认定为《刑法》第二百一十九条第一款第一项规定的"盗窃"。

（2）以贿赂、欺诈、电子侵入等方式获取权利人的商业秘密的，应当认定为《刑法》第二百一十九条第一款第一项规定的"其他不正当手段"。

（3）实施《刑法》第二百一十九条规定的行为，具有下列情形之一的，应当认定为"给商业秘密的权利人造成重大损失"：

1）给商业秘密权利人造成损失数额或者因侵犯商业秘密违法所得数额在三十万元以上的；

2）直接导致商业秘密权利人因重大经营困难而破产、倒闭的；

3）造成商业秘密权利人其他重大损失的。

给商业秘密权利人造成损失数额或者因侵犯商业秘密违法所得数额在二百五十万元以上的，应当认定为《刑法》第二百一十九条规定的"造成特别严重后果"。

（4）实施《刑法》第二百一十九条规定的行为造成的损失数额或者违法所得数额，可以按照下列方式认定：

1）以不正当手段获取权利人的商业秘密，尚未披露、使用或者允许他人使用的，损失数额可以根据该项商业秘密的合理许可使用费确定；

2）以不正当手段获取权利人的商业秘密后，披露、使用或者允许他人使用的，损失数额可以根据权利人因被侵权造成销售利润的损失确定，但该损失数额低于商业秘密合理许可使用费的，根据合理许可使用费确定；

3）违反约定、权利人有关保守商业秘密的要求，披露、使用或者允许他人使用其所掌握的商业秘密的，损失数额可以根据权利人因被侵权造成销售利润的损失确定；

4）明知商业秘密是不正当手段获取或者是违反约定、权利人有关保守商业秘密的要求披露、使用、允许使用，仍获取、使用或者披露的，损失数额可以根据权利人因被侵权造成销售利润的损失确定；

5）因侵犯商业秘密行为导致商业秘密已为公众所知悉或者灭失的，损失数额可以根据该项商业秘密的商业价值确定；商业秘密的商业价值，可以根据该项商业秘密的研究开发成本、实施该项商业秘密的收益综合确定；

6）因披露或者允许他人使用商业秘密而获得的财物或者其他财产性利益，应当认定为违法所得。

上述第2）、第3）、第4）项规定的权利人因被侵权造成销售利润的损失，可以根据权利人因被侵权造成销售量减少的总数乘以权利人每件产品的合理利润确定；销售量减少的总数无法确定的，可以根据侵权产品销售量乘以权利人每件产品的合理利润确定；权利人因被侵权造成销售量减少的总数和每件产品的合理利润均无法确定的，可以根据侵权产品销售量乘以每件侵权产品的合理利润确定。商业秘密系用于服务等其他经营活动的，损失数额可以根据权利人因被侵权而减少的合理利润确定。

商业秘密权利人为减轻对商业运营、商业计划的损失或者重新恢复计算机信息系统安全、其他系统安全而支出的补救费用，应当计入给商业秘密权利人造成的损失。

（四）商业秘密刑事案件从重、从轻的适用条件

《最高人民法院、最高人民检察院关于办理侵犯知识产权刑事案件具体应用法律若干问题的解释（三）》第八条规定："具有下列情形之一的，可以酌情从重处罚，一般不适用缓刑：（一）主要以侵犯知识产权为业的；（二）因侵犯知识产权被行政处罚后再次侵犯知识产权构成犯罪的；（三）在重大自然灾害、事故灾难、公共卫生事件期间，假冒抢险救灾、防疫物资等商品的注册商标的；（四）拒不交出违法所得的。具有下列情形之一的，可以酌情从轻处罚：认罪认罚的；取得权利人谅解的；具有悔罪表现的；以不正当手段获取权利人的商业秘密后尚未披露、使用或者允许他人使用的。"

依法严格追缴违法所得，加强罚金刑的适用，剥夺犯罪分子再次侵犯知识产权的能力和条件。人民法院应当依法合理确定法定赔偿数额。侵权行为造成权利人重大损失或者侵权人获利巨大的，为充分弥补权利人损失，有效阻遏侵权行为，人民法院可以根据权利人的请求，以接近或者达到最高限额确定法定赔偿数额。

人民法院在从高确定法定赔偿数额时应当考虑的因素包括：侵权人是否存在侵权故意，是否主要以侵权为业，是否存在重复侵权，侵权行为是否持续时间长，是否涉及区域广，是否可能危害人身安全、破坏环境资源或者损害公共利益等。

权利人在二审程序中请求将新增的为制止侵权行为所支付的合理开支纳入赔偿数额的，人民法院可以一并审查。

（五）商业秘密案件对罚金的法律界定

对于侵犯知识产权犯罪的，应当综合考虑犯罪违法所得数额、非法经营数额、给权利人造成的损失数额、侵权假冒物品数量及社会危害性等情节，依法判处罚金。

《最高人民法院、最高人民检察院关于办理侵犯知识产权刑事案件具体应用法律若干问题的解释（三）》第十条规定："罚金数额一般在违法所得数额的一倍以上五倍以下确定。违法所得数额无法查清的，罚金数额一般按照非法经营数额的百分之五十以上一倍以下确定。违法所得数额和非法经营数额均无法查清，判处三年以下有期徒刑、拘役、管制或者单处罚金的，一般在三万元以上一百万元以下确定罚金数额；判处三年以上有期徒刑的，一般在十五万元以上五百万元以下确定罚金数额。"

(六)《中美经贸第一阶段协议》视角下我国商业秘密的刑事司法保护

刑事司法保护是对商业秘密最严格也是最有力的司法保护手段。《中美经贸第一阶段协议》在第1.7条规定了取消商业秘密案件中以证明"实际损失"为启动刑事调查的先决条件。作为过渡步骤,我国在认定现行刑法规定的"重大损失"应包含补救措施成本,诸如为减轻对商事主体运营、策划或重新维护计算机或其他系统的安全所付出的成本。同时,《中美经贸第一阶段协议》第1.8条规定在刑事法规中列举包括以盗窃、欺诈、实体或电子入侵方式以达到不法目的的商业秘密侵犯,以及未经许可或不当使用计算机系统从事禁止范围内的行为。以上两条规定意味着我国刑法及相关司法解释需要进行相应的修改。在之前,我国刑法及相关司法解释仅列举了"盗窃、利诱、胁迫或者其他不正当手段获取商业秘密"、"披露、使用或者允许他人使用以前项手段获取商业秘密"以及违反保密义务披露或使用商业秘密的行为,另外,根据2010年的《关于公安机关管辖的刑事案件立案追诉标准的规定(二)》,认定商业秘密案件"重大损失"的金额为50万元。这些规定无疑造成我国司法实践中侵犯商业秘密罪的立案难问题。由于商业秘密的特殊性,商业秘密是由权利人自己采取保密措施保护的权利,不具有排他独占权,其本身界限相对模糊,权利人作为民事主体进行调查取证的难度及成本都非常高。当"重大损失"的刑事调查启动门槛降低后,权利人寻求刑事司法救济将不再变得困难;并且即使刑事指控最终没能成立,通过将刑事调查中获得的证据转化为民事案件证据使用,也足以使权利人获得高额的民事赔偿以弥补其损失。

为了回应《中美经贸第一阶段协议》的有关规定,加大对商业秘密权利人的司法保护力度,2020年"两高"发布了《最高人民法院、最高人民检察院关于办理侵犯知识产权刑事案件具体应用法律若干问题的解释(三)》(以下简称《关于办理侵犯知识产权刑事案件的解释》),对《中美经贸第一阶段协议》中规定的侵犯商业秘密罪的相关问题予以了回应,主要体现在:

1. 根据司法实践需要降低了入罪标准

首先是扩充了入罪情形,将因侵犯商业秘密违法所得数额、因侵犯商业秘密导致权利人破产、倒闭等情形纳入入罪门槛,同时降低了对"重大损失"的认定标准。2004年"两高"发布的《关于办理侵犯知识产权刑事案件具体应用法律若干问题的解释》第七条规定:"给商业秘密的权利人造成损失数额在五十万元以上的,属于'给商业秘密的权利人造成重大损失',应当以侵犯商业秘密罪判处三年以下有期徒刑或者拘役,并处或者单处罚金。"而2020年9月14日起施行的《关于办理侵犯知识产权刑事案件的解释》第四条明确规定,"给商业秘密的权利人造成损失数额或者因侵犯商业秘密违法所得数额在三十万元以上的",应当认定为"给商业秘密的权利人造成重大损失"。也就是说,《关于办理侵犯知识产权刑事案件的解释》中对于侵犯商业秘密罪的起刑点从五十万元下降到了三十万元。另外,《关于办理侵犯知识产权刑事案件的解释》第四条不但从"造成损失"扩大到"造成损失或者违法所得",从"五十万元以上"降到"三十万元以上";还规定了"直接导致商业秘密的权利人因重大经营困难而破产、倒闭的"或者"造成商业秘密的权利人其他重大损失的"之特定情况,即不管是否发生三十万元的损失或者违法所得,只要属于第四条规定的特定情况,也可判处三年以下有期徒刑或者拘役,并处或者单处罚金。

2. 界定了侵犯商业秘密的行为方式

刑法规定,盗窃、利诱、胁迫或者其他不正当手段是侵犯商业秘密的行为,但对如何理解"其他不正当手段"未予明确。为此,《关于办理侵犯知识产权刑事案件的解释》第三条作出了明确规定:"采取非法复制、未经授权或者超越授权使用计算机信息系统等方式窃取商业秘密的,应当认定为刑法第二百一十九条第一款第一项规定的'盗窃'。以贿赂、欺诈、电子侵入等方式获取权利人的商业秘密的,应当认定为刑法第二百一十九条第一款第一项规定的'其他不正当手段'。"由于商业秘密的非实体性,在司法实践中对如何认定"盗窃"难以把握,此解释予以了明确。

3. 构建体系化、规范化的定罪量刑体系

本着罪责刑相一致原则,根据不同行为的社会危害程度,规定了不同的"重大损失"认定标准。如何计算侵犯商业秘密所造成的损失数额一直是一个悬而未决的问题,最高人民检察院曾经答复,可参照专利民事司法解释的相关规定执行,但显然不是长久之计。《关于办理侵犯知识产权刑事案件的解释》分六种情况,从非法获取人、披露人和使用人的角度分门别类进行了详细规定,增强了可操作性。《关于办理侵犯知识产权刑事案件的解释》第五条增加了之前所没有的侵犯商业秘密行为所造成损失数额或者违法所得数额的全面认定及计算方法。首先,该条款对以不正当手段获取商业秘密的行为,明确规定对此类行为不再要求已经将商业秘密用于生产经营并已造成实际损失为前提,而可直接按照商业秘密的合理许可使用费确定权利人的损失。其次,对违约型侵犯商业秘密的行为,因行为人对商业秘密的占有是合法的,危害性相对小于非法获取行为,故在入罪门槛上比以不正当竞争手段获得商业秘密的入罪门槛要高点,损失数额按照使用商业秘密造成权利人销售利润的损失计算。最后,明确了商业秘密损失赔偿的"研发成本法"的适用条件,即因侵犯商业秘密行为导致商业秘密已为公众所知悉或者灭失的,损失数额可以根据该项商业秘密的商业价值确定,商业秘密的商业价值,可以根据该项商业秘密的研究开发成本、实施该项商业秘密的收益综合确定。另外,《关于办理侵犯知识产权刑事案件的解释》更加注重对商业秘密权利人合法权益的保护,规定商业秘密权利人为减轻对商业运营、商业计划的损失或者重新恢复计算机信息系统安全、其他系统安全而支出的补救费用,应当计入给商业秘密权利人造成的损失,赋予了权利人自救权。

4. 加大对侵犯商业秘密的惩罚力度

《中美经贸第一阶段协议》第1.27条规定我国要加强针对知识产权犯罪的刑事惩罚力度。作为过渡步骤,《关于办理侵犯知识产权刑事案件的解释》第八条作出了回应,规定:"具有下列情形之一的,可以酌情从重处罚,一般不适用缓刑:(一)主要以侵犯知识产权为业的;(二)因侵犯知识产权被行政处罚后再次侵犯知识产权构成犯罪的;(三)在重大自然灾害、事故灾难、公共卫生事件期间,假冒抢险救灾、防疫物资等商品的注册商标的;(四)拒不交出违法所得的。"

二、课程思政拓展:违反诚信与信托义务严重者需承担刑事责任

商业秘密保护很大程度上依靠的是雇主与雇员间,以及其他主体之间的诚信与信托义务的完整履行,一旦履行出现瑕疵,商业秘密就会被泄露或窃

取等，给商业秘密权利人带来巨大损失，严重者会导致商业秘密权利人破产或其他不利后果。因此在商业秘密保护法治化过程中，对于违反诚信与信托义务的情形，除了一般意义上的民事赔偿与行政处罚责任外，刑事责任是最严重的法律后果承担方式。

（一）拓展1：明知是特定期间的商业秘密仍侵犯更可能涉嫌刑事犯罪

1. 问题导入

商事主体商业秘密被员工非法泄露，导致商事主体巨额损失，而此商业秘密并非商事主体的日常性的经营秘密或具有可持续性的技术秘密，而是特定时期内对商事主体发展具有战略意义的特定商业秘密，具有很强的时效性，第三方明知是商业秘密并且以不正当手段取得但仍然予以披露和使用。对于这样的商业秘密被侵犯，商事主体应该以何种方式追究侵犯其商业秘密的主体的法律责任？

2. 短期时效性商业秘密刑事案件

（1）案件名称与案由。

刑事破坏社会主义市场经济秩序罪、侵犯知识产权罪、侵犯商业秘密罪。[1]

（2）基本案情。

公诉机关：河南省郑州市某区人民检察院。

被告：管某某。

被告：方某某。

被告：刘某某。

以上三被告当时均羁押在郑州市第三看守所。

河南省郑州市某区人民检察院起诉称：

在2014年5月下旬，一片尚未面世的iPhone6手机外壳因为其巨大的经济实用性和商事主体自身的保密措施的疏漏，引发了一系列的侵犯商业秘密的行为。

---

[1] 案件来源：（2015）管刑初字第580号。

首先，在 iPhone6 手机外壳的脱手过程中的相关人员链接方面：案外人姜某某（另案处理）通过王某（另案处理）从尉佳精密电子（郑州）有限公司（以下简称尉佳公司）非法获取一片 iPhone6 手机外壳。被告人管某某获得这一消息后，告诉姜某某自己可以帮忙脱手。2014 年 5 月 28 日，在深圳市龙华新区龙华镇水斗新围村管某某家楼下，姜某某把 iPhone6 手机外壳交给了管某某。同日，管某某把这一信息告诉了被告人方某某，方某某为此联系了被告人刘某某，刘某某又最终把此业务转给了林某某。

其次，在 iPhone6 手机外壳脱手过程中的各个相关人的工作定位及获利情况方面：2014 年 5 月 29 日，管某某在深圳市华强北通信市场方某某经营的手机维修店交给方某某涉案的 iPhone6 手机外壳；方某某随即将其交给了在深圳华强北龙胜市场三楼经营苹果配件商行的刘某某，刘某某为此给了方某某现金人民币 28000 元；此后方某某支付给管某某现金人民币 20000 元，管某某支付给姜某某现金人民币 16500 元。2014 年 5 月 29 日 17 时左右，刘某某在深圳华强北龙胜市场外边的麦当劳门口将 iPhone6 手机外壳卖给了林某某，售价 30000 元。

经鉴定，这片 iPhone6 手机外壳的外观、结构，尤其是 iPhone6 手机外壳外观设计图和 iPhone6 手机外壳技术秘点中包含的信息，截至 2014 年 5 月 29 日仍然是不为公众所知悉的信息。经评估，在评估基准日 2014 年 11 月 30 日的"iPhone6 手机后盖的研发成本损失"的评估值为人民币 3680000 元整。

被告人方某某的家属为此赔偿了尉佳公司经济损失人民币 600000 元，尉佳公司对方某某表示谅解。

郑州市某区人民检察院认为，本案三被告明知涉案的 iPhone6 手机外壳包含的信息均为商业秘密，并且他们都明知该 iPhone6 手机外壳是通过不正当手段获取，但仍获取、使用并披露，给商业秘密权利人造成了特别严重后果，其行为已经触犯了《刑法》第二百一十九条之规定，犯罪事实清楚，证据确实充分，应当以侵犯商业秘密罪追究三被告人的刑事责任。被告人方某某明知是犯罪所得而予以收购，其行为触犯了《中华人民共和国刑法》第三百一十二条第一款之规定，犯罪事实清楚，证据确实充分，应当以掩饰、隐瞒犯罪所得罪追究其刑事责任。被告人管某某系累犯，应当从重处罚；被告人方某某一人犯数罪，且在缓刑考验期限内犯新罪，应当撤销缓刑，数罪并罚。

被告及辩护人意见：

被告人管某某对郑州市某区人民检察院指控的犯罪事实和罪名均无异议，并当庭自愿认罪。

被告人方某某对公诉机关指控其的犯罪事实及罪名均无异议，并当庭自愿认罪。其辩护人认为方某某所犯掩饰、隐瞒犯罪所得罪系其归案后主动供述，应当认定为自首，其还协助公安机关抓捕同案犯，具有立功表现，能够积极赔偿被害单位并取得谅解，建议对其从轻处罚并宣告缓刑。

被告人刘某某对公诉机关指控其的犯罪事实及罪名均无异议，并当庭表示认罪。其辩护人认为被告人系初犯，没有给被害单位造成实际损失，归案后能够如实供述，赔偿了被害单位的经济损失并取得了谅解，确有悔罪表现，建议对其从轻判处缓刑。其辩护人还当庭提交了由尉佳公司出具的收条和谅解书各一份。

（3）判决结果。

依照《刑法》第二百一十九条、第三百一十二条第一款、第五十二条、第五十三条、第六十五条第一款、第六十七条第二款、第三款、第六十八条、第六十九条、第七十七条第一款、第七十二条第一款、第三款、第七十三条第二款、第三款、《最高人民法院、最高人民检察院关于办理侵犯知识产权刑事案件具体应用法律若干问题的解释》第七条第二款、《最高人民法院关于处理自首和立功具体应用法律若干问题的解释》第二条、第五条之规定，判决如下：

一、被告人管某某犯侵犯商业秘密罪，判处有期徒刑三年零八个月，并处罚金人民币三万元。（刑期从判决执行之日起计算。判决执行以前先行羁押的，羁押一日折抵刑期一日。先前羁押的41日予以折抵后，即自2015年3月28日起至2018年10月17日止。罚金于本判决生效后三日内缴纳。）

二、被告人方某某犯侵犯商业秘密罪，判处有期徒刑三年，并处罚金人民币三万元；犯掩饰、隐瞒犯罪所得罪，判处有期徒刑十个月，并处罚金人民币二千元；撤销缓刑，与原判刑罚有期徒刑一年零六个月，并处罚金人民币二千元并罚，决定执行有期徒刑三年零六个月，罚金人民币三万四千元。（刑期从判决执行之日起计算。判决执行以前先行羁押的，羁押一日折抵刑期一日。先前羁押的30日予以折抵后，即自2015年3月27日起至2018年8月27日止。罚金于本判决生效后三日内缴纳。）

三、被告人刘某某犯侵犯商业秘密罪，判处有期徒刑三年，缓刑三年，并处罚金人民币三万元。（缓刑考验期限，从判决确定之日起计算。罚金已缴纳。）

3. 法理思考

（1）商业秘密也具有时效性，而且时效性强的商业秘密其商业价值单位时间内更高，一旦被侵犯，责任人需要承担更严重的法律责任。

商业秘密作为商事主体存续所必需的组成部分，其实并不是一直以单一或相对稳定的形式出现的，在商事主体存续过程中，按照商业秘密的存续期间分类，可以分为：即时性商业秘密、短期商业秘密、中长期商业秘密、永久性商业秘密。

即时性商业秘密，主要是指在商事主体生产、研发、销售、拓展等发展过程中根据形势的要求在业务发生当时或运营当时所产生的商业秘密。这类商业秘密保密时间仅限于当时，但是商业价值或竞争优势非常明显，例如商事主体在商务谈判过程中的即时报价的底价等。短期商业秘密，在时间上体现在离开业务发生当时仍有保密的需求，但是也仅仅是在本业务持续过程中的某一个或几个阶段内有保密需求，一旦业务完成或业务要求的特定阶段完成，那么商业秘密随之消失，例如iPhone6手机外壳案。中长期商业秘密，是指不与某一项或某几项业务相关联，而是有关商事主体在一定时期内运营发展的整体成效产生的商业秘密，例如商事主体的中长期发展目标所对应的细化环节内的技术、经营信息等。永久性商业秘密是指关系到商事主体整体发展大局的至关重要的商业秘密，具有战略性意义。

不同类别的商业秘密期限虽然不同，在商业价值或竞争优势或经济利益方面却没有明显的种类差别，即时性商业秘密的经济实用性不一定比永久性商业秘密经济实用性小，尤其是科技信息类商事主体，即时性或短期性的商业秘密可能更能体现出它们的经济实用性。

该案 iPhone6 手机外壳所包含的信息为商业秘密，尽管从泄密到预估的保密期限相差不远，但是从基准评估日的损失来看，已经达到了 368 万元整，远远超过我国《刑法》规定的"特别严重后果"的法定量刑标准。

可能在犯罪嫌疑人来看，只不过是简单的一个手机外壳，但是对于商事主体来说，这都是本商事主体技术人员长期辛苦工作的结晶，包含了高昂的研发成本。因此，对于这类商业秘密的侵犯，不能仅仅限于简单的民事赔偿责任，而应适用更为严厉的刑事责任。

（2）在常态性的刑事责任背景下，犯罪嫌疑人的法定或酌定从轻、减轻、从重、加重情节应该一并考量。

从该案来看，根据人民法院查明的事实显示：

1）被告人方某某一人犯数罪，依法应予数罪并罚；而且被告人方某某系被宣告缓刑的犯罪分子，在缓刑考验期限内犯新罪，应当撤销缓刑，对新犯的罪作出判决，把前罪和后罪所判处的刑罚实行数罪并罚；但是被告人方某某归案后协助公安机关抓捕同案犯刘某某，并主动供述了公安机关尚未掌握的其掩饰、隐瞒犯罪所得的犯罪事实，具有立功表现，依法可予从轻处罚。被告人方某某能够积极赔偿被害单位的经济损失，并取得了被害单位的谅解，可酌予从轻处罚。

2）被告人管某某曾被判处有期徒刑以上刑罚，刑罚执行完毕以后五年内再犯应当判处有期徒刑以上刑罚之罪，系累犯，依法应予从重处罚；被告人管某某、能够当庭如实供述各自所犯罪行，依法可予从轻处罚。

3）被告人刘某某能够当庭如实供述各自所犯罪行，依法可予从轻处罚；被告人刘某某系初犯，能够积极赔偿被害单位，并取得了被害单位的谅解，且能够积极缴纳罚金，可酌予从轻处罚。

综上，被告人刘某某确有悔罪表现，对其适用缓刑不致再危害社会，可对其依法宣告缓刑。被告人方某某曾因犯掩饰、隐瞒犯罪所得罪被判处过刑罚，现再次犯罪，具有再犯罪的危险性，不宜适用缓刑。人民法院的上述量刑标准充分体现了法定量刑和酌定量刑的结合，既充分考虑了犯罪嫌疑人的违法犯罪给商事主体造成的造成巨额损失，也依法对犯罪嫌疑人的法定与酌定情节予以了考虑和认定，使该案在程序上完整而合法。

（3）对于犯罪嫌疑人控告的执法不端行为，人民法院应依法查明，并不得因此加重犯罪嫌疑人的刑事责任。

针对被告人管某某提出郑州市公安局航空港区分局民警对其刑讯逼供的意见，人民法院对所涉证据的合法性进行了调查。公诉机关在调查程序中提出证据郑州市第二看守所健康检查笔录，以证实证据的合法性，被告人管某某对该份证据无异议。经人民法院核查，公诉机关提供的证据显示管某某体表无外伤，该健康检查笔录被告人亦无异议，现有证据无法证明被告人提出被刑讯逼供的事实，被告人亦未提供其他证明公安机关对其刑讯逼供的线索及证据，故人民法院对管某某提出公安机关对其刑讯逼供的事实不予认定。

在审理过程中，犯罪嫌疑人可能会基于各种考量提出刑讯逼供等类似的控告，人民法院在审理过程中既不能抱着"宁愿信其有，不可信其无"的心理，也不能抱着"宁愿信其无，不可信其有"的心理，而应该进行依法证据审核，并据此裁判。

4.侵犯商业秘密刑事责任承担，基本原则是综合考量、依法判定

从该案可以看出，被告人管某某、方某某、刘某某明知涉案的iPhone6手机外壳包含的信息为商业秘密，且明知该iPhone6手机外壳是通过不正当手段获取，但仍获取、使用并披露，给商业秘密的权利人造成特别严重后果，其行为已构成侵犯商业秘密罪；被告人方某某明知是犯罪所得而予以收购，其行为已构成掩饰、隐瞒犯罪所得罪，公诉机关指控三被告人的罪名成立。

但是同时根据被告人管某某、方某某、刘某某犯罪的事实及性质，人民法院对三被告人所犯侵犯商业秘密罪，依法均应在"三年以上七年以下有期徒刑，并处罚金"的法定刑幅度以内处以刑罚；对被告人方某某所犯掩饰、隐瞒犯罪所得罪依法应在"三年以下有期徒刑、拘役或者管制，并处或者单处罚金"的法定刑幅度以内处以刑罚。但人民法院在此基础上，综合考虑了以上三名犯罪嫌疑人的法定或酌定情节，同时没有因为犯罪嫌疑人提出刑讯逼供的控告而加重其刑罚，体现了人民法院综合裁判的原则。

5. 社会各界应强化商业秘密意识观念，维护市场经济秩序的良性发展

该案三名犯罪嫌疑人明知涉案物品没有在社会和行业公开，具有很强的秘密性，他们听说了每片手机外壳的价值后也了解到了手机外壳样品的经济价值，且知道这片手机外壳是商事主体内部员工偷偷带出来的，说明商事主体采取了一定的保密措施，而且商事主体对于手机外壳的信息投入了大量的研发成本，享有合法的权利。该案涉案手机外壳符合商业秘密的所有构成要件。但是三名犯罪嫌疑人并没有认识到因为这一片手机外壳给商事主体所造成的巨额损失，说明对于商业秘密经济实用性的认知缺失。同时对于商事主体而言，既然手机外壳对于他们具有如此重大的意义，在对于工作人员的工作区域的保护和检查及泄密防控等方面存在很大的疏漏，因此损失的发生与他们没有有效采取保密措施具有密切的关系。

商业秘密的无形性给社会公众和商事主体等可能造成一种认识误区，那就是感觉到认知与界定的困难、保密的困难等，这种误区在一般社会公众以及所有商事主体等中都广泛存在。解决的办法首要的固然是强化保密措施，但是从长远来看，还需要在社会公众和商事主体等中进行商业秘密相关知识的广泛宣传，以及加强保密意识和有效保密措施的践行。

如果社会公众能够认识到商业秘密本身所存在的巨大市场效应和经济利益，也能认识到商事主体等为这些商业秘密出的巨大付出，心存敬畏之心、形成良好的尊重知识产权的社会习惯，那么就会在全社会形成很好的文化氛围，通过这种习惯的形成与传播，最终影响尊重商业秘密的隐私文化的形成与传播。当然从另一个角度言，作为涉事商事主体本身，如果能够真正认识到商业秘密的巨大经济价值并能对商业秘密泄密可能引发的对商事主体本身的不利影响和巨大的维权成本，从而在商业秘密认定、保护方面进行合理周全的规划和实施，那么在无形中也对其员工和其他社会公众形成一种心理暗示：不能轻易侵犯商业秘密，否则代价巨大，得不偿失。可惜的是目前我国没有形成这样的社会氛围和法律氛围，这与商业秘密权利人的认知失误和保密措施不力有直接的关系，也和我国缺乏统一、完善的商业秘密立法有关，更与社会缺乏良好的尊重知识产权的文化氛围有关。所以商业秘密立法与全社会良性的尊重知识产权文化还需要我们全方位地努力才能逐步推动其构建、完善与发展。

6.该案林某某作为iPhone6手机外壳的购买方为何没有承担法律责任?

林某某作为iPhone6手机外壳的最终购买方在该案判决中没有认定其法律责任,根据案情显示,林某某在该案中的身份是证人,其在人民法院审理过程中出庭作证,提供了证人证言,并和其他证人证言相印证。

首先,作为证人,林某某的证言证明其从刘某某处回购一片iPhone6手机后盖后交给陈某某,由陈某某交到了Apple Inc.(深圳)办公室,证人侯某某、卢某某、钱某某、陈某某的证言印证了林某某的证言。

其次,Apple Inc.深圳办公室安保经理彼得(Peter)的证人证言证明靖康信息咨询有限公司(以下简称靖康公司)是苹果公司的授权服务商,Apple Inc.授权靖康公司对Apple Inc.即将上市和已经上市的新产品做市场调查,林某某系Apple Inc.委托靖康公司购买iPhone手机零件的职员,2014年5月29日中午12时,靖康公司称有一片iPhone6手机后盖,彼得看过照片后同意靖康公司购买,当天下午6时40分,林某某拿着这片手机后盖在其办公室交给了彼得。

由上述案情发现,其实商业秘密对于商事主体等而言,的确是至关重要,可以用生命线为比喻。为了保护好商业秘密,商事主体会设置多重安保措施,像该案的Apple Inc.深圳办公室和靖康公司,都是苹果公司为了保护自己商业秘密采取的保密措施,通过市场巡查,哪怕是扮演买家收购的方式,也要将可能泄密的产品样品全部回购,并依法追究侵犯商业秘密者的法律责任,而刑事责任无疑是最合适的方式。

该案中尉佳公司虽然是商业秘密的损失方,是一个反面典型,但是Apple Inc.深圳办公室作为苹果公司商业秘密保护的授权方,通过委派靖康公司暗中巡查市场并全面回购的方式,则是商事主体商业秘密管理与保护积极典型,值得一般商事主体借鉴和学习。

（二）拓展 2：王某等特大侵犯商业秘密案[1]

1. 基本案情

2000 年，上海 KS 生物研发中心有限公司成功研发出"生物发酵法生产长碳链二元酸"工艺技术；2001 年，山东 KS 生物技术有限公司（以下简称山东 KS 生物）在山东济宁高新经济技术开发区注册成立，并成功开展了 200 立方米以上发酵规模工业化精制生产的初试、中试，生产出系列高品质、生物基聚合级长碳链二元酸；创造出"生物发酵法工业化生产长碳链二元酸"工艺技术；该工艺技术是世界范围内的首创，是跨时代、世界性技术创新发明；成功突破该行业国外技术产权垄断，并成为世界行业技术的引领者，是中国人的伟大骄傲。

山东 KS 生物现已实现长链二元酸年产能力 3 万吨，销售年产值约 20 亿元人民币。该公司十分重视商业秘密的保护，从工艺技术的研发到建厂生产，始终坚持一整套科学严谨、严格规范的保密制度和保密措施。

2000 年 5 月至 2008 年 8 月 20 日，王某担任山东 KS 生物副总经理期间（分管技术生产），利用职务之便，接触并掌握了山东 KS 生物研发的"生物发酵法工业化生产长碳链二元酸"工艺技术的一整套商业秘密数据资料。

2008 年 7 月 30 日，王某经过事前周密预谋，突然从山东 KS 生物辞职，并担任山东 HL 生物技术有限公司（2008 年 4 月注册成立，原名莱阳市 HL 生物技术有限公司，以下简称山东 HL 生物）技术总工程师和总经理。

同年 8 月 20 日，王某与山东 KS 生物解除劳动合同；两天后，山东 HL 生物与中国轻工业武汉设计工程有限责任公司签订"建设工程设计合同"；王某代表山东 HL 生物违法将其掌握的长链二元酸的生产工艺技术及设备选型通过 U 盘提供给设计院；2009 年 10 月，山东 HL 生物先后设计建设"长链二元酸"生产线四条，年产长链二元酸 2 万吨。

2010 年 4 月，山东 HL 生物为达到非法独霸知识产权的目的，私自将"长链二元酸的生产工艺及设备"技术向国家知识产权局申请了九项专利，王某、曹某、葛某等人成为专利发明人。

---

[1] 案例来源（2017）鲁 0891 刑初 134 号；（2019）鲁 08 刑终字 5 号。

王某和山东 HL 生物非法披露、使用山东 KS 生物"工业化生产长链二元酸的工艺流程技术和关键设备"等商业秘密技术，致使山东 KS 生物遭受巨大经济损失；王某获得山东 HL 生物 400 万元干股；葛某获得 69 万元商业住房一套；不完全审计，2010 年至 2015 年 3 月，山东 HL 生物的长碳链二元酸销售毛利润近 3 亿元。

2. 法院审判结果

2017 年 1 月 4 日，王某被济宁市人民检察院依法批准逮捕；同年 4 月，该案被移送至济宁市高新经济技术开发区人民检察院审查起诉；同年 8 月，检察院依法向济宁市高新经济技术开发区人民法院提起公诉。2018 年 11 月 23 日，济宁高新技术产业开发区人民法院依法判处山东 HL 生物技术有限公司构成侵犯商业秘密罪，并处罚金 500 万元；王某构成侵犯商业秘密罪、判处有期徒刑 5 年。

2019 年 4 月 1 日，山东省济宁市中级人民法院二审刑事裁定"驳回上诉，维持原判"。

3. 案件侦办难点

（1）定性难。在该案中，"生物发酵法工业化生产长碳链二元酸"工艺技术及制备是否构成商业秘密，该技术及设备与侵权单位和嫌疑人使用或披露的工艺技术及制备是否实质相似，对商业秘密权利人造成经济损失的认定等，是案件定性的关键因素。

（2）取证难。此案涉及领域专业性强。"生物发酵法工业化生产长碳链二元酸"工艺技术是涉及化学、微生物、机电、遗传等领域综合性、世界创新性技术，专业知识、行业特点和常识是侦查人员的重大短板，长碳链二元酸生产工艺技术看来只是一个抽象的概念，调查取证一时无从下手；王某反侦查意识极强，事前经过周密预谋，事后又经过精心准备。王某向山东 KS 生物辞职时，就有预谋地将其所有的工作电脑格式化；案发后，又将山东 HL 生物的工作电脑格式化，并将自己使用过所有的电子邮箱删除清空；家中所有移动电脑、存储介质、协议和技术资料均被其事先处理或隐匿，且不知去向。另外，犯罪嫌疑人王某至今拒绝供述自己的犯罪事实，零口供。

山东 HL 生物法人代表曹某拒不配合调查取证。地方保护严重，不积极履行协作配合义务，虽经济宁公安机关多次协调沟通，针对山东 HL 生物的搜查取证工作始终未能取得任何进展，山东 HL 生物的工艺技术资料、相关人员档案资料、财务资料等均未能收集到，致使商业秘密鉴定和经济损失审计等工作无法进行；案件侦办工作陷入停滞。

（3）刑民交织。王某侵犯商业秘密案侦查历时 5 年，仅因"刑民交织"因素，就占据了其中三分之二的时间，严重阻碍了刑事诉讼的进程。2014 年《最高人民检察院公安部关于公安机关办理经济犯罪案件的若干规定》第十一条规定："公安机关发现经济犯罪嫌疑，与人民法院已受理或作出生效判决、裁定的民事案件系同一法律事实的，应当说明理由并附有关材料复印件，函告受理或作出生效判决、裁定的人民法院，同时通报相关的人民检察院。"此案在受理和立案侦查期间，法院先后受理山东 KS 生物和山东 HL 生物关于侵犯商业秘密、发明专利权等民事诉讼案件共计约 23 起，遍布山东、北京、上海、四川等多地人民法院。诉讼纠纷事项均系侵犯商业秘密和九项发明专利权属，与公安机关侦办的侵犯商业秘密案件主要事实一致，存在刑民案件同一法律事实问题。公安机关立案后，山东 KS 生物又先后在多地人民法院提起了民事诉讼，其中四川成都、山东潍坊中级人民法院的纠纷法律事实与立案侦查事实相同；虽经长期多次与相关法院协作沟通，但均未对刑事立案给予支持。

4. 办案突破

（1）技术屏障。案件初查期间，犯罪嫌疑人王某为了逃避打击，有预谋地将其在山东 KS 生物工作电脑格式化，将山东 HL 生物的工作电脑格式化，将所有使用过的电子邮箱均删除清空，并隐匿移动电脑、存储介质、协议和技术资料。同时，侵权单位山东 HL 生物公司的法人曹某等人拒不配合调查，导致公安机关的正面调查取证受阻，始终未能发现王某等人侵犯商业秘密和获取非法利益的证据。

由于"生物发酵法工业化生产长碳链二元酸"工艺技术是涉及生化、微生物、机电、遗传等领域综合性、世界创新性技术，专业知识、行业特点和常识是侦查人员的重大短板，长碳链二元酸生产工艺技术在侦查人员看来只是一个抽象的概念，调查取证无从下手。

（2）补齐短板，提炼思路。侦查期间，根据案件进展需要，先后设定"商业秘密密点、二元酸工艺技术研发、二元酸工业化转换、核心设备的研发定制、生产线设计建设、工艺技术保密措施与档案管理、工厂扩建以及财务管理、工作交流模式与网管"等10余个命题，组织人员与山东KS生物相关管理团队、专业技术人才进行了20余次的座谈交流，先后到公司开展实景调研和演练10余次。正是通过座谈交流和实景调研，公司的技术人员将"二元酸"技术研发到工业化生产的整个过程清晰地展现出来。从中第一次捕捉到真正的突破点："生物发酵法工业化生产长碳链二元酸"是系列技术领域完美结合的复杂综合体，犯罪嫌疑人王某即使掌握全部工艺技术资料，也不可一人完成生产线的复制，必须要有专业的工艺设计和施工建设才可能完成；从这个角度来看，需要设计施工环节，肯定就有交流的痕迹物证，侦查就有突破的可能。

（3）权威鉴定，筑牢根基。"生物发酵法工业化生产长碳链二元酸"工艺技术及制备是否构成商业秘密，与侵权单位和嫌疑人使用或披露的工艺技术及制备是否相统一，是此案定性的关键。最后研究决定，委托资深的上海市科技咨询服务中心，聘请中国二元酸研究领域、知识产权鉴定领域最具权威的11位专家、学者负责鉴定工作。他们均是国内生化工程、生物工程、科技情报和知识产权法律领域最具权威的专家、学者教授、国家院士；经过专家们一丝不苟分析研究，以其从事的专业、自身的素养、技术水平和能力，作出了科学、客观、严谨、具有国内权威的技术鉴定和咨询结果。原告方先后两次委托司法技术鉴定。两次鉴定的结论证明，山东HL生物使用的"200立方米以上、生物发酵法工业化生产长碳链二元酸"的工艺技术、设备选型及其申请披露的九项专利技术，与山东KS生物的商业秘密五个关键密点构成实质性统一。

5. 公安执法的法理思考

（1）扩大刑事管辖权。

侵犯商业秘密犯罪的刑事管辖权经常成为地方保护主义的借口，因此侵犯商业犯罪很有必要立法明确扩大刑事管辖权的范围。建议"所有与案件利益相关地的公安机关均可开展刑事立案调查，坚持有利于案件侦办的原则和共同上级指定原则",不应再让管辖权成为地方保护的推诿借口。

(2)细化立案追诉标准,细化直接经济损失法定情形和优先顺序。

司法实践中,法院审判中以侵权的净利润为标准进行认定。但是这需要依法调取和审计侵权犯罪嫌疑人的财务资料进行审计,审计出净利润;而实际的调查取证中,由于地方保护、反侦查措施等情况的出现,很难甚至无法调取对方财务资料,更谈不上净利润的审计,此案就是一个典型的例子。所以对立案追诉标准中的直接经济损失还要细化和明确其他计算方法。

建议刑事立案追诉标准要考虑审计侵权犯罪嫌疑人经营的毛利润作为直接经济损失;因为净利润与毛利润密切相关;可全面体现净利润的真实情况。方法有二,一是利用侵权期间侵权单位向国税部门和海关部门申报的财务资料进行审计,可得毛利润,再调取行业公认的利润率,二者的积即为净利润;并且该数额是相对净利润,数额是比较保守的,更有利于犯罪嫌疑人;二是在行业利润率不易认定的情况下,建议相对净利润来放大毛利润的数额以此直接认定为立案追诉标准;例如"净利润为30万元以上,毛利润在150万元以上的应予追诉。"

在净利润和毛利润均不能审计的情况下,建议认定商业秘密所有人的商业秘密转让许可费作为直接经济损失;可以以已成交的转让许可费或司法审计的商业秘密商业价值作为直接经济损失数额。

在上述计算方法均不能实现的情况下,建议将商业秘密的研发费用列为直接经济损失认定。

总之,在刑事立案追诉标准中,认定直接经济损失在刑事执法中已成为执法实践的一个不可以逾越的难点,有时严重阻碍了刑事诉讼的进程,其认定与操作理想化,实际操作起来较有难度,因为在刑事立案中顾忌和障碍较多。

6. 检察官办案感悟

(1)成功指控"零口供"被告人。被告人王某到案后拒不认罪,辩称本案不存在商业秘密,其不存在非法获取及披露、使用商业秘密的行为,对于许多关键问题,大多以"行业常识""不知道侵犯了什么秘密"来回答。对于涉及商业秘密的专业案件,面对被告人"零口供"的情况,夯实证据成为关键。在详细研究案卷材料之后，检察官多次与山东 KS 公司进行沟通，深入了解王某在公司的任职情况、对商业秘密的掌握程度及保密义务，同时比对王某使用工作邮箱发送的相关技术信息。在庭审过程中通过出示任命文件、设备采购合同、往来邮件、证人证言等证据证实王某实际掌握山东 KS 公司的商业秘密，同时详尽出示了被告人王某在未离职前与山东 HL 生物技术有限公司的接触情况、向设计院提供技术资料、相关文档属性比对、座谈记录等相关证据，证实了王某违反保密义务向山东 HL 生物技术有限公司披露商业秘密的事实。法院经审理对公诉人出示的证据予以采信，王某获有罪判决。

（2）追诉被告单位，全面打击犯罪。该案中，除了被告人王某通过非法披露山东 KS 公司商业秘密牟利外，最大的获利者为山东 HL 生物技术有限公司。该公司给予被告人王某高薪、股份并赠予其他技术人员房产，且能够排除该公司通过其他渠道获取工业化长碳链二元酸生产技术的可能性，另有相关专利申请文件及比对鉴定证实山东 HL 生物技术有限公司使用了山东 KS 公司的商业秘密。因此，山东 HL 生物技术有限公司通过利诱、明知被告人王某等人违反保密义务披露，获取山东 KS 公司的商业秘密并使用，构成侵犯商业秘密罪，济宁高新区检察院在提起公诉时予以追加为被告。

刑事认定侵权事实，帮助被害商事主体依法维权。山东 KS 公司自成立起，不断加大对长链二元酸的研发成本和时间精力的投入，通过无数次尝试、改进、提升，实现了生物发酵法长链二元酸生产的大规模产业化，这其中蕴含着商事主体、研发团队数不尽的心血。山东 KS 公司将长链二元酸大规模产业化的部分关键技术申请了专利，同时把部分关键技术以无时间限制而且无须对外公开的商业秘密形式予以保护。在掌握核心技术的情况下，山东 KS 公司长链二元酸的国内、国际市场占有率一度高达 95%、50%，技术密点成为公司生存、发展的"护身符"。然而，自公司商业秘密被被告人王某窃取、披露以来，市场份额被山东 HL 生物技术有限公司低价挤占，山东 KS 公司自 2010 年起便踏上了长达 10 年的维权路。这 10 年以来，山东 KS 公司经历了一系列的民事、行政诉讼，最终，山东 HL 生物技术有限公司及王某的侵权行为被刑事判决予以确认。拿到终审裁定的时刻，山东 KS 公司的技术副总经理称，感觉这艰辛、漫长的维权路终于看到希望。基于已作出的刑事判决，山东 KS 公司于 2020 年 3 月拿到了两个针对山东 HL 生物技术有限公司的胜诉判决，所涉相关专利/专利申请的权属全部归属山东 KS 公司，长达 10 年的维权路画上了一个圆满的句号。

第五节　章节知识点回顾及模拟练习

一、章节应知应会知识点

基本要求：掌握侵犯商业秘密的三种法律责任。

重点：掌握对商业秘密的合同法律保护和侵权法律保护。

难点：掌握商业秘密案件的刑事附带民事诉讼要点。

二、本章节模拟练习

（一）单选题

1. 原告请求惩罚性赔偿的，应当在（　　）明确赔偿数额、计算方式以及所依据的事实和理由。

A. 一审法庭辩论终结前

B. 一审法庭调查终结前

C. 起诉时

D. 一审判决前

2. 原告主张（　　），请求判令被告承担惩罚性赔偿责任的，人民法院应当依法审查处理。

A. 被告故意侵害其依法享有的知识产权且情节严重

B. 被告故意侵害其依法享有的知识产权

C. 被告侵害其依法享有的知识产权情节严重

D. 被告故意侵害其依法享有的知识产权或情节严重

3. 人民法院对于侵犯商业秘密行为判决停止侵害的民事责任时，停止侵害的时间一般应当持续到（　　）为止。

A. 该商业秘密权利人主张的停止时间

B. 该商业秘密权利人主张的停止范围

C. 该商业秘密已为公众所知悉时

D. 该商业秘密权利人主张的脱密期满

4. 因不正当竞争行为受到损害的经营者的赔偿数额，按照（　　）标准顺序确定：（1）其因被侵权所受到的实际损失；（2）按照侵权人因侵权所获得的利益确定；（3）由人民法院根据侵权行为的情节判决给予权利人五百万元以下的赔偿。

A.（3）（2）（1）　　　　　　B.（1）（3）（2）

C.（1）（2）（3）　　　　　　D.（2）（3）（1）

5. 在侵犯商业秘密的民事审判程序中，商业秘密权利人应提供（　　）。

A. 证据证明已经对所主张的商业秘密采取保密措施

B. 初步证据

C. 证据合理表明商业秘密被侵犯

D. 证据证明权利人所主张的商业秘密不属于法律规定的商业秘密

6. 侵犯商业秘密（　　）。

A. 只承担民事责任

B. 可承担民事、刑事、行政责任

C. 只承担刑事责任

D. 只承担行政责任

7. 以下哪个不符合侵犯商业秘密后必须承担的法律责任？（　　）

A. 侵犯商业秘密的监督检查部门，应当责令停止违法行为，可以根据情节处以 1 万元以上 20 万元以下的罚款。

B. 给商业秘密权利人造成重大损失的，处三年以下有期徒刑或者拘役，并处或者单处罚金。

C. 单位侵犯商业秘密，给商业秘密的权利人造成重大损失的，对单位判处罚金，并对积极直接负责的主管人员和其他直接责任人员，按照个人犯罪的规定给予处罚。

D. 给商业秘密权利人造成重大损失的，处 3 年以上 7 年以下有期徒刑，并处罚金。

8.某县"大队长酒楼"自创品牌后声名渐隆,妇孺皆知。同县的"牛记酒楼"经暗访发现,"大队长酒楼"经营特色是服务员统一着20世纪60年代服装,播放该年代歌曲,店堂装修、菜名等也具有时代印记。"牛记酒楼"遂改名为"老社长酒楼",服装、歌曲、装修、菜名等一应照搬。根据《反不正当竞争法》的规定,"牛记酒楼"的行为属于下列哪一种行为?(　　)

A.正当的竞争行为　　　　B.侵犯商业秘密行为

C.混淆行为　　　　　　　D.虚假宣传行为

9.德凯公司拟为新三板上市造势,在无真实交易意图的情况下,短期内以业务合作为由邀请多家公司来其主要办公地点洽谈。其中,真诚公司安排授权代表往返十余次,每次都准备了详尽可操作的合作方案,德凯公司佯装感兴趣并屡次表达将签署合同的意愿,但均在最后一刻推脱拒签。其间,德凯公司还将知悉的真诚公司的部分商业秘密不当泄露。对此,下列哪一说法是正确的?(　　)

A.未缔结合同,则德凯公司就磋商事宜无须承担责任。

B.虽未缔结合同,但德凯公司构成恶意磋商,应赔偿损失。

C.未缔结合同,则商业秘密属于真诚公司资源披露,不应禁制外泄。

D.德凯公司也付出了大量的工作成本,如被对方主张赔偿,则据此可主张抵销。

10.对下列与扰乱市场秩序罪相关案例的判断,下列哪一选项是正确的?(　　)

A.甲所购某名牌轿车行驶不久,发动机就发生故障,经多次修理仍未排除。甲用牛车拉着该轿车在闹市区展示,甲构成损害商品声誉罪。

B.广告商乙在拍摄某减肥药广告时,以肥胖的郭某当替身拍摄减肥前的画面,再以苗条的影视明星刘某做代言人夸赞减肥效果。事后查明,该药具有一定的减肥作用,乙构成虚假广告罪。

C.丙按照所在企业安排研发出某关键技术,但其违反保密协议将该技术有偿提供给其他厂家使用,获利400万元。丙构成侵犯商业秘密罪。

D.章某因房地产开发急需资金,以高息向丁借款500万元,且按期归还本息。丁尝到甜头后，多次发放高利贷，非法获利数百万元，丁构成非法经营罪。

（二）多选题

1. 经营者违反法律规定，权利人因被侵犯商业秘密所受到的实际损失、侵权人因侵权所获得的利益难以确定的，由人民法院根据侵权行为的情节判决给予权利人法律规定限额以下的赔偿，其中不包括（　　）。

A. 五百万元　　　　　　B. 三百万元

C. 五十万元　　　　　　D. 三十万元

2. 在侵犯商业秘密的民事审判程序中，商业秘密权利人（　　），涉嫌侵权人应当证明权利人所主张的商业秘密不属于法律规定的商业秘密。

A. 提供有效证据

B. 提供初步证据

C. 证明其已经对所主张的商业秘密采取保密措施

D. 且合理表明商业秘密被侵犯

3. 实施《刑法》第二百一十九条规定的行为，具有下列情形之一的，应当认定为"给商业秘密的权利人造成重大损失"：（　　）

A. 给商业秘密的权利人造成损失数额或者因侵犯商业秘密违法所得数额在五十万元以上的

B. 直接导致商业秘密的权利人因重大经营困难而破产、倒闭的

C. 造成商业秘密的权利人其他重大损失的

D. 给商业秘密的权利人造成损失数额或者因侵犯商业秘密违法所得数额在三十万元以上的

4. 侵犯商业秘密，涉嫌下列情形之一的，应予立案追诉：（　　）。

A. 给商业秘密权利人造成损失数额在三十万元以上的

B. 因侵犯商业秘密违法所得数额在三十万元以上的

C. 直接导致商业秘密的权利人因重大经营困难而破产、倒闭的

D. 其他给商业秘密权利人造成重大损失的情形

5. 人民法院确定惩罚性赔偿数额时，应当分别依照相关法律，以（　　）作为计算基数。该基数不包括原告为制止侵权所支付的合理开支；

法律另有规定的，依照其规定。前款所称实际损失数额、违法所得数额、因侵权所获得的利益均难以计算的，人民法院依法参照该权利许可使用费的倍数合理确定，并以此作为惩罚性赔偿数额的计算基数。

A. 原告实际损失数额

B. 被告违法所得数额或者因侵权所获得的利益

C. 实际损失数额、违法所得数额、因侵权所获得的利益均难以计算的，人民法院依法参照该权利许可使用费的倍数合理确定，并以此作为惩罚性赔偿数额的计算基数。

D. 原告为制止侵权所支付的合理开支

6. 在侵犯商业秘密的民事审判程序中，商业秘密权利人提供的初步证据包括（　　）。

A. 有证据表明涉嫌侵权人有渠道或者机会获取商业秘密，且其使用的信息与该商业秘密实质上相同

B. 有证据表明商业秘密已经被涉嫌侵权人披露、使用或者有被披露、使用的风险

C. 有其他证据表明商业秘密被涉嫌侵权人侵犯

D. 合理表明商业秘密被侵犯

7. A公司与工程师王某签订了保密协议。王某在劳动合同终止后应聘至同行业的B公司，并帮助B公司生产出与A公司相同技术的发动机。A公司认为保密义务理应包括竞业限制义务，王某不得到B公司工作，B公司和王某共同侵犯其商业秘密。关于此案，下列哪些选项是错误的？（　　）

A. 如保密协议只约定保密义务，未约定支付保密费，则保密义务无约束力

B. 如双方未明确约定王某负有竞业限制义务，则王某有权到B公司工作

C. 如王某违反保密协议的要求，向B公司披露A公司的保密技术，则构成侵犯商业秘密

D. 如B公司能证明其未利诱王某披露A公司的保密技术，则不构成侵犯商业秘密

商业秘密法

8. 下列关于侵犯商业秘密罪的说法，正确的是（   ）。

A. 窃取权利人的商业秘密，给其造成重大损失的，构成侵犯商业秘密罪

B. 捡拾权利人的商业秘密资料而擅自披露，给其造成重大损失的，构成侵犯商业秘密罪

C. 明知对方窃取他人的商业秘密而购买和使用，给权利人造成重大损失的，构成侵犯商业秘密罪

D. 使用采取利诱手段获取权利人的商业秘密，给权利人造成重大损失的，构成侵犯商业秘密罪

9. 甲厂将生产饮料的配方作为商业秘密予以保护，乙通过化验方法破解了该饮料的配方，并将该配方申请并获得了专利。甲厂认为乙侵犯了其商业秘密，诉至法院。下列选项正确的是（   ）。

A. 乙侵犯了甲厂的商业机密

B. 饮料配方不因甲厂的使用行为丧失新颖性

C. 乙可以就该饮料的配方申请专利，但应当给甲厂相应的补偿

D. 甲厂有权在原有规模内继续生产该饮料

10. 彦某将一套住房分别委托甲、乙两家中介公司出售。钱某通过甲公司看中该房，但觉得房价太高。双方在看房前所签的协议中约定了防"跳单"条款：钱某对甲公司的房源信息负保密义务，不得利用其信息撇开甲公司直接与房主签约，否则支付违约金。事后钱某又在乙公司发现同一房源，而房价比甲公司低得多。钱某通过乙公司买得该房，甲公司得知后提出异议。关于本案，下列哪些判断是错误的？（   ）

A. 防"跳单"条款限制了消费者的自主选择权

B. 甲公司抬高房价侵犯了消费者的公平交易权

C. 乙公司的行为属于不公平竞争行为

D. 钱某侵犯了甲公司的商业秘密

11. 邓某系K制药公司技术主管。2008年2月，邓某私自接受Y制药公司聘请担任其技术顾问。5月，K公司得知后质问邓某。邓某表示自愿退出K公司，并承诺5年内不以任何直接或间接方式在任何一家制药公司任职或提供服务，否则将向K公司支付50万元违约金。2009年，K公司发现邓某

· 266 ·

已担任 Y 公司的副总经理，并持有 Y 公司 20% 股份，而且 Y 公司新产品已采用 K 公司研发的配方。K 公司以 Y 公司和邓某为被告提起侵犯商业秘密的诉讼。案件审理期间邓某提出，本案纠纷起因于自己与 K 公司的劳动关系，应属劳动争议案件，故 K 公司应向劳动争议仲裁机构提起仲裁申请，遂请求法院裁定驳回起诉。关于该主张，下列说法正确的是（　　）。

A. 侵犯商业秘密本质上属于侵权，违反竞业禁止本质上属于违约

B. 本案存在法律关系竞合，K 公司有选择权

C. 劳动关系优于商事关系

D. 邓某的主张应予以支持

12. 邓某系 K 制药公司技术主管。2008 年 2 月，邓某私自接受 Y 制药公司聘请担任其技术顾问。5 月，K 公司得知后质问邓某。邓某表示自愿退出 K 公司，并承诺 5 年内不以任何直接或间接方式在任何一家制药公司任职或提供服务，否则将向 K 公司支付 50 万元违约金。2009 年，K 公司发现邓某已担任 Y 公司的副总经理，并持有 Y 公司 20% 股份，而且 Y 公司新产品已采用 K 公司研发的配方。K 公司以 Y 公司和邓某为被告提起侵犯商业秘密的诉讼。案件审理期间邓某提出，本案纠纷起因于自己与 K 公司的劳动关系，应属劳动争议案件，故 K 公司应向劳动争议仲裁机构提起仲裁申请，遂请求法院裁定驳回起诉。关于该主张，下列说法正确的是（　　）。

A. Y 公司的行为构成侵犯他人商业秘密

B. 邓某的行为构成侵犯他人商业秘密

C. Y 公司的行为构成违反竞业禁止义务

D. 邓某的行为构成违反竞业禁止义务

（三）判断题

1. 人民法院依法确定惩罚性赔偿的倍数时，应当综合考虑被告主观过错程度、侵权行为的情节严重程度等因素。因同一侵权行为已经被处以行政罚款或者刑事罚金且执行完毕，被告主张减免惩罚性赔偿责任的，人民法院可以综合考虑。

2. 当事人以涉及同一被诉侵犯商业秘密行为的刑事案件尚未审结为由，请求中止审理侵犯商业秘密民事案件，人民法院在听取当事人意见后认为必

须以该刑事案件的审理结果为依据的，应予支持。

3. 被告侵权产品数量确定后，原告利润率、被告利润率或行业平均利润率都可以作依据，但是一般认为行业平均利润率最合理。

4. 人民法院确定惩罚性赔偿数额时的计算基数不包括原告为制止侵权所支付的合理开支；因不正当竞争行为受到损害的经营者的赔偿数额应当包括经营者为制止侵权行为所支付的合理开支。

5. 人民法院有权依职权依据生效刑事裁判认定的实际损失或者违法所得确定涉及同一侵犯商业秘密行为的民事案件赔偿数额。

6. 涉及同一被诉侵犯商业秘密行为的刑事案件尚未审结，人民法院应中止审理侵犯商业秘密民事案件，先刑后民。

7. 商业秘密纠纷案件，实行相似—合法来源的举证原则。

（四）名词解释

临时禁令

（五）资料题

南京明城公司诉陈某、某精诚厂侵犯商业秘密，陈某曾是明城公司总经理，并且给明城公司写了承诺书：对公司商业秘密保密，并不介入明城公司的客户关系，一旦介入，自愿赔偿1000万元人民币。后陈某与其亲属成立的某精诚厂多次与明城公司客户发生交易。明城公司诉请：要求陈某支付1000万元违约金，同时要求陈某及某精诚厂停止侵权，精诚厂连带赔偿100万元侵权损失。

问题：如果你是法官，怎么看待100万元性质？侵权赔偿金还是陈某违约金的一部分？

参考文献

［1］唐青林，黄民欣.商业秘密保护实务精解与百案评析［M］.北京：中国法制出版社，2011.

［2］张耕，等.商业秘密法［M］.第二版.厦门：厦门大学出版社，2012.

［3］张玉瑞.商业秘密法学［M］.北京：中国法制出版社，1999.

［4］戴永盛.商业秘密法比较研究［M］.上海：华东师范大学出版社，2005.

［5］沈强.Trips协议与商业秘密民事救济制度比较研究［D］.上海：华东政法大学，2010.

［6］赵天红.商业秘密的刑事保护研究［D］.北京：中国政法大学，2006（4）.

［7］霍布斯.利维坦［M］.黎思复，黎廷弼，译.北京：商务印书馆，1985.

［8］洛克.政府论（下篇）［M］.叶启芳，瞿菊农，译，北京：商务印书馆，1996.

［9］卢梭.社会契约论［M］.何兆武，译.北京：商务印书馆，1982.

［10］费磊.茅台五粮液等酒企将公开真酒供应量［Z/OL］.（2012-03-26）［2022-03-27］.https://news.sina.com.cn/c/2012-03-26/02/42417255/.shtml.

［11］孔祥俊.商业秘密司法保护实务［M］.北京：中国法制出版社，2012.

［12］蒋红莲.商业秘密法律救济制度研究［D］.上海：华东政法大学，2009.

［13］程合红.商事人格权论：人格权的经济利益内涵及其实现与保护［M］.北京：中国人民大学出版社，2002.

［14］郑成思.知识产权论［M］.北京：法律出版社，1998.

［15］王军荣.食品安全举报奖励，并非一奖了之［EB/OL］.（2022-07-14）［2022-07-14］.https://views.ce.cn/view/ent/201512/09/t20151209_7426292.shtml.

［16］谭洁.美国《吹哨人保护法案》对我国食品安全监管的启示［J］.广西社会科学，2015（1）.

［17］章柯."鹅肥肝"的秘密［N］.第一财经日报，2013-03-16.

［18］黄欢.2015年食品安全热点事件全回顾 专家权威解读［EB/OL］.（2016-01-13）

［2022-07-14］. www.ce.cn/cysc/sp/into/20160113_8233260.shtml.

［19］胡笑红.12热点仅1例食安事件［N］.京华时报，2013-01-09.

［20］徐晶卉."商业秘密"高于食品安全？［N］.文汇报，2011-05-25.

［21］陈方."秘方"不是食品业滥用添加剂的盖头［EB/OL］.（2011-09-15）［2022-03-24］. https://new.sina.com.cn/pl/2011-09-15/140123160210.shtml.

［22］杨洋，焦阳，聂雪梅，等.2012年欧盟RASFF通报各国输欧食品安全情况分析和对我进口食品安全监管的启示［J］.食品科技，2014（1）.

［23］鲁润芫，孙增.法经济学视角下我国食品安全信息披露制度研究［J］.中国外资，2014（1）.

［24］隋洪明.论食品安全风险预防法律制度的构建［J］.法学论坛，2013（3）.

［25］高秦伟，谢寄博.论食品安全规制中的商事主体主体责任——以日韩食品安全监督员为例［J］.科技与法律，2014（1）.

［26］洛里安·J.安奈沃尔.美国食品安全政策分析［J］.中国食物与营养，2014（20）.

［27］涂永前.食品安全权及其法律构造［J］.科技与法律，2014（1）.

［28］韩肖.严卫星：食品安全风险交流要让老百姓听得懂［EB/OL］.（2014-03-10）［2022-04-15］.www.cfsa.net.cn/Article/News.aspx?id=19D26BB734F1BOD70332C42CDE41C8FF82630C57C4F767DD.

［29］宁立标.适足食物权及其法律保障研究［D］.长春：吉林大学，2010（6）.

［30］张梅，田卉.PBL教学法在护理专业药理学双语教学中的应用与研究［J］.现代医药卫生，2014（5）.

［31］丁伯平，黄帧桧，刘晓平.Seminar教学法在肿瘤药理学课程中的应用［J］.中国医药科学，2014（12）.

［32］陈美.如何在药理学教学中渗透道德教育［J］.教育教学研究，2014（21）.

［33］于伟凡.浅谈情感教育在药理学课堂教学中的应用［J］.中国中医药现代远程教育，2013（9）.

［34］Zack M H.Developing a knowledge strategy［J］.California Management Review，1999（41）.

［35］Grant R M.Toward a knowledge-based theory of the firm［J］. Strategic Management Journal，1996（17）.

[36] 颜建军，游达明. 基于知识的商事主体竞争优势的形成［J］. 管理现代化，2008（1）.

[37] 曹建明. 和谐司法视野下民俗习惯的运用［N］. 人民法院报，2007-08-30.

[38] 宋世勇. 完善的商事主体思想教育体系：知识管理成功的根基［C］// 产品创新管理国际会议论文集. 武汉：武汉理工大学出版社，2008.

[39] 杨立新. 天圆地方之说的启示［N］. 检察日报，2002-08-02.

[40] 张莹，李拥军. 从一桩案例分析我国餐饮商事主体知识产权的法律保护［J］. 商场现代化，2007（12）.

[41] 姚建军. 中国商业秘密保护司法实务［M］. 北京：法律出版社，2019.

[42] 傅利英，于杨曜，张晓东. "老字号"商事主体技术创新及专利、商业秘密立体保护措施研究［J］. 科技与法律，2010（1）.

[43] 阎天. 劳动者保守商业秘密的法定义务辨析［J］. 北京社会科学，2016（1）.

[44] 孙晓霞. 从 Whyte 案看不可避免的披露规则与商业秘密保护的关系［J］. 法制与社会，2013（5）.

[45] 李昱晓，黄玉烨. 我国餐饮特许经营商事主体的知识产权战略研究［J］. 科技与法律，2010（1）.

[46] 宋世勇. 中国商业秘密法基本原理与实务［M］. 北京：中国社会出版社，2019.

[47] 季冬梅. 众望所归：美国《商业秘密保护法》正式生效［J］. 科技与法律，2016（3）.

[48] 马忠法，李仲琛. 再论我国商业秘密保护的立法模式［J］. 电子知识产权，2019（12）：3-13.

[49] 唐亚南. 侵犯商业秘密罪裁判规则［M］. 北京：法律出版社，2021.

附　录

附录1　商业秘密法教学大纲

英文课程名称：Trade Secret Law

课程编号：B878108

总学时：32（其中理论课学时：32，具体包括线下理论课24学时、线上理论课8学时；实验（或上机）学时：0；课外（或实践自学）学时：0）

总学分：2

先修课程：民法、刑法、行政法、民事诉讼法、刑事诉讼法、行政诉讼法、经济法、劳动与社会保障法

适用专业：法学

一、课程性质

商业秘密法课程是法学专业方向选修的一门专业课。它是为培养适应习近平新时代中国特色社会主义思想要求的应用型高等法律人才服务。

通过学习商业秘密法，使学生对商业秘密法的基础和发展概况有全面了解；树立强烈的知识产权强国政治意识；理解商业秘密的概念与历史发展，商业秘密与专利保护模式各自的优劣，商业秘密与个人隐私、国家安全等的辩证关系，商业秘密为代表的知识产权体现的中国特色法治之美价值内涵，重点掌握商业秘密的构成要件，商业秘密侵权行为的种类；重点理解商业秘密侵权行为的认定，培养学生运用商业秘密法的理论，根据法律规定分析和解决实际问题的能力。

二、课程目标（知识、能力、素质、价值）

课程目标（知识、能力、素质、价值）如表 1 所示。

表 1 本课程的课程目标

课程目标 1	基于对商业秘密概念、构成要件的理论知识的基本认知，掌握商业秘密基本内涵与四个构成要件基本理论知识，从而让学生建立起对商业秘密作为知识产权的基本知识，并通过课程知识与思政元素的讲授，阐明商业秘密内涵中隐含的合法性知识点，商业秘密与国家秘密、国家安全辩证关系，从而树立对总体国家安全观的理想信念，养成爱岗与爱国、为国家安全尽到自己社会责任的良好品德
课程目标 2	能够基于商业秘密法治保护的国内、国际历史演变的理论知识，使学生掌握现行中国商业秘密法保护的基本法治体系理论，认识商业秘密的法文化意义，并通过课程知识与思政元素的讲授，通过讨论人脑是否可以成为商业秘密法定载体等问题，让学生树立习近平新时代中国特色社会主义思想背景下法律上的人作为主体的真正意义所在，养成社会主义主人翁意识及树立社会主义核心价值观的良好品德
课程目标 3	能够基于商业秘密权确认与正当行使的理论知识及商业秘密相关合同分析，使学生掌握商业秘密权的权属界定及性质界定理论知识，从而可以分析保密协议、竞业限制协议、技术秘密合同等商业秘密权相关合同实务内容，并通过课程知识与思政元素的讲授，阐明个人诚信义务及其可能性的不诚信责任，并与社会主义核心价值观比较分析，养成严守诚信与道德的良好品德
课程目标 4	能够基于商业秘密保护风险防控及行政执法与司法实务中侵犯商业秘密不同形式的比较知识学习，使学生掌握商业秘密风险防控误区及完善措施、侵犯商业秘密的类型及标准认定、侵犯商业秘密审理案件的程序与实体问题基本理论与实践着力点，从而可以将理论运用到商业秘密管理与保护一线实践，并通过课程知识与思政元素的讲授，阐明商业秘密保护中合法因素的重要性，并将其与习近平法治思想理想信念内涵比较分析，养成学生对全面推进依法治国战略的专业认知及以身作则并自觉开展社会宣传与影响的良好品德
课程目标 5	能够基于不侵权商业秘密诉讼案件审理的实务知识，使学生掌握侵犯商业秘密应该承担的民事、行政、刑事责任等不同分类与相关特征，从而将理论知识很好地应用于商业秘密管理与保护的实践，并通过课程知识与思政元素的讲授，阐明违反诚信义务造成的消极影响，并与中华民族优秀传统文化相结合，养成学生汲取中华优秀传统文化精华、诚信做人、踏实做事、道德为先、政治爱国的良好品德
课程目标 6	能够对商业秘密管理过程中的风险预防、商业秘密保护过程中的风险防控等相关知识在理论与实践中找到有机结合点，使学生掌握商业秘密管理与保护不仅作为应对风险发生的事后解决措施，而且应将商业秘密管理与保护作为中国知识产权强国重要内容深入理解，并将其融入习近平新时代中国特色社会主义思想中，从而树立起坚强的政治意识与国家安全意识，以自身身体力行诚信行动发掘出商业秘密管理与保护过程中的文化美、民族美、法治美、社会美，真正融入中华民族伟大复兴历史进程中并作出自己应有的贡献

课程目标与毕业要求的对应关系如表2所示。

表2 课程目标与毕业要求对应关系

课程目标	指标点	毕业要求
课程目标1	指标点：掌握商业秘密概念、构成要件的理论知识的基本认知，掌握商业秘密基本内涵与四个构成要件基本理论知识等	毕业要求1：能够掌握商业秘密内涵中隐含的合法性知识点，商业秘密与国家秘密、国家安全辩证关系，商业秘密权相关知识，侵犯商业秘密行为认定等，养成社会主义主人翁意识、明了个人诚信义务及其可能性的不诚信责任，并与社会主义核心价值观比较分析，养成严守诚信与道德的良好品德，从而树立对总体国家安全观的理想信念、树立习近平新时代中国特色社会主义思想背景下法律上的人作为主体的真正意义所在
课程目标2	指标点：掌握商业秘密法治保护的国内、国际历史演变的理论知识、现行中国商业秘密法保护的基本法治体系理论，认识商业秘密的法文化意义等	
课程目标3	指标点：掌握商业秘密权确认与正当行使的理论知识及商业秘密相关合同、商业秘密权的权属界定及性质界定理论知识、保密协议、竞业限制协议、技术秘密合同等商业秘密权相关合同实务内容等	
课程目标4	指标点：掌握商业秘密保护风险防控及行政执法与司法实务中侵犯商业秘密不同形式、商业秘密风险防控误区及完善措施、侵犯商业秘密的类型及标准认定、侵犯商业秘密审理案件的程序与实体问题基本理论与实践着力点等	毕业要求2：能够掌握商业秘密保护中合法因素的重要性、违反诚信义务造成的消极影响等知识，并将其与习近平法治思想理想信念内涵比较分析，养成学生对全面推进依法治国战略的专业认知及以身作则并自觉开展社会宣传与影响的良好品德；与中华民族优秀传统文化相结合，养成学生汲取中华优秀传统文化精华、诚信做人、踏实做事、道德为先、政治爱国的良好品德
课程目标5	指标点：掌握侵犯商业秘密诉讼案件审理的实务知识、侵犯商业秘密应该承担的民事、行政、刑事责任等不同分类与相关特征等	
课程目标6	指标点：整体掌握商业秘密管理过程中的风险预防、商业秘密保护过程中的风险防控等相关知识在理论与实践中找到有机结合点，掌握商业秘密管理与保护不仅作为应对风险发生的事后解决措施	毕业要求3：能够掌握商业秘密管理与保护作为中国知识产权强国重要内容的整体理论与实务知识，并将其深深融入习近平新时代中国特色社会主义思想中，从而树立起坚强的政治意识与国家安全意识，以自身身体力行诚信行动发掘出商业秘密管理与保护过程中的文化美、民族美、法治美、社会美，真正融入中华民族伟大复兴历史进程中并作出自己应有的贡献

三、课程思政目标

课程思政目标如表 3 所示。

表 3 本课程的课程思政目标

思政目标 课程名称	习近平新时代中国特色社会主义思想	树立坚强的政治意识、发现商业秘密为代表的知识产权文化美、民族美与法治美	培养个人基本诚信意识与高尚职业道德意识及社会实践能力	扎实掌握商业秘密专业基础核心理论知识	基本掌握商事主体日常商业秘密风险管理预防能力体系构建	基本具备商业秘密保护行政执法与司法实践分析与应用能力
商业秘密法	√	√	√	√	√	√

四、课程教学内容

上编　商业秘密法基础理论

第一章　商业秘密概述

第一节　商业秘密及其构成要件

商业秘密基本概念；商业秘密构成要件；商业秘密保护对象；商业秘密"合法性"问题；纵深思考案例。

第二节　商业秘密与国家秘密

国家秘密概念；商业秘密与国家秘密联系；商业秘密与国家秘密区别。

课程思政与课程美育拓展：商业秘密与国家秘密同系国家安全。

第三节　章节知识点回顾及模拟练习

章节应知应会知识点；本章节模拟练习。

第二章　商业秘密法概述

第一节　商业秘密的历史演变

法文化背景下的商业秘密；实质意义商业秘密的法律规制。

第二节　商业秘密国际立法概述

商业秘密国际立法保护主要形式；世界各国商业秘密立法保护典型形式。

第三节　我国商业秘密保护立法的演变

中国商业秘密立法演变过程；中美经贸协议中所涉的商业秘密条款。

课程思政与课程美育拓展：人－主体与人脑－客体。

第四节　章节知识点回顾及模拟练习

章节应知应会知识点；本章节模拟练习。

第三章　商业秘密权

第一节　商业秘密权属界定

商业秘密权属界定；商业秘密权性质；纵深思考案例。

第二节　商业秘密相关合同

劳动合同性质商业秘密保护合同；一般民商事合同性质商业秘密保护合同。

课程思政与课程美育拓展：诚信义务及其相关责任。

第三节　章节知识点回顾及模拟练习

章节应知应会知识点；本章节模拟练习。

下编　商业秘密法保护实务

第四章　侵犯商业秘密行为的形式与审查标准

第一节　商事主体商业秘密法律风险防控概述

商事主体商业秘密风险防控的重要性；商事主体商业秘密风险防控的现状、误区及泄密方式；商事主体商业秘密风险防控的措施；纵深思考案例。

第二节　侵犯商业秘密行为的类型及其标准认定

侵犯商业秘密行为的类型；侵犯商业秘密的标准认定；商业秘权的限制——合法来源抗辩。

课程思政与课程美育拓展：诉讼举证中的合法要素分析。

第三节　侵犯商业秘密案件审理中的程序问题

商业秘密案件之不侵权之诉；诉讼程序中可直接认可的商业秘密；其他程序性问题。

第四节　侵犯商业秘密案件审理中的实体问题

拓展案例；对客观秘密性的审查；对主观秘密性的审查。

第五节　章节知识点回顾及模拟练习

章节应知应会知识点；本章节模拟练习。

第五章　侵犯他人商业秘密行为的法律责任

第一节　认定侵犯商业秘密行为的审理思路

明确原告起诉被告侵权的具体类型；审查双方提供的证据及被告提出的不侵权抗辩事由是否成立。

第二节　侵犯商业秘密的民事责任

拓展案例；侵犯商业秘密的民事责任种类与依据规定；确定侵犯商业秘密民事责任的基本思路；侵犯商业秘密的惩罚性赔偿规定；商业秘密检察诉讼典型案例；侵犯商业秘密案件的证据审查与民刑交叉问题；商业秘密民事诉讼案件的举证原则；纵深思考案例。

第三节　侵犯商业秘密的行政责任

行政监管部门实践中不断强化行政服务能力保护商业秘密；行政责任及其类别；行政责任的司法救济；纵深思考案例。

第四节　侵犯商业秘密的刑事责任

确定侵犯商业秘密刑事责任的基本思路。

课程思政与课程美育拓展：违反诚信与信托义务严重者需承担刑事责任。

第五节　章节知识点回顾及模拟练习

章节应知应会知识点；本章节模拟练习。

五、习题课、课堂讨论内容

1. 每一章选择安排纵深拓展案例及课程思政与课程美育案例在课堂上进行讨论，共 6—10 个学时。案例内容根据教学情况而定，如国家安全、个人隐私数据保护、人脑作为商业秘密载体研讨等。

2. 必要时鼓励学生主动在课余时间走入商事主体、走进社会，采取志愿者服务、举办学术沙龙、从事社会调研等不同形式，以专业所学，验证自身课程思政与课程美育的教学效果，以及学生自身在政治素养、文化素养、德育及美育素养等方面的成就，作为平时成绩及期末综合成绩评定的标准。

附录2　商业秘密法教学大纲说明书

一、课程的性质与任务

商业秘密法课程是法学专业方向选修的一门专业课。它是为培养适应习近平新时代中国特色社会主义思想要求的应用型高等法律人才服务。

通过学习商业秘密法，使学生对商业秘密法的基础和发展概况有全面了解；树立强烈的知识产权强国的政治意识；理解商业秘密的概念与历史发展，商业秘密与专利保护模式各自的优劣，商业秘密与个人隐私、国家安全等的辩证关系，商业秘密为代表的知识产权体现的中国特色法治之美价值内涵，重点掌握商业秘密的构成要件，商业秘密侵权行为的种类；重点理解商业秘密侵权行为的认定，培养学生运用商业秘密法的理论，根据法律规定分析和解决实际问题的能力。

二、课程与其他课程的联系与分工

民法、刑法、行政法、民事诉讼法、刑事诉讼法、行政诉讼法、经济法、劳动与社会保障法等是商业秘密法的先行课程，通过上述课程的学习，使学生掌握商业秘密法律保护的基本程序法律知识点、实体法律知识点理论，为学习本课程提供必要的知识储备。本课程重点讲述商业秘密与商业秘密法基本理论，商业秘密风险防控与商业秘密保护风险点分析，商业秘密保护中侵犯形式及程序与实体处理中的注意事项，侵犯商业秘密保护的民事、行政与刑事责任，商业秘密保护中的政治意识、诚信意识培养及引导学生发现商业秘密为代表的知识产权保护的文化美、民族美与法治美等内容，为学生进一步学习其他专业课程打下良好基础。

三、各章内容的基本要求及重点

（一）上编　商业秘密法基础理论

1.第一章　商业秘密概述

（1）基本要求：掌握商业秘密及其构成要件、商业秘密与国家秘密联系区别。

（2）重点：把握商业秘密三大构成要件及合法性要件。

（3）思政及美育元素具体内容：商业秘密与国家秘密及国家安全。

元素1：通过胡某某等非国家工作人员受贿、侵犯商业秘密案，让学生了解国家秘密与商业秘密的相对界限及特定条件下可转换关系，深刻理解习近平新时代中国特色社会主义思想深刻内涵，树立强烈的保守国家秘密的政治意识。

元素2：以云南白药创始人交出白药配方案例为引领，引导学生树立强烈的国家荣誉感、体会作为一个中华人民共和国公民为国家发展作出贡献所体现出的文化美与民族美的应有之义。

（4）思政教学手段：

手段1：案例讨论。通过国内外一线实务案例分析，融合上述课程思政与课程美育元素，辅助商业秘密法专业知识教学，达成课程思政与课程美育教学目标。

手段2：结构化研讨。通过中华优秀传统文化中的优秀民族商事主体代表先进事迹，让学生归纳总结商业秘密保护过程中蕴含的文化美、民族美，强化个人归纳总结的能力及综合素质的提升。

2. 第二章　商业秘密法概述

（1）基本要求：掌握商业秘密的历史演变、商业秘密国际立法概述、我国商业秘密保护立法的三阶段演变。

（2）重点：把握我国商业秘密保护立法的三阶段演变。

（3）思政及美育元素具体内容：人－主体与人脑－客体

元素1：通过商业秘密管理与保护过程中商事主体技术骨干长时间掌握的商事主体技术秘密的定性分析，了解人作为中国特色社会主义背景下的主体身份的准确认知，深化学生的自我社会定位，学会辨别自己与他人的关系界限。

元素2：通过对商业秘密法治化过程中可能产生的主体客体化倾向分析，让学生真正掌握《民法典》背景下，以习近平法治思想为指引的商业秘密为代表的知识产权客体的准确定位，明确人作为客体是一种异化行为，应该坚决摒弃,深刻体会作为社会主义公民的自豪感与荣誉感。

(4)思政教学手段:

手段1:实务专家进课堂。邀请公安一线办案机关干警走进课堂,讲述商业秘密重大刑事案件背后的故事,树立商事主体、员工、社会、法治的辩证关系。

手段2:学生走出课堂到实务部门融合办案及观摩。以公安法治大队为教学基地,开展公安办案中心观摩及办案流程体验,以参观时面对强制拘留中心犯罪嫌疑人的人权保障为案例指引,引导学生学会尊重他人作为权利主体的人身权利。

3. 第三章 商业秘密权

(1)基本要求:掌握商业秘密权属界定、商业秘密相关合同。

(2)重点:把握劳动合同性质商业秘密保护合同;一般民商事合同性质商业秘密保护合同。

(3)思政及美育元素具体内容:诚信义务及其相关责任。

元素1:通过对商业秘密保护过程中商业秘密权利人与第三方进行技术合作、洽谈过程中,双方的诚信义务与保密义务分析,探索在中华优秀传统文化背景下,人与人之间交往的诚信美、交往及合作时的诚信义务的遵守及违反诚信义务所应承担的法律责任。

元素2:通过对商业秘密保护过程中涉及的个人是否可以作为商业秘密权利主体的分析,探讨商业秘密权利主体特定性及其原因。

(4)思政教学手段:

手段1:案例讨论。以合作伙伴侵犯商业秘密典型案例为接入点,引导学生从案例分析过程中总结社会交往中诚信美的重要性,以及不诚信所造成的消极影响,更能深化学生对诚信意识的理解和培养。

手段2:学生走出课堂到商事主体观摩或邀请商事主体主管到课堂进行面对面交流。从商事主体自身实践出发,探索商事主体与员工间商业秘密权的界限在哪里、个人在什么情况下可以成为商业秘密权人等一系列问题,增强学生对商业秘密权利界限的理解。

（二）下编　商业秘密法保护实务

1. 第四章　侵犯商业秘密行为的形式与审查标准

（1）基本要求：掌握商事主体商业秘密法律风险防控概述、侵犯商业秘密行为的类型及其标准认定、侵犯商业秘密案件审理中的程序问题、侵犯商业秘密案件审理中的实体问题。

（2）重点：把握侵犯商业秘密案件审理中的程序问题、侵犯商业秘密案件审理中的实体问题。

（3）思政及美育元素具体内容：诉讼举证中的合法要素分析。

元素1：公平正当竞争过程中的诚信是经营者可持续经营的基本要求。公平竞争的诚信美对于中国特色社会主义市场经济秩序的稳定与发展具有积极意义。

元素2：经营者的非法窃取等不诚信行为，在个案中终究难以自圆其说，无法举证商业秘密的来源合法性，最终将在失去商业秘密的同时，吞下侵权责任的恶果。

（4）思政教学手段：

手段1：结构化研讨。组织学生实行角色扮演，梳理出诚信经营的积极价值，分析出不诚信经营的消极代价。

手段2：社会调查等实践形式。组织学生设计调查问卷，深入商事主体开展诚信经营调研，或鼓励学生走入商事主体为商事主体提供商业秘密管理与保护志愿者服务等，或走入社会宣传国家安全法，强化学生对社会诚信文化及诚信氛围的理解与认知，考查学生政治意识的坚定性、诚信意识的强弱、发现美及融入美的能力等，验证课程思政及课程美育教学效果。

2. 第五章　侵犯他人商业秘密行为的法律责任

（1）基本要求：掌握认定侵犯商业秘密行为的审理思路、侵犯商业秘密的民事责任、侵犯商业秘密的行政责任、侵犯商业秘密的刑事责任。

（2）重点：把握侵犯商业秘密的民事责任、侵犯商业秘密的行政责任、侵犯商业秘密的刑事责任。

（3）思政及美育元素具体内容：侵犯商业秘密的刑事责任与诚信带来的自由美。

元素1：诚信做事带来的自由美。合法经营、诚信公平，随之而来的是游刃有余的社会交往及自由生活，二者是正相关关系。

元素2：违反诚信所承受的最严重后果是刑事责任，失去自由，二者亦是正相关关系。

（4）思政教学手段：

手段1：辩论赛。组织学生分组就诚信经商自由美、无商不奸自由更美展开辩论，发掘出真正的自由美的内涵，真正与社会主义核心价值观相融合。

手段2：案例讨论。以山东境内王某洲特大侵犯商业秘密刑事案件为例，组织同学分阶段讨论犯罪嫌疑人逐步丧失自由的过程及其关键因素，从而深刻认知个人能力强与个人道德操守高之间的辩证关系，从而探讨出中国特色社会主义精神文明的精髓所在。

四、习题课、课堂讨论要求

（1）教师根据教学内容与实务导师共同选择适当的一线案例并设计好问题点。

（2）采取分组形式，以结构化研讨为基本模式，训练学生的思维能力。

（3）各组通过鱼骨图展示与现场演讲相结合的形式阐述各组的讨论结果，供全体同学思考、讨论。

（4）各小组写出小组分析报告。

（5）各小组讨论与汇报中的课程思政与课程美育点的归纳总结及其展示，作为考核得分的关键点。

五、学时分配建议

学时分配建议见表4。

表 4　学时分配建议

	线下讲课学时	线上讲课学时	小计（学时）
第一章	4	2	6
第二章	1	1	2
第三章	6	2	8
第四章	5	2	7
第五章	8	1	9
合计	24	8	32

六、考核方式

考查。期末考查和平时考核相结合。其中，期末考查成绩占 50%，平时考核成绩占 50%。期末考查采取闭卷、开卷或其他合理考查形式；平时考核包括结构化研讨、课堂讨论、随堂作业、社会调研、商事主体咨询等 40% 和平时表现 10%。

七、线上教学资源

学习通，上传课程所需法律法规、典型案例、组织讨论分组、发布讨论问题与研讨结果、前沿理论研究成果等。

附录 3　课程教学设计：商业秘密法

一、课程基本情况

商业秘密法是法学专业的专业方向选修课，是一门建立在法学学科基础之上的应用科学，课程 32 学时、2 学分，面向大三学生开设。课程基于"立德树人"教育目标和"两性一度"金课标准，以学生为中心，帮助学生达成知识、能力和素质的全面提升，尤其是让学生通过接受课程思政与课程美育教育，在理想、信念、价值观等方面更加端正，提高人文素养、创新精神和合作能力，努力探寻未来方向。

二、课程思政教学设计及内容

我们立足商业秘密法教学大纲和课程目标，打造"1+1+1"德融教学体系，从而以"学生"这"1"受教育群体为中心，校内专业理论课教师这"1"群体与校外法治实务导师、社会法治文化导师及社会艺术美育导师这"1"综合性实践导师内外共同发力，为学生专业学习及人格养成共同服务，将思政、美育元素有机融入专业教学。

高校以立德树人为最终目标，因此在专业课中融入思政教育尤为重要，通过校内理论课教师与校外实践导师从理论与实践层面的双重外在影响，并结合社会实践活动提供的环境与氛围的内在影响，逐渐将专业能力的训练融入政治、道德、诚信、文化、美育等，帮助同学们建立正确的专业能力认知与自我素养养成机制，推动自己主动学习、不断完善自己，发现中国文化的美、民族的美、法治的美。

具体的课程思政与课程美育教学，主要立足于习近平新时代中国特色社会主义思想、社会主义核心价值观及中华民族优秀传统文化，从理想信念教育（包括坚定政治信念、坚定共产主义理想、坚定伟大复兴中国梦实践理念）、专业能力教育（包括理论研究能力、实践能力）、综合素质教育（包括诚信、道德、法治、文化、美育等）和担当作为教育（包括主动作为、勇于担当、甘于奉献、先苦后甜等）四个维度，通过数十处思政、美育元素的融入点，并结合适当的课程思政与课程美育教学手段，贯穿《商业秘密法》理论与实务两大板块、五章教学之中，构建起整门课程的内容体系。具体如表5所示。

表5　课程思政教学内体系

章节	要求方面	思政元素及教学手段
1.商业秘密概述	思政元素具体内容	元素1：通过胡某某等非国家工作人员受贿、侵犯商业秘密案，让学生了解国家秘密与商业秘密的相对界限及特定条件下可转换关系，深刻理解习近平新时代中国特色社会主义思想深刻内涵，树立强烈的政治意识。 元素2：以云南白药创始人主动提交白药配方给国家这一案例为引领，引导学生树立强烈的国家荣誉感、体会到作为一个中华人民共和国公民为国家发展作出贡献所体现出的文化美与民族美的应有之义
	思政教学手段	手段1：案例讨论。通过国内外一线实务案例分析，融合上述课程思政与课程美育元素，辅助商业秘密法专业知识教学，达成课程思政与课程美育教学目标。 手段2：结构化研讨。通过中华优秀传统文化中的优秀民族商事主体代表先进事迹，让学生归纳总结商业秘密保护过程中蕴含的文化美、民族美，强化个人归纳总结的能力及综合素质的提升
2.商业秘密法概述	思政元素具体内容	元素1：通过商业秘密管理与保护过程中商事主体技术骨干长时间掌握的商事主体技术秘密的定性分析，了解人作为中国特色社会主义背景下的主体身份的准确认知，深化学生的自我社会定位，学会辨别自己与他人的关系界限。 元素2：通过对商业秘密法治化过程中可能产生的主体客体化倾向分析，让学生真正掌握《民法典》背景下，以习近平法治思想为指引的商业秘密为代表的知识产权客体的准确定位，明确人作为客体是一种异化行为，应该坚决摒弃，深刻体会作为社会主义公民的自豪感与荣誉感。
	思政教学手段	手段1：实务专家进课堂。邀请公安一线办案机关干警走进课堂，讲述商业秘密重大刑事案件背后的故事，树立商事主体、员工、社会、法治的辩证关系。 手段2：学生走出课堂到实务部门融合办案及观摩。以公安法治大队为教学基地，开展公安办案中心观摩及办案流程体验，以参观时面对强制拘留中心犯罪嫌疑人的人权保障为案例指引，引导学生学会尊重他人作为权利主体的人身权利
3.商业秘密权	思政元素具体内容	元素1：通过对商业秘密保护过程中商业秘密权利人与第三方进行技术合作、洽谈过程中，双方的诚信义务与保密义务分析，探索在中国优秀传统文化背景下，人与人之间交往的诚信美、交往及合作时的诚信义务的遵守及违反诚信义务所应承担的法律责任。 元素2：通过对商业秘密保护过程中涉及的个人是否可以作为商业秘密权利主体的分析，探讨商业秘密权利主体特定性及其原因
	思政教学手段	手段1：案例讨论。以合作伙伴侵犯商业秘密典型案例为接入点，引导学生从案例分析过程中总结社会交往中的诚信美的重要性，以及不诚信所造成的消极影响，更能深化学生对诚信意识的理解和培养。 手段2：学生走出课堂到商事主体观摩或邀请商事主体主管到课堂进行面对面交流。从商事主体自身实践出发，探索商事主体与员工间商业秘密权的界限在哪里、个人在什么情况下可以成为商业秘密权人等系列问题，增强学生对商业秘密权利界限的理解。

续表

章节	要求方面	思政元素及教学手段
4.侵犯商业秘密行为的形式与审查标准	思政元素具体内容	元素1：公平正当竞争过程中的诚信是经营者可持续经营的基本要求。公平竞争的诚信美对于中国特色社会主义市场经济秩序的稳定与发展具有积极意义。 元素2：经营者的非法窃取等不诚信行为，在个案中终究难以自圆其说，无法举证商业秘密的来源合法性，最终将在失去商业秘密的同时，吞下侵权责任的恶果
	思政教学手段	手段1：结构化研讨。组织学生实行角色扮演，梳理出诚信经营的积极价值，分析出不诚信经营的消极代价。 手段2：社会调查等实践形式。组织学生设计调查问卷，深入商事主体开展诚信经营调研，或鼓励学生走入商事主体，为商事主体提供商业秘密管理与保护志愿者服务等，或走入社会宣传国家安全法，强化学生对社会诚信文化及诚信氛围的理解与认知，考查学生政治意识的坚定性、诚信意识的强弱、发现美及融入美的能力等，验证课程思政及课程美育教学效果
5.侵犯他人商业秘密行为的法律责任	思政元素具体内容	元素1：诚信做事带来的自由美。合法经营、诚信公平，随之而来的是游刃有余的社会交往及自由生活，二者是正相关关系。 元素2：违反诚信所承受的最严重后果是刑事责任，失去自由，二者亦是正相关关系
	思政教学手段	手段1：辩论赛。组织学生分组就诚信经商自由美、无商不奸自由更美展开辩论，发掘出真正的自由美的内涵，真正与社会主义核心价值观相融合。 手段2：案例讨论。以山东境内王某洲特大侵犯商业秘密刑事案件为例，组织同学分阶段讨论犯罪嫌疑人逐步丧失自由的过程及其关键因素，从而深刻认知个人能力强与个人道德操守高之间的辩证关系，从而探讨中国特色社会主义精神文明的精髓所在

三、课程思政教学方法及手段

课程思政教学本身包含德育教育应有内涵，同时还应与课程美育密切结合，使受教育学生在专业能力得以提升的同时，树立起坚定的政治意识、诚信意识、相对自由意识、尊重他人理念，以及发现美、融入美、坚持美的能力；等课程结束乃至毕业，具备一定专业技术能力的同时形成健康人格、积极乐观、主动作为、勇于担当，发现并坚持中国特色社会主义的文化美、民族美、诚信美、法治美以及伟大复兴中国梦的内涵之美及实现之美。

基于上述考量，课程的每一章节教学实行"专业理论知识"+"课程思政"+"课程美育"融合教学模式，为强化教学效果，校内理论课教师作为"1"个群体主动出击，联系校外立法、行政执法与司法部门这"1"类综合性的实务导师根据每一章节需要达到的课程思政与课程美育教学目标，共同设定相关教学知识点，对学生这"1"受教育群体采取"内外融入性影响"理念，采取"一线实务案例情景化再现""课堂上结构化研讨""深入社会调研""主动承担商事主体商业秘密管理与保护志愿者服务""课余辩论赛""其他艺术展示"等不同方式吸引学生逐渐深入融入，由旁观者逐渐转变为"画中人"，引导学生以专业理论知识为基础，真正意识到"为人处世、诚信为先""做事先做人""精忠报国""先有国后有家""为共产主义理想奋斗终身"等不是一句空洞的说教，反馈在每一个实务事件中，都是一个个真实的思想与行动的洗礼，有助于学生专业能力的养成，更有助于学生个人高水平综合素质的养成。

例如，第一章第二节商业秘密与国家秘密部分，就有多处课程思政与课程美育元素的自然融入。

首先，利用胡某某等侵犯商业秘密特大刑事案件的视频观看、案例分析来阐释商业秘密与国家秘密的辩证关系及角色可转换可能。通过该案例，让学生了解到胡某某作为著名学府培养的高端人才公派出国归来却充当澳大利亚政府与商事主体的间谍，不法套取中国铜铁矿石商事主体的商业机密，整个过程之中，胡某某天然的东方面孔及原生态的中国公民身份，使中国各大钢企忽视了他的间谍身份，给中国造成了7000亿元人民币的巨大损失。该案中，第一，案件初始是以胡某某窃取国家秘密为由开始、在司法程序中依法变为追究其侵犯商业秘密刑事责任，让同学们通过该案真正了解二者之间的区别及相通点；第二，胡某某首先背叛了生育养育他的祖国，没有丝毫的政治意识，沦陷为金钱奴隶；第三，胡某某欺骗了信任他的中国朋友，以饭桌闲聊方式套取大量商业机密，诚信与道德在胡某某这里变得无足轻重，他已变为彻头彻尾的"有奶便是娘"的"物化"状态，完全丧失了作为"人"的所有基本人格。该案给同学们的思想震撼与影响非常之大。

其次，利用云南白药创始人曲焕章在艰难困苦的境遇下坚强不屈，主动要求其妻捐献配方商业秘密给国家变为国家秘密，显示了云南名医曲焕章为代表的著名商事主体反映出来的中国自古以来的传统美、文化美、诚信美、道德美及社会美，与胡某某卖国求荣不齿行径形成鲜明对比，"流芳千古"与"遗臭万年"在他们身上体现得淋漓尽致。

此次课程的思政与美育教学通过上述两大典型案例与专业教学的结合，能极大提升学生的政治意识、国家安全意识、诚信意识，深刻理解"金钱"可能带来短暂的快感，但是可能会让人落入"遗臭万年"的深渊，有助于学生形成健康的人格和勇于担当的精神。

四、教学效果

一是能较好地实现综合教学效果：现课程建设已成完整体系，"1+1+1"教师团队组建完毕并在理论与实践教学中推广实施，教学效果良好。从具体教学实践来看，课堂讨论与互动气氛热烈融洽，学生学习热情、爱国情绪前所未有地高涨，主动学习能力不断强化，课程成绩普遍优秀，教学效果反馈良好。

二是学生通过课程思政与课程美育的教学，融合领会与实践能力能得以提升，为成为合格的职业人做好专业与人格素质上的全面准备：通过学生在课堂的辩论、案例研讨、听取一线办案人员讲述案件背后的家国情怀，通过课余时间深入商事主体提供志愿者服务及深入社会开展社会调研，能极大提升学生实践能力、主动作为与勇于担当的精神、诚信作为与踏实做事的品质，学生发现美、融入美、坚持美的能力也能同步得到很好的显现。

后　　记

本书立足于各位作者日常商业秘密理论教学与执法、司法办案实务经验，以学生实际需求为中心，以实践应用为目标，由理论导师和实务导师分别从商业秘密的基础理论与实践应用视角为学生全方位的知识融入提供教学支持。我们将这种教学模式归纳为"以学生为中心"的"1+1+1"教学模式，这种教学模式突破以往的"以教师为中心"的传统模式，又区别于一般的"以学生为中心"教学模式。

本书的商业秘密理论知识由理论导师结合当前最新的国内外商业秘密法律规定进行知识点的凝练后予以体现；商业秘密实践能力训练所需案例一方面来自实务导师对所在辖区典型疑难案件的重点梳理，另一方面来自国内外优秀的典型判例研究成果。

理论知识帮助学生快速掌握关键知识点，在此基础上，理论导师引导学生就国内外复杂疑难案件进行基本的实践能力训练，最后实务导师走进课堂，给学生讲述真实办案经历并就疑难知识点与学生展开互动讨论，解答学生疑问，深化学生的实践应用能力。本书作者遵循上述教学思路，并总结以往实际教学经历，通力合作，完成本书的编写。

本书主要编写分工如下：

第一章　宋世勇　王　栋　颜　峰

第二章　宋世勇　孙　硕　陈洪娟

第三章　宋世勇　陈洪娟

第四章　宋世勇　孙　硕　刘海燕

第五章　宋世勇　王　栋　孙　硕　颜　峰　付　萌

本书是齐鲁工业大学（山东省科学院）上合区域研究中心·上合区域与国别研究重大专项研究《上合区域科技与产业发展研究》（项目编号：2022-122）的阶段性研究成果。

本书的顺利出版，知识产权出版社的编辑老师们付出良多，也离不开各位作者的齐心共力，更是多方面借鉴了国内外众多优秀的商业秘密法律保护理论与实践研究成果，在此一并致谢。

本书作为全体作者日常教学科研及实务办案的阶段性总结，对国内外商业秘密相关知识作了相对系统的梳理，以更好辅助教学科研及实务办案，并希望能为商业秘密文化的可持续发展尽到自己微薄的力量。基于作者能力所限，必然还有很多不足之处，敬请对商业秘密法律保护有兴趣的各位同仁、对本书内容有建议的读者，通过电子邮箱 songshiyong@qlu.edu.cn 给予指导与交流。

编　者
2022 年 12 月于济南